알기 쉽게 해설한

파이썬 *with* 컴퓨팅 사고력

지은이 **김충석** koreacskim@gmail.com

홍익대학교 컴퓨터공학과에서 학사·석사·박사 학위를 받고 미국 조지아대학교(The University of Georgia)와 플로리다애틀랜틱대학교(FAU)에서 연구교수를 거쳤으며, 현재 신라대학교 컴퓨터공학부 교수로 재직 중이다. 주요 저서로는 『컴퓨터 입문과 활용』(정익사, 2000), 『Java Programming』(이한미디어, 2006), 『C programming with a Workbook』(이한미디어, 2006), 『처음 시작하는 프로그래밍』(이한미디어, 2014), 『Compact C 프로그래밍』(한빛아카데미, 2015), 『알기 쉽게 해설한 자바 프로그래밍(10판)』(한빛아카데미, 2023)』 등이 있으며, 객체 지향 시스템과 분산 시스템 분야 등에 관련된 다수의 논문을 발표했다.

지은이 **김지연** kimjy@silla.ac.kr

현재 신라대학교 컴퓨터공학부 교수로 재직 중이다. 논리적 사고력과 창의적 문제 해결 기법을 기를 수 있는 코딩 교육에 대해 관심이 많아 다양한 소프트웨어 교육 및 교수 방법에 대해 연구하고 있다. 또한 UI/UX, 웹디자인, 프론트-앤드 개발에도 관심이 많다. 부산광역시 교육청과 함께 부산 지역 자유학년제 연계 프로그램으로 블록코딩을 활용한 인공지능 학습서를 집필하였으며, 자유 학년제 교사 양성을 위해 힘쓰고 있다.

알기 쉽게 해설한 **파이썬** *with* **컴퓨팅 사고력**

초판발행 2023년 2월 19일
3쇄발행 2025년 7월 30일
지은이 김충석, 김지연 / **펴낸이** 전태호
펴낸곳 한빛아카데미(주) / **주소** 서울시 서대문구 연희로2길 62 한빛아카데미(주) 2층
전화 02-336-7112 / **팩스** 02-336-7199
등록 2013년 1월 14일 제2017-000063호 / **ISBN** 979-11-5664-649-5 93000

총괄 박현진 / **책임편집** 김성무 / **기획·편집** 김성무 / **교정** 박하나 / **진행** 정지윤
디자인 표지 윤혜원 내지 이아란 / **전산편집** 이소연 / **제작** 박성우, 김정우
영업 김태진, 김성삼, 이정훈, 임현기, 이성훈, 김주성 / **마케팅** 길진철, 김호철, 심지연

이 책에 대한 의견이나 오탈자 및 잘못된 내용에 대한 수정 정보는 아래 이메일로 알려주십시오.
잘못된 책은 구입하신 서점에서 교환해 드립니다. 책값은 뒤표지에 표시되어 있습니다.

홈페이지 www.hanbit.co.kr / 이메일 question@hanbit.co.kr

PYTHON *with* COMPUTATIONAL THINKING

알기 쉽게 해설한

파이썬 *with* 컴퓨팅 사고력

김충석, 김지연 지음

한빛아카데미
Hanbit Academy, Inc.

저자 머리말

파이썬을 이용하여 컴퓨팅 사고력을 기르고 일상생활의 문제를 컴퓨터로 해결하자!

『알기 쉽게 해설한 파이썬 with 컴퓨팅 사고력』은 프로그램을 처음 시작하는 사람을 위한 책입니다. 특히 최근 코딩 분야에서 중요한 이슈가 되고 있는 컴퓨팅 사고력(Computational Thinking)을 프로그래밍 언어인 파이썬(Python)을 통해 배우면서 일상생활의 문제를 컴퓨터로 해결하는 방법까지 알아봅니다.

이 책은 컴퓨팅 사고력에 기반한 문제 해결 방법, 문제 해결을 위한 파이썬 프로그램의 기본 원리와 작성 방법, 파이썬 프로그램의 논리와 자료구조 등을 쉽게 이해하고 학습할 수 있도록 집필하였습니다.

현재 대부분의 교육 기관에서는 프로그래밍 과정에서 C, 자바(JAVA), 파이썬을 기초 프로그래밍 언어로 강의하고 있습니다. 하지만 프로그램을 처음 배우는 학생들이 창의적 문제 해결 방법이나 프로그램의 개발 단계, 프로그램의 논리에 대한 이해 없이 특정 언어를 배운다는 것은 많이 부담스러운 일입니다. 그래서 프로그래밍을 처음 학습하는 학습자의 효율적인 교육을 위해 컴퓨팅 사고력에 기반한 문제 해결 단계와 절차, 프로그램의 기본 원리, 프로그램 논리 등을 학습하는 과정이 필요하다고 판단하였습니다. 또한 이와 같은 과정을 위해 최근 프로그래밍 분야에서 가장 주목받고 있는 파이썬을 선택하여 책을 집필하였습니다.

파이썬은 현재 사용 중인 프로그래밍 언어들 중에서 가장 최근에 개발된 언어이지만, 소프트웨어 개발 분야에서 사용이 급속히 확대되고 있는 언어입니다. 파이썬은 대화식 인터프리터 언어로서 사용하기 쉽고, 플랫폼에 독립적이어서 운영체제와 상관없이 수행될 수 있으며, 쉬운 문법과 다양한 자료형을 제공하며, 방대한 라이브러리를 가지고 있는 언어입니다. 이 책에서는 지면상 다양하고 방대한 파이썬의 모든 내용을 다루지는 못하지만, 프로그래밍 입문자가 컴퓨팅 사고력에 기반하여 일상생활의 문제를 컴퓨터로 해결할 수 있도록 내용을 구성하였습니다.

『알기 쉽게 해설한 파이썬 with 컴퓨팅 사고력』은 다양한 교육기관에서 프로그래밍을 처음 학습하는 분들을 위해 집필되었습니다. 프로그래밍 수업은 실습을 중심으로 진행해야 합니다. 이 책은 대부분의 기능들을 실습예제를 통하여 설명하고 있습니다. 각 장마다 충분한 실습예제와 연습문제를 제공하고 있습니다. 또한 1~10장까지 학습한 후에는 반드시 11장의 '컴퓨팅 사고력 프로젝트'를 통하여 학습한 내용을 충분히 익혀야 합니다.

다음은 16주차 강의를 위한 효율적인 강의 진도 예시입니다.

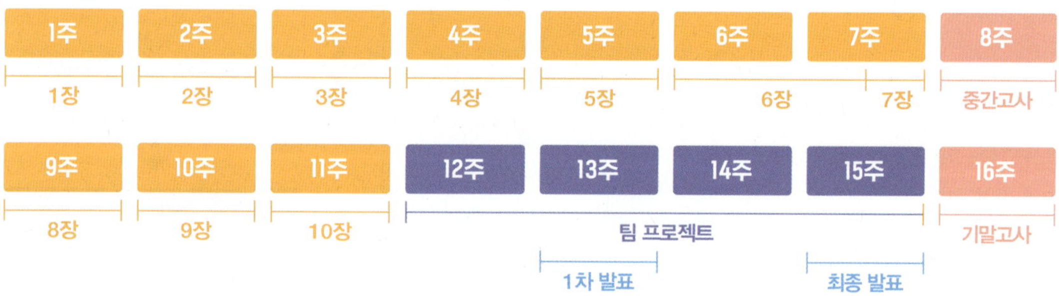

이 책을 모두 학습하고 약 4주간은 팀(4~5명) 프로젝트를 통하여 소규모의 소프트웨어 개발을 직접 경험하는 것이 중요합니다. 여러 팀이 동일한 주제를 가지고 프로젝트를 개발하여 비교해 보거나, 서로 다른 주제를 가지고 개발하여 비교해 보는 것 모두 좋은 학습 방법입니다.

이 책이 프로그램 개발자의 꿈을 안고 프로그래밍을 처음 배우는 학습자에게 많은 도움이 되기를 바랍니다. 끝으로 이 책이 집필되기까지 많은 도움을 주신 여러분에게 감사드립니다.

저자 김충석, 김지연

이 책을 읽기 전에

• 누구를 위한 책인가

이 책은 파이썬으로 컴퓨팅 사고력을 배우는 입문자에게 적합합니다. 컴퓨팅 사고력에 대한 이해와 동시에 파이썬에 대한 기본 개념과 문법을 배울 수 있습니다.

- 컴퓨팅 사고력에 대해 배우고 싶은 입문자
- 프로그래밍 경험이 없는 비전공자
- 파이썬을 처음 공부하고 싶은 입문자

• 무엇을 다루는가

이 책은 컴퓨팅 사고력의 기초 지식과 파이썬의 기초 문법에 대해 다룹니다. 마지막 장에서는 팀 프로젝트를 통하여 소규모 소프트웨어 개발을 직접 경험해봅니다.

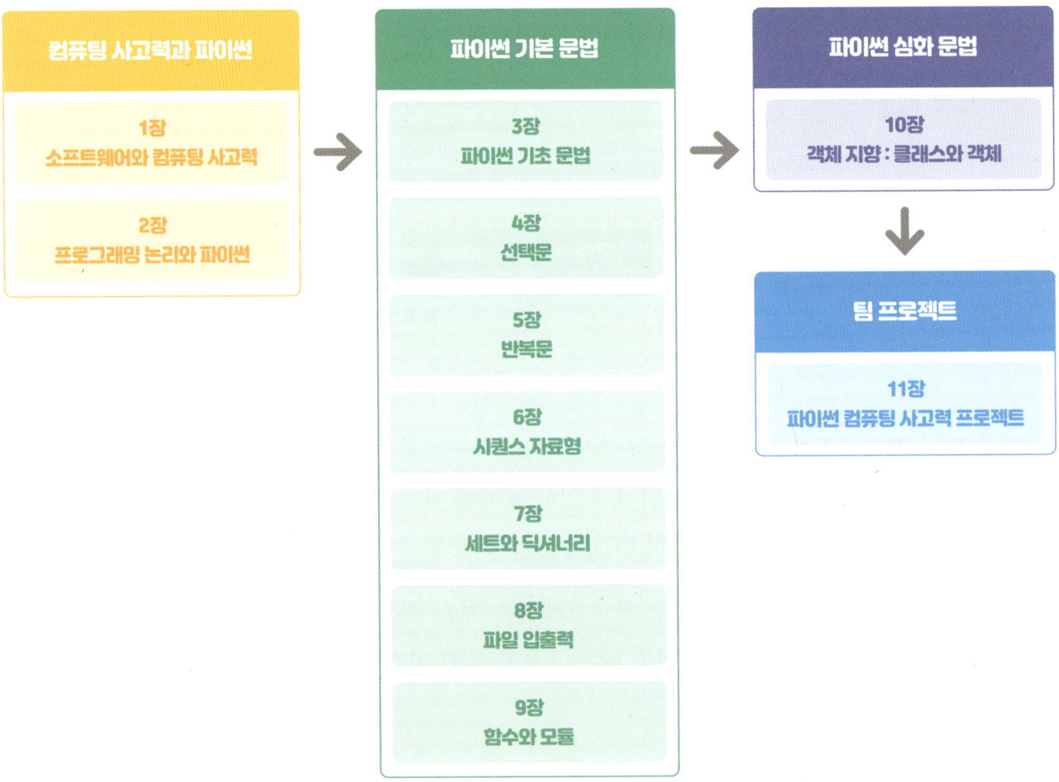

이 책의 구성 요소

• 이 책의 구성 요소

이 책은 효과적인 학습을 위해 '학습목표 ▶ 로드맵 ▶ 본문 설명 ▶ 실습예제 ▶ 코드 ▶ 연습문제'로 구성하였습니다.

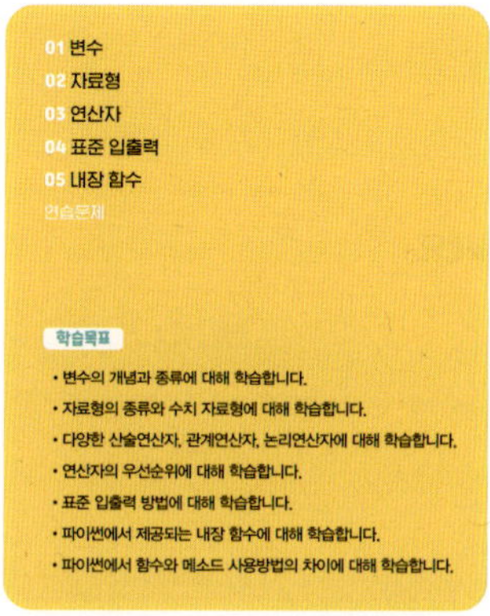

01 변수
02 자료형
03 연산자
04 표준 입출력
05 내장 함수
연습문제

학습목표

- 변수의 개념과 종류에 대해 학습합니다.
- 자료형의 종류와 수치 자료형에 대해 학습합니다.
- 다양한 산술연산자, 관계연산자, 논리연산자에 대해 학습합니다.
- 연산자의 우선순위에 대해 학습합니다.
- 표준 입출력 방법에 대해 학습합니다.
- 파이썬에서 제공되는 내장 함수에 대해 학습합니다.
- 파이썬에서 함수와 메소드 사용방법의 차이에 대해 학습합니다.

학습목표

학습자가 각 장에서 성취해야 하는 주요 목표를 개괄식으로 정리하여 제시합니다.

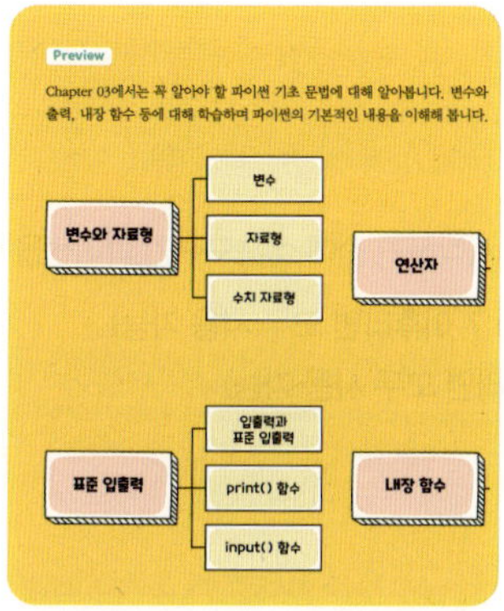

로드맵

각 장에서 학습할 주요 내용을 큰 맥락에서 살펴볼 수 있도록 도식화하여 제시합니다.

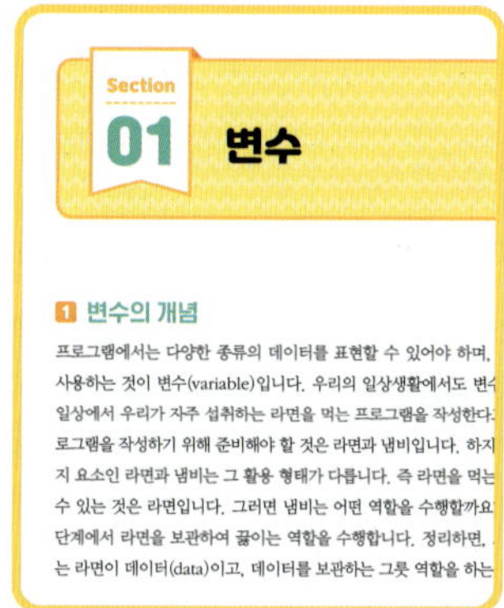

Section 01 변수

1 변수의 개념

프로그램에서는 다양한 종류의 데이터를 표현할 수 있어야 하며, 사용하는 것이 변수(variable)입니다. 우리의 일상생활에서도 변수 일상에서 우리가 자주 섭취하는 라면을 먹는 프로그램을 작성한다 로그램을 작성하기 위해 준비해야 할 것은 라면과 냄비입니다. 하지 지 요소인 라면과 냄비는 그 활용 형태가 다릅니다. 즉 라면을 먹는 수 있는 것은 라면입니다. 그러면 냄비는 어떤 역할을 수행할까요 단계에서 라면을 보관하여 끓이는 역할을 수행합니다. 정리하면, 는 라면이 데이터(data)이고, 데이터를 보관하는 그릇 역할을 하는

본문 설명

컴퓨팅 사고력에 대한 개념과 파이썬의 주요 문법을 알기 쉽게 설명합니다.

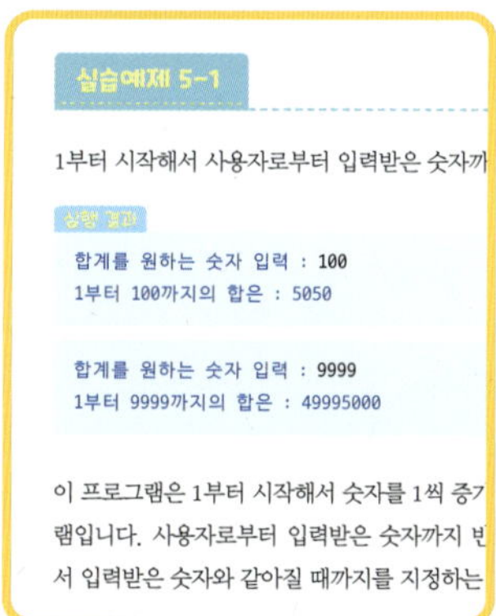

실습예제 5-1

1부터 시작해서 사용자로부터 입력받은 숫자까

실행 결과

```
합계를 원하는 숫자 입력 : 100
1부터 100까지의 합은 : 5050

합계를 원하는 숫자 입력 : 9999
1부터 9999까지의 합은 : 49995000
```

이 프로그램은 1부터 시작해서 숫자를 1씩 증가 램입니다. 사용자로부터 입력받은 숫자까지 반 서 입력받은 숫자와 같아질 때까지를 지정하는

실습예제

실제로 접할 수 있는 문제를 파이썬으로 실습하며 해결할 수 있도록 다양한 예제를 제공합니다.

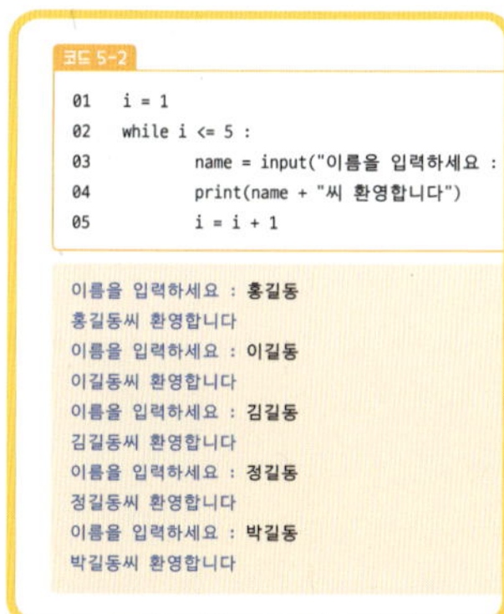

코드 5-2

```
i = 1
while i <= 5 :
        name = input("이름을 입력하세요 :
        print(name + "씨 환영합니다")
        i = i + 1
```

```
이름을 입력하세요 : 홍길동
홍길동씨 환영합니다
이름을 입력하세요 : 이길동
이길동씨 환영합니다
이름을 입력하세요 : 김길동
김길동씨 환영합니다
이름을 입력하세요 : 정길동
정길동씨 환영합니다
이름을 입력하세요 : 박길동
박길동씨 환영합니다
```

코드

파이썬 문법을 활용하여 학습자가 직접 코드를 작성하며 실습할 수 있도록 구성하였습니다.

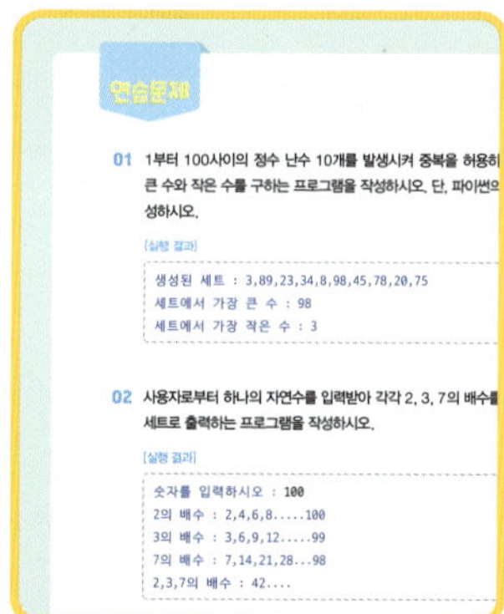

연습문제

01 1부터 100사이의 정수 난수 10개를 발생시켜 중복을 허용하 큰 수와 작은 수를 구하는 프로그램을 작성하시오. 단, 파이썬으 성하시오.

[실행 결과]

```
생성된 세트 : 3,89,23,34,8,98,45,78,20,75
세트에서 가장 큰 수 : 98
세트에서 가장 작은 수 : 3
```

02 사용자로부터 하나의 자연수를 입력받아 각각 2, 3, 7의 배수를 세트로 출력하는 프로그램을 작성하시오.

[실행 결과]

```
숫자를 입력하시오 : 100
2의 배수 : 2,4,6,8.....100
3의 배수 : 3,6,9,12.....99
7의 배수 : 7,14,21,28...98
2,3,7의 배수 : 42....
```

연습문제

해당 장에서 배운 개념과 문법을 확인할 수 있는 문제를 통해 응용 학습이 가능합니다.

이 책의 사용 설명서

• 실습 자료

이 책을 실습하기 위한 예제 소스는 아래 주소에서 내려받을 수 있습니다.

http://www.hanbit.co.kr/src/4649

• 실습 환경

이 책의 실습 환경은 다음과 같습니다. 학습을 시작하기 전에 실습도구인 파이썬을 꼭 설치하세요.

- **운영체제** Windows 10 및 11(Windows 7 이후라면 모두 사용 가능)
- **실습도구** Python 3.11(Python 3.7 이후라면 모두 사용 가능)

• 강의 보조 자료

한빛아카데미 홈페이지에서 '교수회원'으로 가입하신 분은 인증 후 교수용 강의 보조 자료를 제공받을 수 있습니다. 한빛아카데미 홈페이지 상단의 〈교수전용공간〉 메뉴를 클릭하세요.

http://www.hanbit.co.kr/academy

• 연습문제 해답 안내

이 책은 대학 강의용 교재로 개발되었으므로 연습문제 해답을 제공하지 않습니다.

목차

목차

CHAPTER 03 파이썬 기초 문법

CHAPTER 04 선택문

CHAPTER 05 반복문

CHAPTER 06 시퀀스 자료형

CHAPTER 10 객체 지향 : 클래스와 객체

CHAPTER 11 파이썬 컴퓨팅 사고력 프로젝트

CHAPTER 01

소프트웨어와 컴퓨팅 사고력

학습목표

- 4차 산업혁명의 개념과 컴퓨터의 역할에 대해 학습합니다.
- 컴퓨터와 사람의 역할에 대해 학습합니다.
- 소프트웨어와 프로그래밍 언어의 개념에 대해 학습합니다.
- 컴퓨팅 사고력의 정의와 개념에 대해 학습합니다.
- 컴퓨팅 사고력의 단계에 대해 학습합니다.

Preview

Chapter 01에서는 4차 산업혁명 시대에 컴퓨터의 역할에 대해 알아보고, 프로그래밍 언어의 개념에 대해 학습합니다. 또한 컴퓨팅 사고력의 구성 요소를 3단계로 나누어 살펴봅니다.

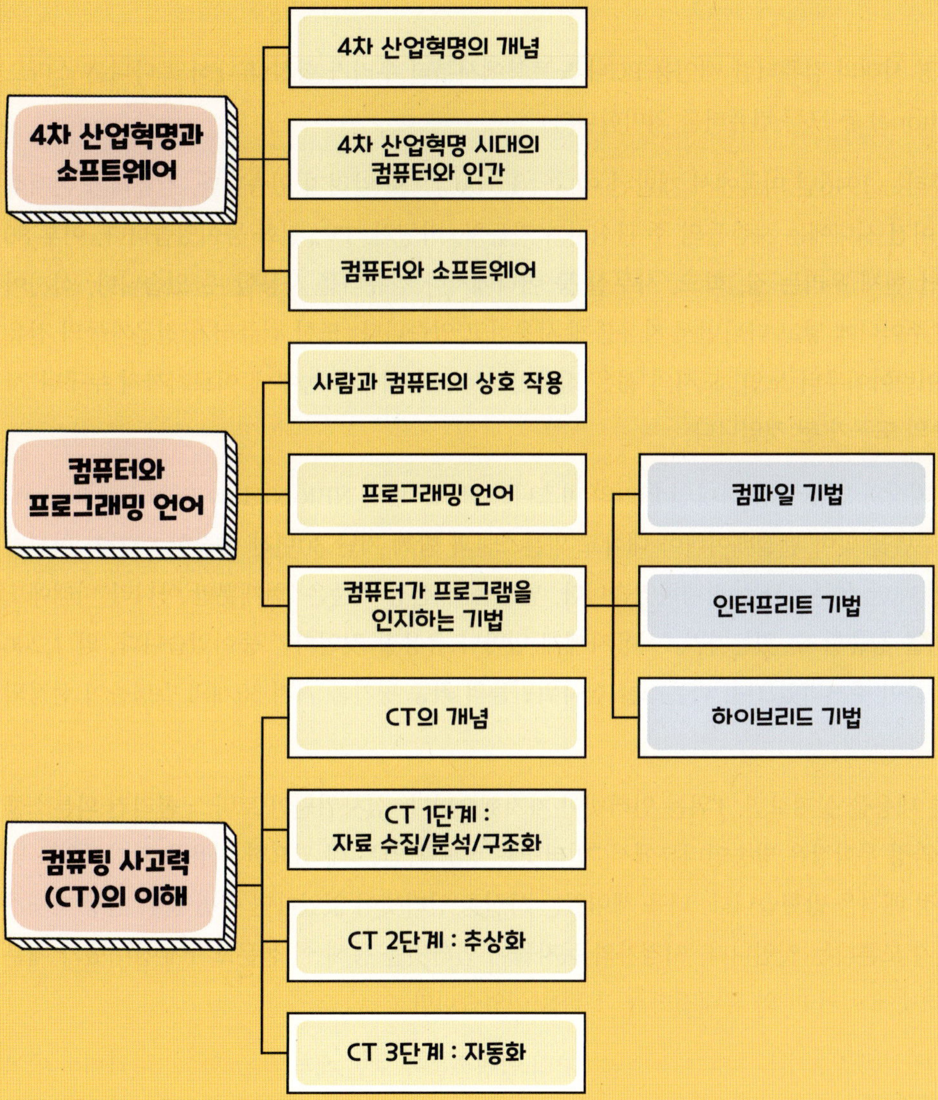

Section 01

4차 산업혁명과 소프트웨어

4차 산업혁명 시대의 컴퓨터란 개인용 PC나 노트북에서부터 우리가 항상 휴대하고 다니는 스마트폰(smart phone) 등 모든 컴퓨터를 의미합니다.

최초의 컴퓨터는 1946년 미국에서 개발된 에니악(ENIAC)으로 알려져 있습니다. 컴퓨터가 존재하지 않던 그 이전 시대에는 사람들의 주 관심사가 자동차, 비행기, TV, 전화 등이었습니다. 이후 80여 년이 지난 현재 우리는 집, 학교, 사무실 등 어디에서나 컴퓨터를 사용할 수 있습니다. 심지어 스마트폰은 주머니에 넣고 다니면서 자유롭게 사용하고 있습니다. 또한 컴퓨터가 전문가들의 전유물이 아닌 어린아이부터 노인, 도시의 젊은 직장인에서부터 시골의 농부에 이르기까지 누구나 사용하는 대중의 도구가 된 것입니다.

미국의 6대 지상파 방송국 중 하나인 PBS의 비즈니스 프로그램인 NBR(Nightly Business Report)은 방송 30주년을 맞아 펜실베이니아 대학교 와튼스쿨과 함께 지난 30년간 등장한 30가지 혁신적인 발명품에 대한 설문조사를 진행하였습니다. 발명품의 선정 기준은 '현재뿐만 아니라 미래에도 새로운 가치를 창출할 수 있는가?', '사용자에게 얼마나 유용할 것인가?' 등이었습니다. 약 1,200가지의 발명품이 추천되었으며, 와튼스쿨 심사위원들의 최종 평가를 거쳐 30개의 발명품이 선정되었습니다.

순위에 오른 내용을 살펴보면, 1위는 인터넷이 차지했습니다. 심사위원인 토마스 콜리건 와튼스쿨 최고경영자과정 부학장은 방송인터뷰에서 "인터넷은 정보를 얻는 데 필요한 비용을 획기적으로 낮췄다"며 선정 배경을 밝혔습니다. 더욱 재미있는 사실은 인터넷이 없었다면 이번 순위 선정 자체가 불가능했을지 모른다는 것입니다. 시청자와 독자들이 인터넷을 통해 이 설문조사에 참여했기 때문입니다. 인터넷에 이어 PC와 휴대전화가 그 뒤를 이었습니다.

[표 1-1]에서 보여주고 있는 1위부터 30위까지의 발명품들을 보면 대부분 컴퓨터와 연관되어 있거나 컴퓨터를 이용한 발명품들입니다. 이 결과만 보더라도 이제 컴퓨터는 현대인의 생활의 일부로 여겨질 만큼 친숙하고 없어서는 안 될 존재가 된 것입니다.

표 1-1 NBR과 와튼스쿨이 발표한 혁신적인 발명품 Top 30

순위	내용	순위	내용
1	인터넷	16	미디어 파일 압축 기술
2	PC	17	마이크로파이낸스
3	휴대전화	18	태양광 에너지
4	이메일	19	대형 풍력터빈
5	인간 게놈 지도	20	인터넷을 통한 네트워킹
6	자기공명장치(MRI)	21	그래픽 인터페이스
7	마이크로프로세서	22	디지털 사진기와 캠코더
8	광섬유	23	RFID
9	오피스 소프트웨어	24	유전자 조작식품
10	레이저-로봇 수술	25	바이오 연료
11	오픈소스 소프트웨어	26	바코드와 스캐너
12	LED	27	ATM 기기
13	LCD	28	스텐트(탄성형 금속 그물망)
14	GPS	29	플래시메모리
15	온라인쇼핑	30	에이즈 항바이러스제

1 4차 산업혁명의 개념

'4차 산업혁명'이라는 용어는 2016년 세계경제포럼(World Economic Forum, WEF)에서 처음 언급되었는데, 지금은 정보통신기술(ICT) 기반의 새로운 산업 시대를 대표하는 용어가 되었습니다. 컴퓨터와 인터넷으로 대표되는 3차 산업혁명(정보 혁명)에서 한 단계 더 진화한 혁명으로도 일컬어지고 있습니다.

4차 산업혁명은 인공지능(AI), 사물인터넷(IoT), 클라우드 컴퓨팅, 빅데이터, 모바일 등 지능 정보기술이 기존 산업과 서비스에 융합되거나 3D 프린팅, 로봇공학, 생명공학, 나노기술 등 여러 분야의 신기술과 결합되어 실세계 모든 제품 및 서비스를 네트워크로 연결하고 사물을 지능화하는 것을 의미합니다.

4차 산업혁명은 초연결성(hyper-connectivity)과 초지능성(super-intelligence)을 기반으로 구축되기 때문에 기존 산업혁명에 비해 더 넓은 범위에서 더 빠른 속도로 우리 생활에 영향을 끼치고 있습니다.

그림 1-1 **4차 산업혁명**

2 4차 산업혁명 시대의 컴퓨터와 인간

1950년대 계산하는 기계로 탄생한 컴퓨터는 20세기에는 주로 빠른 계산 능력과 무한한 기억용량으로 일상생활의 많은 문제들을 처리하였습니다. 예를 들어 전국의 어떤 행정기관에서나 우리가 원하는 서류를 발급받을 수 있으며, 은행의 ATM 기기에서 현금을 인출할 수 있는 등의 편의를 제공하고 있습니다. 21세기 들어 컴퓨터와 인공지능의 만남이 4차 산업혁명 시대를 맞이하는 계기가 되면서 이제 컴퓨터와 인간의 관계를 다시 생각해봐야 할 시기가 되었습니다.

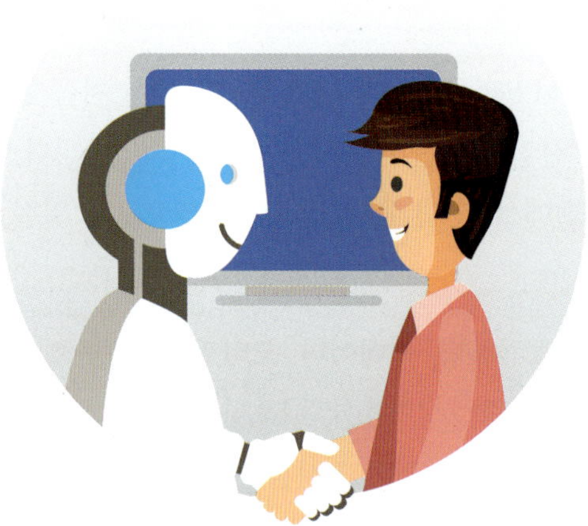

그림 1-2 **컴퓨터와 인간의 관계 재정립**

인간과 컴퓨터를 비교하면 신속성과 정확성을 겸비한 컴퓨터가 인간을 압도하는 분야가 매우 많습니다. 4차 산업혁명 시대의 자율주행 자동차는 절대로 보복운전을 하지 않을 것이며, 자동항법 장치로 운전하는 기차는 과속으로 탈선하는 일이 없을 것입니다.

표 1-2 컴퓨터와 인간의 비교

기능	인간	컴퓨터
계산 능력	느림	빠름
동작 시간	제한적	24시간 가능
기억 용량	한계가 있음	한계가 없음
동작 형태	능동적	수동적
사고 형태	무한한 상상력과 창의력	제한된 사고(스스로 학습)

그러나 아무리 자동화된 세상이라도 컴퓨터에만 의존해 살아갈 수는 없습니다. 매스컴에서 보도되는 사건들은 우리 인간들의 실수에 의해 발생한 폭발사고나 비행기 조종사의 실수에 의한 추락사고 등은 대대적으로 보도되고 있는 반면, 잘 숙련된 기술자의 경험으로 화학공장이 안전하게 가동되고, 숙련된 조종사에 의해 사고 없이 운항되는 비행기에 대해서는 뉴스로 보도하지 않습니다.

뉴욕타임스에 보도된 미국에서 발생한 사건을 예로 들면, 비행기 이륙 시에 엔진에 새떼가 끼어 엔진이 고장 나자 조종사는 뉴욕 허드슨 강에 비행기를 비상 착륙시키고 승객 전원을 무사히 대피시켰습니다. 이러한 일들을 컴퓨터에 입력된 자동 조종장치가 해낼 수 있었을까요?

절대 실수를 하지 않고 그래서 결점이 없다고 믿고 있는 컴퓨터와 프로그램은 사실 우리가 작성한 코드대로 입력한 작업을 수행하는 것일 뿐입니다. 모두가 알고 있는 이 사실을 우리는 자주 잊어버리거나 간과합니다. 컴퓨터와 기계는 고장이 나고, 버그가 생기고, 해킹을 당하면 속수무책입니다. 컴퓨터의 완벽한 업무 수행은 인간이 입력해둔 범주 내에서만 가능한 일입니다.

인간의 실수 때문에 일어난 것으로 알려진 사고 가운데 적지 않은 사고가 사실은 기계 결함, 컴퓨터 프로그램 오류 때문에 촉발되었다는 것이 나중에 밝혀지는 일도 더러 있습니다. 지난 2009년 브라질 리우데자네이루를 출발해 프랑스 파리로 가던 중 대서양에 추락해 승무원과 승객 228명 전원이 숨진 '에어프랑스 447편 사고'가 그렇습니다. 블랙박스를 판독한 결과 비행기의 속도 감지장치가 고장 났고, 속도를 측정하지 못하자 자동항법 장치가 먹통이 되어버렸습니다. 아무런 대비 없이 돌연 완전히 수동으로 비행기를 몰아야 했던 기장과 부기장은 실수를 범한 것으로 보입니다.

이 사고는 인간의 실수를 줄이기 위해 만든 기계 장치가 오히려 인간의 실수를 부추기는 역효과를 일으킨다는 자동화의 역설(automation paradox)의 사례라 할 만합니다. 기계화나 자동화가 심화될수록 인간의 기술과 숙련도는 떨어지기 마련인데, 기계가 고장 났을 때 이에 대한 대처능력도 떨어진 것입니다.

미래는 컴퓨터가 인간을 완전히 대체하는 세상이 아니라 컴퓨터가 인간과 함께 조화롭게 작동하는 세상이 될 것입니다. 모든 돌발 상황에 대처할 수 있는 항법장치를 개발하더라도 모든 비행기, 기차, 자동차에 조종석을 없애는 일은 하루아침에 일어날 수 없습니다.

4차 산업혁명 시대에서 컴퓨터는 인간의 무한한 창의력을 실현하는 도구가 되어 인간과 조화롭게 살아갈 것으로 기대합니다.

3 컴퓨터와 소프트웨어

컴퓨터 하드웨어는 입력장치, 출력장치, 기억장치, 연산장치, 제어장치, 그리고 네트워크로 구성되어 있습니다. 그리고 이러한 하드웨어를 작동시키기 위해서는 관련된 소프트웨어나 펌웨어가 필요합니다.

펌웨어는 컴퓨터를 구동하기 위한 가장 간단한 프로그램을 하드웨어 형태로 만든 것입니다. 일반적으로 펌웨어가 시스템 소프트웨어인 운영체제(Operating System)를 가동시키고 운영체제는 사용자가 요구하는 소프트웨어를 가동시킵니다. 그리고 소프트웨어는 네트워크와 데이터를 이용하여 작동하고 결과를 만들어 냅니다. 더불어 요즘 컴퓨터는 인공지능 프로그램이 설치되어 있어 스스로 학습을 수행하기도 합니다.

현대 시대는 하드웨어도 중요하지만 어떤 소프트웨어가 어떤 데이터를 사용하는지가 더 중요한 시대입니다. 컴퓨터 분야에서 아주 유명한 구절이 있습니다. 'Garbage in Garbage out', 즉 쓰레기를 넣으면 쓰레기가 나온다는 뜻입니다. 이것은 입력을 제대로 해야 제대로 된 결과를 얻을 수 있다는 뜻입니다.

우리가 컴퓨터를 사용한다는 것은 소프트웨어를 사용한다는 의미입니다. 실제 우리가 컴퓨터를 사용해서 얻고자 하는 것은 가치 있는 정보이고, 이러한 정보는 좋은 소프트웨어에 의해 제공된다는 사실입니다. 우리가 컴퓨터를 사용하는 한 순간을 생각해 봅시다.

컴퓨터를 통해 쇼핑을 합니다.

컴퓨터를 통해 쇼핑을 하고 있는 순간을 생각해봅시다. 인터넷 쇼핑을 위해서는 인터넷 브라우저를 실행하여 주소창에 원하는 쇼핑몰의 주소를 입력해야 합니다. 인터넷 브라우저는 인터넷을 통하여 사용자가 입력한 주소가 지정하는 컴퓨터에 접근한 다음 쇼핑 물품들을 인터넷 브라우저에 나타냅니다. 컴퓨터를 통해 쇼핑을 한다는 의미는 사용자 컴퓨터에 설치되어 있는 검색기 소프트웨어(프로그램)를 실행시킨 것입니다.

컴퓨터를 통해 친구와 대화를 합니다.

인터넷과 연결된 컴퓨터를 이용하여 다른 사람과 대화하는 기능은 현재 가장 많이 사용하는 인터넷 기능 중 하나입니다. 현재 컴퓨터를 통한 대화를 위해 다양한 소프트웨어들이 제공되고 있습니다. 친구와 대화하기 위해서는 자신의 컴퓨터에 대화를 위한 소프트웨어가 설치되어 있어야 합니다. 대화를 위해서 사용자는 설치된 소프트웨어를 실행시키고, 대화를 원하는 친구를 등록합니다. 친구가 인터넷에 접속하면, 둘만의 대화가 이루어집니다. 컴퓨터를 통해 친구와 대화한다는 의미는 사용자 컴퓨터에 설치되어 있는 대화 전용 소프트웨어(프로그램)를 실행시킨 것입니다.

컴퓨터를 통해 보고서를 작성합니다.

현재는 컴퓨터 없이 서류나 문서, 보고서 등을 작성한다는 것이 상상할 수 없는 일이 되었습니다. 컴퓨터는 다양한 형태의 문서 편집 기능이나 복사 기능 등 많은 편리함을 제공하기 때문입니다. 컴퓨터를 통해 보고서를 작성하기 위해서는 어떻게 해야 할까요? 우선 사용자는 자신의 컴퓨터에 설치된 문서 편집기(한글 또는 MS-워드 등)를 실행하고, 그 편집기의 데이터 창에 자신의 문서를 입력하여 편집하게 됩니다. 완성된 문서는 편집기의 저장하기 기능을 이용하여 원하는 장소에 저장할 수 있습니다. 컴퓨터를 통해 보고서를 작성한다는 의미는 사용자 컴퓨터에 설치된 문서 편집기 소프트웨어(프로그램)를 실행시킨 것입니다.

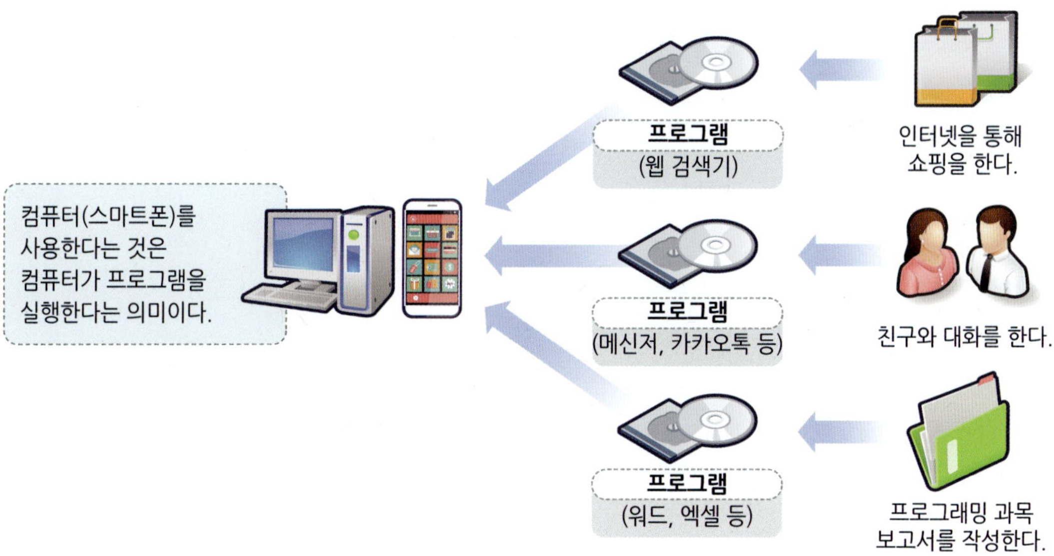

그림 1-3 **컴퓨터의 사용**

앞에서 컴퓨터(스마트폰)를 사용하여 할 수 있는 3가지 일을 살펴보았지만, 공통적인 것은 컴퓨터에서 소프트웨어(프로그램)를 실행시킨다는 점입니다. 즉 우리가 컴퓨터를 사용한다는 의미는 컴퓨터에게 우리가 원하는 소프트웨어를 실행시킨다는 것입니다.

현재 컴퓨터에서 실행되는 소프트웨어는 교육·통신·금융·오락·설계·제조·경영 등 산업 전 분야에 걸쳐 제공하고 있습니다. 이제 소프트웨어는 우리 생활의 전부라 해도 지나치지 않게 되었습니다. 반대로 말하면, 미래는 물론이고 현재도 소프트웨어 없이는 살아갈 수 없는 세상이 된 것입니다.

Section 02

컴퓨터와 프로그래밍 언어

앞에서 사람이 컴퓨터를 사용하는 형태(컴퓨터가 소프트웨어를 실행)에 대해 살펴보았습니다. 컴퓨터를 사용한다는 의미는 사람과 컴퓨터가 상호 작용을 한다는 의미입니다. 즉 사람은 컴퓨터와 상호 작용을 통하여 컴퓨터에게 원하는 일을 시키며, 그 결과를 받아 활용하게 됩니다.

그렇다면 사람은 어떻게 컴퓨터에게 일을 시킬 수 있으며, 컴퓨터는 사람이 시킨 일을 어떤 방법으로 실행하여 결과를 돌려줄까요?

1 사람과 컴퓨터의 상호 작용

1940년대에 발명된 컴퓨터는 기존의 많은 발명품과는 달리 사람의 지적 능력을 도와줄 수 있는 매체로 발명되었습니다. 그러나 사람과 달리 컴퓨터는 전기를 먹고 사는 기계입니다. 컴퓨터는 전기를 통하여 동작하므로 '전기가 흐른다' 또는 '흐르지 않는다'만 기억할 수 있게 되었습니다. 즉 컴퓨터는 두 가지 상태(0 또는 1)만 기억할 수 있는 기계로 발명된 것입니다.

이러한 컴퓨터가 2진법 컴퓨터인데, 1950년대 이후 2진법 컴퓨터는 현재까지 사용되고 있습니다. 자연어를 사용하는 사람과 2진법을 사용하는 컴퓨터가 상호 작용을 하기 위해서는 3가지 방법이 가능합니다.

사람의 언어를 컴퓨터가 인지

많은 과학자들에 의해 사람들이 사용하는 자연어(Natural Language)를 컴퓨터가 인식할 수 있도록 하기 위한 노력이 인공지능(Artificial Intelligence, AI) 분야에서 이루어지고 있습니다. 이러한 노력의 결과로 부분적인 인식은 다양한 분야에서 활용되고 있지만(음성 인식, 문자 인식 등), 컴퓨터에게 자연어로 일을 시킬 수 있을 정도의 진전은 이루어지지 않고 있으며, 향후 전망도 불투명한 상황입니다. 즉 현재 시점에 이 방법은 작은 규모의 간단한 응용 분야에서나 사용 가능한 것으로 판단되고 있습니다.

컴퓨터 언어를 사람이 사용

컴퓨터는 개발될 때 2진법 언어만을 이용하는 기계로 발명되어 현재까지 사용되고 있습니다. 컴퓨터 개발 초기에는 2진법을 이용해서 컴퓨터에게 간단한 일을 시키기도 하였지만, 컴퓨터 언어인 2진법만을 이용해서 컴퓨터를 사용한다는 것은 사람에게 매우 어려운 일입니다.

사람과 컴퓨터의 공동 언어 사용(프로그래밍 언어)

한국인과 일본인이 소통하기 위한 방법에는 다음 3가지가 있습니다.

- 두 사람이 한국어로 대화하기
- 두 사람이 일본어로 대화하기
- 두 사람이 제3국어(영어, 불어, 독어 등)로 대화하기

이와 같이 컴퓨터와 사람도 제3국어에 해당되는 언어로 상호 작용을 할 수 있는데, 이러한 제3국어에 해당하는 언어를 프로그래밍 언어(Programming Language)라고 합니다. 한국인과 일본인이 제3국어로 의사소통을 하기 위해서는 한국인과 일본인 모두 제3국어를 배워서 익혀야 의사소통을 할 수 있습니다.

사람과 컴퓨터도 마찬가지입니다. 사람도 컴퓨터에게 일을 시키기 위해서는 프로그래밍 언어를 배우고 익혀서 사용해야 합니다. 그러면 0과 1밖에 모르는 컴퓨터는 프로그래밍 언어를 어떻게 인식할까요? 이 부분은 뒤에서 설명하겠습니다.

결론적으로 컴퓨터와 사람이 상호 작용을 하기 위해서는 반드시 프로그래밍 언어를 사용해야 합니다. 향후 프로그래밍 언어를 배우지 않고도 컴퓨터에게 일을 시킬 수 있는 방법이 개발될 때까지는 프로그래밍 언어를 사용해야 할 것입니다.

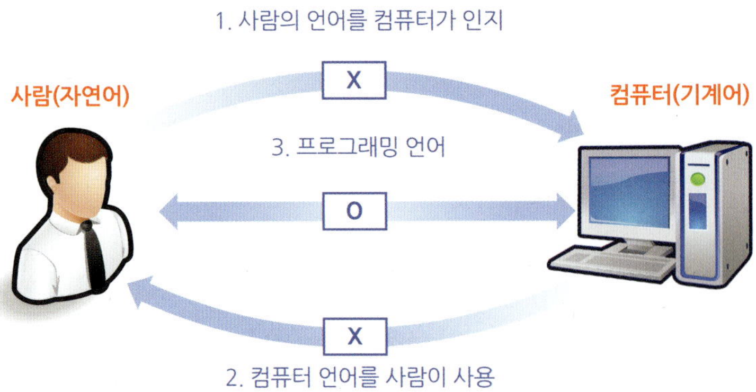

그림 1-4 **사람과 컴퓨터의 상호 작용**

2 프로그래밍 언어

앞에서 설명하였듯이 사람과 컴퓨터의 상호 작용을 위해 개발된 공동 언어가 프로그래밍 언어입니다. 여기에서는 프로그래밍 언어의 발전 단계와 단계별 주요 언어를 예제 프로그램을 통하여 간단하게 살펴보겠습니다.

프로그래밍 언어의 발전 단계

1950년대에 컴퓨터가 개발된 이후로 프로그래밍 언어는 느리지만 꾸준하게 발전되어 왔습니다. 이러한 언어를 발전 단계에 따라 세대별로 구분하면 모두 5단계로 나누어볼 수 있습니다.

■ 1세대 언어

1세대 언어는 기계어입니다. 즉 0과 1로 구성된 언어를 의미합니다. 기계어는 사람에 의해 사용되는 언어가 아니고, 컴퓨터가 사용하는 언어로 이해하면 됩니다.

■ 2세대 언어

2세대 언어는 첫 번째 프로그래밍 언어라고 할 수 있지만, 기계어에 가까운 언어입니다. 즉 0과 1로 구성된 기계어는 사람이 사용하기에 너무 불편하였기 때문에 기계어를 일부 기호화한 언어라 볼 수 있습니다. 현재는 특수 분야를 제외하고 거의 사용하지 않는 언어입니다.

■ 3세대 언어

3세대 언어부터 본격적인 프로그래밍 언어라 할 수 있습니다. 주로 절차 지향 중심의 언어들이 개발되었습니다. C, 포트란(FORTRAN), 코볼(COBOL), 베이직(BASIC) 등이 개발되었으며, C 언어는 현재까지도 광범위하게 사용되고 있습니다.

■ 4세대 언어

4세대 언어는 많은 데이터를 처리하기 위한 데이터베이스 관련 프로그램을 개발할 수 있는 언어입니다. 4세대 언어는 주로 윈도우 상에서 쉽게 프로그램을 개발할 수 있는 환경을 제공하고 있습니다. 현재 4세대 언어의 사용은 5세대 언어의 등장으로 점차 사용이 줄어들고 있는 추세입니다.

■ 5세대 언어

5세대 언어는 본격적인 객체 지향 언어의 세대이면서, 네트워크 관련 기능이 강화된 언어입니다. 대표적인 언어로 자바(Java)와 C++, C#, 파이썬(Python) 등이 있습니다. 또한 웹의 등장으로 인하여 웹과 데이터베이스를 쉽게 연결하여 프로그램을 개발할 수 있는 ASP, JSP, PHP 등의 언어들이 있습니다.

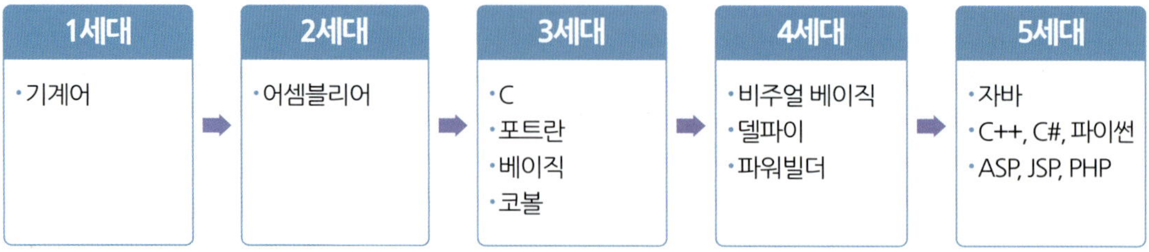

그림 1-5 **프로그래밍 언어의 발전 단계**

주요 언어로 작성된 프로그램

1950년대 어셈블리어가 개발된 이후로 현재까지 많은 프로그래밍 언어들이 개발되어 왔습니다. 새롭게 개발되는 언어 대부분은 기존의 언어들의 특징들을 포함하면서 새로운 기능을 제공하는 형태로 개발되었습니다.

다음에 나오는 다양한 코드는 1부터 100까지의 정수 값을 더하여 결과를 출력하는 프로그램을 주요 프로그래밍 언어로 작성하여 나타낸 것입니다. 여러 종류의 프로그래밍 언어로 작성된 프로그램을 살펴보면서 프로그래밍 언어에 대한 이해와 프로그래밍 구조에 대한 기초 지식을 습득해봅니다.

■ 어셈블리어(Assembly Language)

```
TEST        START
BEGIN       BALR              0
    USING   BEGIN+2,BASE      BASE,0
    SR      4,4        ● ──── 4번 레지스터의 내용을 0으로 설정
    L       2,=F'1'    ● ──── 2번 레지스터에 1을 넣는다
    L       3,=F'100'  ● ──── 3번 레지스터에 100을 넣는다
LOOP        AR                4,3 ● ── 4번과 3번의 내용을 더한다
    SR      3,2        ● ──── 3번에서 2번의 내용을 뺀다
    BCT     3,*-4      ● ──── 07번 문장으로 분기한다
    BR      14
    LTORG   EQU               15
BASE        END
```

■ 포트란(FORTRAN)

```
    ISUM=0
    DO 100 I=1,100,1 ● ──── 1부터 100까지 1씩 증가시켜 가면서 100(04번 문장)번까지를 반복
      ISUM=ISUM+I ● ──── 1부터 100까지 1씩 증가시켜 가면서 100(04번 문장)번까지를 반복
100 CONTINUE
```

```
    WRITE (6,200) ISUM             합계를 출력한다
200 FORMAT(8X,I5)
    STOP
    END
```

■ 코볼(COBOL)

```
IDENTIFICATION   DIVISION.
PROGRAM-ID.              HAP.
ENVIRONMENT              DIVISION.
CONFIGURATION    SECTION.
SOURCE-COMPUTER.         IBM-PC.
OBJECT-COMPUTER.         IBM-PC.
INPUT-OUTPUT     SECTION.
FILE-CONTROL.    SELECT PR-F ASSIGN TO OUTPUT ":HAP".
DATA    DIVISION.
FILE    SECTION.
FD PR-F LABEL    RECORD OMITTED.
01 PR-R          PIC      X(80).
WORKING-STORAGE          SECTION.
01 LIST.
      03 N PIC 9(3).
      03 HAP PIC 9(4).
PROCEDURE                DIVISION.
AA.    PERFORM BB UNTIL N = 100.          결과 값을 출력
            DISPLAY "***1부터 100까지의 합***"    합계를 출력
            DISPLAY "HAP = " HAP.
            STOP RUN.                      프로그램 종료
BB.     ADD 1 TO N                         N값을 1 증가
             ADD N TO HAP.                 N값을 HAP에 더한다
```

■ 베이직(BASIC)

```
10  SUM = 0
20  FOR I=1 TO 100        I가 1부터 100이 될 때까지 04번 문장까지 반복
30    SUM = SUM + I       SUM에 I 값을 더한다
40  NEXT I                반복의 범위
50  PRINT SUM             SUM 출력
60  END
```

■ **파스칼(Pascal)**

```
program hap;
uses Crt;
var                                              ─┐
    i,sum : integer;                             ─┴── 변수 선언
begin
    ClrScr;
    sum := 0;                                    ──── 변수를 0으로 설정
    for i := 1 to 100 do                         ─┐
        sum := sum + i;                          ─┴── 1부터 100까지 반복하며 SUM에 값을 더한다
    writeln('1부터 100까지의 합은 ===> ',sum);   ──── 값을 출력한다
end.
```

■ **C**

```
#include <stdio.h>

main()
{
    int i, sum;                                  ──── 변수 선언
    clrscr();
    sum=0;                                       ──── sum 변수를 0으로 설정
    for ( i = 1; i <= 100; i++)                  ─┐
        sum = sum + i;                           ─┴── 1부터 100까지 반복하며 sum에 값을 더한다
    printf("1부터 100까지의 합은 ===> %d n",sum); ──── 값을 출력한다
}
```

■ **자바(JAVA)**

```
public class SumTest  {
   public static void main(String[] args)  {
      int i, sum=0;                                         ──── 변수를 선언하고 sum을 0으로 설정한다
      for ( i = 1 ; i <= 100 ; i = i + 1 )  {               ─┐
         sum = sum + i;                                     ─┴── 1부터 100까지 반복하며 sum에 값을 더한다
      }
      System.out.println("1부터 100까지의 합은 " +sum);     ──── 값을 출력한다
   }
}
```

■ **자바스크립트(JavaScript)**

```
<HTML>
    <BODY>
    <SCRIPT LANGUAGE = "JAVASCRIPT">
    var sum=0; •────────── 변수 선언
    var i;
    for ( i = 1 ; i <= 100 ; i = i + 1 ) ┐
    {                                    │
        sum = sum + i;                   •── 1부터 100까지 반복하며 sum에 값을 더한다
    }────────────────────────────────────┘
    document.write("1부터 100까지의 합은 " + sum); •── 값을 출력한다
    </SCRIPT>
    </BODY>
</HTML>
```

■ **파이썬(Python)**

```
sum = 0 •────────── 변수 초기화
for i in range(1,101) : ┐
    sum = sum + i ──────•── 1부터 100까지 반복하며 sum 값에 더한다
print(sum) •─────── 값을 출력한다
```

앞에서 살펴본 9가지의 언어에서 느낄 수 있는 점은 몇 종류의 언어(어셈블리어, 코볼)를 제외하고는 대부분 구조가 비슷하다는 점입니다. 이러한 점에서 하나의 프로그래밍 언어가 익숙해지면, 새로운 프로그래밍 언어도 쉽게 배울 수 있습니다.

하나 더 알기 **프로그래밍 언어 사용 순위**

[표 1-3]은 Tiobe(http://www.tiobe.com/tiobe-index/)사에서 제공하는 프로그래밍 언어 사용 순위를 나타낸 것입니다. 2023년 1월 기준으로 파이썬이 1위를 차지하고 있습니다.

표 1-3 프로그래밍 언어 사용 순위(2023년 1월 기준) © Tiobe

현재 순위	지난 순위	변동	프로그래밍 언어	사용율	변화율
1	1	-	파이썬	16.36%	+0.28%
2	2	-	C	16.26%	+3.82%
3	4	^	C++	12.91%	+4.62%
4	3	∨	자바	12.21%	+4.62%

5	5	-	C#	5.73%	5.73%
6	6	-	비주얼 베이직	4.64%	−0.10%
7	7	-	자바스크립트	2.87%	+0.78%
8	9	↑	SQL	2.50%	+0.70%
9	8	↓	어셈블리어	1.60%	−0.25%
10	11	↑	PHP	1.39%	−0.00.%
11	10	↓	스위프트	1.20%	−0.21%
12	13	↑	고(GO)	1.14%	+0.10%
13	12	↓	R	1.04%	−0.21%
14	15	↑	클래식 비주얼 베이직	0.98%	+0.01%
15	16	↑	매트랩	0.91%	−0.05%
16	18	↑	루비	0.80%	−0.08%
17	14	↓	델파이/파스칼	0.73%	−0.27%
18	26	⇈	Rust	0.61%	+0.11%
19	20	↑	Perl	0.59%	−0.12%
20	23	↑	스크래치	0.58%	−0.01%

3 컴퓨터가 프로그램을 인지하는 기법

앞서 사람과 컴퓨터의 상호 작용을 위해 프로그래밍 언어들을 사용한다고 하였고, 실제 사용하는 프로그램을 살펴보았습니다. 사람이 컴퓨터에게 일을 시키기 위해서는 우선 하나의 프로그래밍 언어를 선택해 배워야 합니다. 그런 다음 프로그래밍 언어로 원하는 일을 작성하여 컴퓨터에서 실행시켜야 합니다.

그러면 0과 1밖에 모르는 컴퓨터는 프로그래밍 언어로 작성된 프로그램을 어떻게 인식할 수 있을까요? 이를 위해 컴퓨터 전문가들은 프로그래밍 언어를 컴퓨터가 알아들을 수 있는 기계어로 자동 번역하여 주는 번역기를 개발하게 되었습니다. 즉 사람에 의해 작성된 프로그램은 번역기를 거쳐 기계어로 번역되어 컴퓨터에게 전달되며, 컴퓨터는 기계어로 작성된 코드들을 실행하여 결과를 출력하게 됩니다.

결론적으로 컴퓨터에서 프로그램을 실행하기 위해서는 무조건 컴퓨터가 인식할 수 있는 0과 1의 형태로 번역해야 실행할 수 있습니다. 프로그램을 번역하여 실행하는 방법은 컴파일 기법, 인터프리트 기법, 하이브리드 기법 등 3가지 방법이 있습니다.

컴파일 기법

컴파일(compile) 기법이란 프로그램이 컴파일러(compiler)에 의해 이진파일(0과 1로 구성된 파일)로 번역된 후, 번역된 파일이 컴퓨터에서 실행되는 기법입니다. 컴파일 기법에서 사용하는 컴파일러(번역 소프트웨어)는 전문가에 의해 만들어진 소프트웨어입니다.

우리가 특정 언어를 사용하여 프로그램을 작성하면, 작성된 프로그램을 컴퓨터가 알아들을 수 있는 0과 1로 번역해 주는 컴파일러가 반드시 필요합니다. 즉 C 언어로 작성된 프로그램을 실행시키기 위해서는 C 컴파일러가 반드시 필요한 것입니다. 컴파일러에 의해 번역된 프로그램은 언제든지 실행 가능한 프로그램입니다.

컴파일 기법은 한번 작성된 프로그램이 번역되어 실행 파일이 생성되면, 다음부터는 번역 절차 없이 실행 파일만 실행시키므로 빠르게 실행할 수 있어 효율성이 뛰어나다는 장점이 있습니다. 단점으로는 특정 시스템(예 윈도우 운영체제)에서 번역된 실행 파일이 다른 시스템(예 리눅스 운영체제)에서는 실행되지 않는다는 점입니다. 즉 다른 시스템에서 실행하기 위해서는 그 시스템에서 다시 번역 작업을 수행하여 실행 파일을 생성해야 합니다.

현재 대표적인 컴파일 기법의 언어로는 C 언어가 있습니다.

그림 1-6 컴파일 기법

인터프리트 기법

인터프리트(interpret) 기법이란 인터프리터(interpreter)로 프로그램을 실행시키는 방법입니다. 이 방법은 컴파일 기법과는 달리 0과 1로 구성된 실행 파일을 생성하지 않고, 프로그램을 직접 한 줄씩 번역한 다음 바로 실행시켜 그 결과를 나타내는 방식입니다. 주로 스크립트 언어들이 대부분 인터프리트 기법을 사용합니다.

웹이 동작하는 방법이 전형적인 인터프리트 기법입니다. 예를 들어, 홈페이지를 만들기 위해 HTML이라는 언어로 코드를 작성합니다. HTML로 작성된 홈페이지 파일은 컴퓨터에서 한 줄씩 해석되어 실행 결과로 나타납니다. 컴파일 기법과 다른 점은 인터프리트 기법은 실행 파일을 만들지 않는다는 점입니다. 이 방법은 컴파일 방법에 비해 배우기가 쉽고 이식성이 뛰어납니다. 하지만 프로그램 자체가 공개되고 실행 시간이 느리다는 단점을 가지고 있습니다.

전형적인 인터프리트 언어로는 HTML, 자바스크립트(JavaScript), ASP, PHP, Perl 등이 있습니다.

그림 1-7 **인터프리트 기법**

하이브리드 기법

하이브리드(Hybrid) 기법은 컴파일 기법과 인터프리트 기법을 모두 사용하는 방식입니다. 이 방법은 최근 개발된 언어(자바, C# 등)에서 주로 사용하는 기법으로, 한번 작성된 프로그램이 네트워크(인터넷) 환경에 연결된 다양한 종류의 컴퓨터에서도 실행될 수 있는 이식성을 제공하고 있습니다. 이 기법의 특징은 중간 코드를 사용한다는 점입니다.

하이브리드 기법은 우선 사용자에 의해 작성된 프로그램이 컴파일러에 의해 중간 코드로 변환됩니다. 중간 코드는 컴퓨터에서 직접 실행될 수 없는 코드로, 컴퓨터 하드웨어에 독립적인 코드입니다. 이 중간 코드는 다양한 형태의 서로 다른 시스템에서 인터프리터에 의해 직접 실행됩니다. 즉 인터프리터는 중간 코드를 한 줄씩 기계어로 번역하여 즉시 실행하는 방식으로 프로그램을 실행합니다.

하이브리드 기법을 사용하면 인터프리트 방식의 단점인 소스 프로그램의 공개와 컴파일러 방식의 단점인 특정 컴퓨터에 종속적이라는 문제를 해결할 수 있습니다. 즉 하이브리드 기법의 최대 장점은 한번 작성된 프로그램은 어떤 컴퓨터 시스템에서든지 즉시 실행할 수 있어 이식성이 매우 높다는 점입니다. 특히 이러한 이식성은 네트워크(인터넷) 환경에서 강한 장점을 가지고 있습니다.

대표적인 하이브리드 기법의 언어로는 자바가 있습니다.

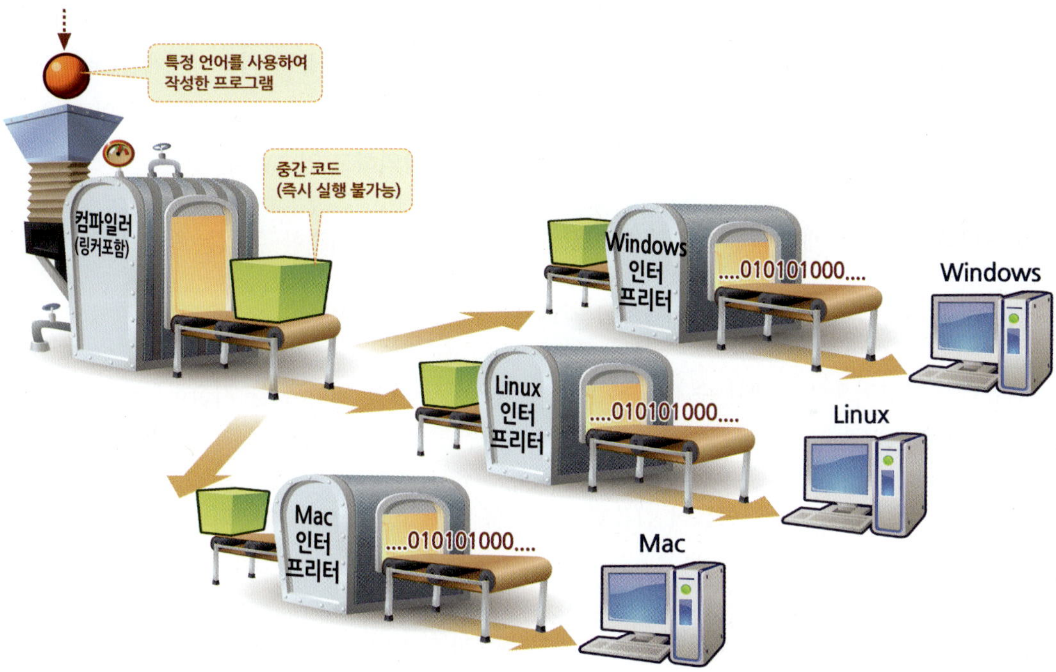

그림 1-8 하이브리드 기법

Section 03 컴퓨팅 사고력의 이해

1 컴퓨팅 사고력의 개념

컴퓨팅 사고력(Computational Thinking)이라는 용어는 2006년 미국의 자넷 윙(Jeannette Wing) 교수가 ACM에 기고한 논문을 통해서 알려지기 시작하였습니다. 4차 산업혁명 시대에서 우리의 생활은 컴퓨터와 함께하는 생활이라고 해도 과언이 아닐 만큼 컴퓨터와 밀접한 관계를 가지고 있습니다. 윙 교수는 이제 컴퓨터처럼 생각하는 컴퓨팅 사고력이 컴퓨터 과학자에게만 국한된 것이 아니라 모든 사람에게도 필요한 중요한 사고력이 되었다고 주장하였습니다. 윙 교수와 같은 전문가들이나 다양한 서적에서 다음과 같이 컴퓨팅 사고력을 정의하고 있습니다.

- 컴퓨팅의 기본적인 개념과 원리를 기반으로 문제를 효율적으로 해결할 수 있는 사고 능력
- 컴퓨터와 같이 문제를 인식하고 해결해가는 과정을 따르는 생각 방식
- 컴퓨터가 효과적으로 수행할 수 있도록 문제를 정의하고 그에 대한 답을 기술하는 것이 포함된 사고 과정 전체
- 문제를 수립하고 해결책을 만들어 컴퓨팅 시스템을 통해 효과적으로 수행되도록 표현하게 하는 사고 과정

결론적으로 컴퓨팅 사고력은 '컴퓨터 과학의 기본 개념과 원리를 기반으로 실생활 및 다양한 학문분야의 문제를 이해하고 창의적으로 해법을 구현하여 적용할 수 있는 능력'으로 정의할 수 있습니다.

이 책에서는 2015년 한국교육학술정보원(KERIS, 교육부)에 의해 발표된 컴퓨팅 사고력의 주요 단계를 기준으로 설명합니다. 컴퓨팅 사고력의 구성 요소는 크게 3단계로 나눌 수 있습니다.

❶ **1단계 :** 자료 수집, 자료 분석, 자료 구조화

❷ **2단계 :** 추상화

❸ **3단계 :** 자동화

표 1-4 컴퓨팅 사고력의 구성 요소

구성 요소		정의
①-1. 자료 수집		문제 해결에 필요한 자료 모으기
①-2. 자료 분석		자료의 이해, 패턴 찾기, 결론 도출
①-3. 자료 구조화		문제를 그래프, 차트, 그림 등으로 시각화
② 추상화	분해	문제를 관리 가능한 수준의 작은 문제로 나누기
	모델링	문제 해결을 위한 핵심 요소를 추출하고, 모델 만들기
	알고리즘	분해된 문제를 해결하기 위한 일련의 단계를 알고리즘으로 표현
③ 자동화	코딩	알고리즘으로 표현된 문제를 프로그래밍 언어를 이용해 자동화
	시뮬레이션	프로그램 실행
cf. 일반화		문제 해결 과정을 다른 문제에 적용

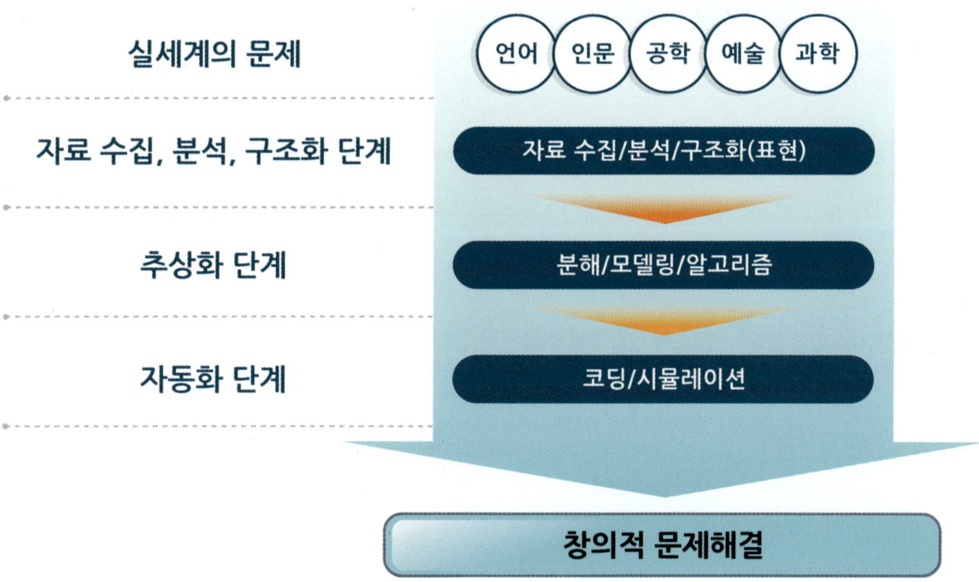

그림 1-9 컴퓨팅 사고력을 적용한 창의적 문제 해결

이 책에서는 컴퓨팅 사고력의 각 단계를 쉽게 이해하기 위한 예제로 학교에 설치하는 음료수 자판기 문제를 제시합니다. 음료수 자판기를 학교에 설치하는 문제를 해결하기 위해 자료 수집, 자료 분석, 자료 구조화 단계와 추상화 단계, 자동화 단계를 설명합니다.

2 컴퓨팅 사고력 1단계 : 자료 수집, 자료 분석, 자료 구조화

컴퓨팅 사고력 1단계는 해결하려고 하는 문제에 대한 자료를 수집하고, 수집된 자료를 분석하여 유용한 정보를 추출하고, 이러한 정보를 구조화하여 표현하는 단계입니다. 여기서 자료(data)란 사람, 동물, 물건, 기계 등이 만들어 낸 사실, 의미, 관측 결과 등을 숫자, 문자, 기호 등으로 표현한 것을 말합니다.

자료 수집

자료 수집이란 주어진 문제에 대한 자료를 다양한 경로로 수집하는 과정을 의미합니다. 자료 수집은 최대한 객관적인 상황에서 공정하게 수집되어야 합니다. 개발자의 주관적인 의도나 특정 환경에만 적합한 자료는 추후 많은 문제를 발생시킬 수 있습니다.

자료 수집은 양적인 자료 수집과 질적인 자료 수집으로 구분될 수 있습니다.

- **양적인 자료 수집 :** 실험·관찰을 통한 측정, 설문조사의 객관식 응답, 단답식 응답, 검색 자료 등
- **질적인 자료 수집 :** 관련 인터뷰, 현장 방문 조사, 설문조사의 주관식 응답 등

학교에 음료수 자판기를 개발하여 설치하는 문제를 해결하기 위해서 다양한 방법으로 자료 수집을 실시합니다. 우선 [표 1-5]와 같이 학생들을 대상으로 선호하는 음료의 순위를 정하여 설문조사를 진행합니다.

표 1-5 대학생 설문조사를 통한 음료수 선호도에 대한 자료 수집

성별	선호하는 음료의 종류는? (우유, 생수, 이온음료, 탄산음료, 기타)				
	1순위	2순위	3순위	4순위	기타
남자	생수	이온음료	탄산음료	우유	차
여자	우유	생수	이온음료	탄산음료	요구르트
남자	이온음료	탄산음료	생수	우유	
남자	탄산음료	이온음료	생수	우유	
남자	이온음료	생수			
여자	이온음료	우유	생수	탄산음료	
………					
………					
………					

다음으로는 [표 1-6]과 같이 다양한 회사들로부터 공급되는 음료수의 시장점유율과 소매상의 마진율 등을 조사하여 자료를 수집합니다.

표 1-6 웹 검색을 통한 탄산음료 시장점유율 및 마진율

탄산음료	시장점유율(%)	마진율(%)
○○○ 사이다	21.6	15
○○ 콜라	20.7	12
○○ 타	11.2	20
○○ 콜	7.4	25
………		
………		

마지막으로 [표 1-7]과 같이 수요자인 학생들로부터 지금까지 사용한 음료수 자판기의 문제점과 개선점에 관한 인터뷰를 진행하여 자료를 수집합니다.

표 1-7 사용자 인터뷰를 통한 자판기 기능에 대한 자료 수집

성별	인터뷰 내용
여자	자판기에서 다양한 카드를 사용 가능하게 해야 한다. 대부분의 자판기가 카드 사용을 허용하지 않고 있으며, 가능한 자판기도 일부 특정 카드만 사용이 가능하다.
남자	자판기의 물품 배출구가 아랫부분에 있는 것이 매우 불편하다. 사용자의 키 높이에 맞춰 위쪽에 물품 배출구가 있는 자판기가 있었으면 좋겠다.
여자	물품 배출구에 있는 커버가 자동으로 열리도록 했으면 좋겠다. 물품을 꺼낼 때 배출구를 열고 꺼내는 것이 매우 불편하다.
남자	냉동음료도 제공하는 자판기가 있었으면 좋겠다. 매우 더운 여름에는 냉동음료가 필요하다.
남자	자판기 내 음료들이 떨어지면 즉각 관리자가 와서 채워주면 좋겠다.

자료 분석

자료 분석이란 자료 수집 단계에서 수집한 자료들의 관계를 분석하여 의미 있는 정보를 추출하는 것을 의미합니다. 수집된 자료의 종류에 따라 다양한 분석 방법을 통하여 정보를 추출할 수 있습니다. 여기서 정보(information)란 어떤 목적이나 문제 해결에 도움이 되도록 자료를 편집 및 가공한 것입니다. 정리하면 자료 분석은 자료들 사이의 연관성이나 규칙성을 발견하여 의미 있는 정보를 찾는 과정을 말합니다.

[그림 1-10]은 설문조사를 통하여 수집된 자료를 분석하여 음료수에 대한 남녀 학생들의 선호도를 분석하여 정보를 추출한 것입니다. 이러한 정보는 음료수 자판기에 배열할 음료수를 선정하는 데 중요한 정보가 됩니다.

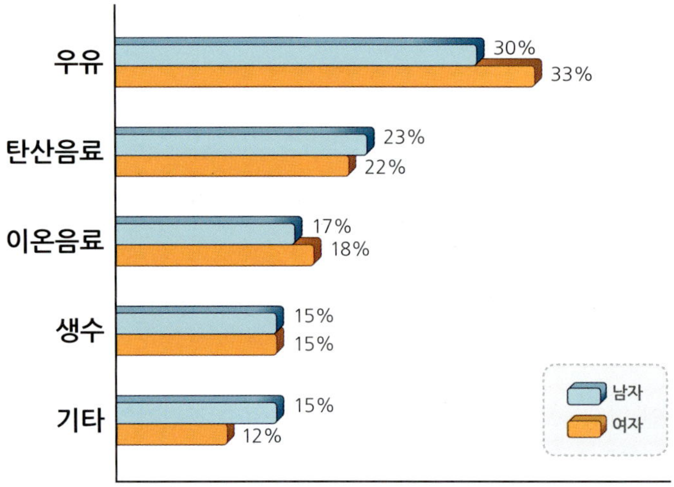

그림 1-10 **음료수 선호도에 대한 분석 결과**

[그림 1-11]은 음료수 선호도, 음료수 마진율, 사용자 인터뷰를 통해 수집된 자료를 분석하여 자판기의 외부 구성도를 완성한 것입니다. 구성도에는 음료수의 배치 전략을 나타내었고, 사용자의 편리성을 제공하기 위해 상단에 음료수 배출구를 지정하였으며, 현금뿐만 아니라 다양한 종류의 카드로 결제할 수 있도록 구성하였습니다.

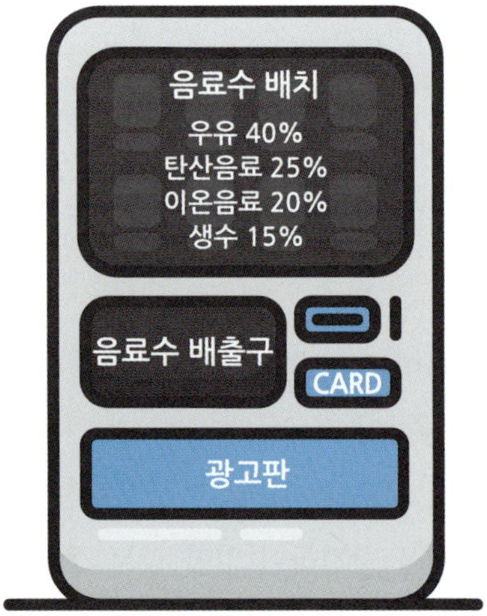

그림 1-11 **자료 분석을 통한 자판기 외부 구성도**

자료 구조화

자료 구조화란 자료 분석의 결과를 표현하는 것으로, 문제를 알아보기 쉽도록 관계를 구조화하여 표현하는 것을 의미합니다. 자료 분석의 결과를 구조화하는 방법은 다양하지만 다음 두 가지 형태로 나누어 볼 수 있습니다.

- **선형 구조 :** 스택, 큐, 리스트 등으로 표현하는 방법
- **비선형 구조 :** 트리, 표, 그래프, 다이어그램(마인드맵) 등으로 표현하는 방법

[그림 1-12]는 자료 수집과 자료 분석 단계를 거친 정보를 바탕으로 자판기 문제를 구조화하여 마인드맵으로 표현한 것입니다.

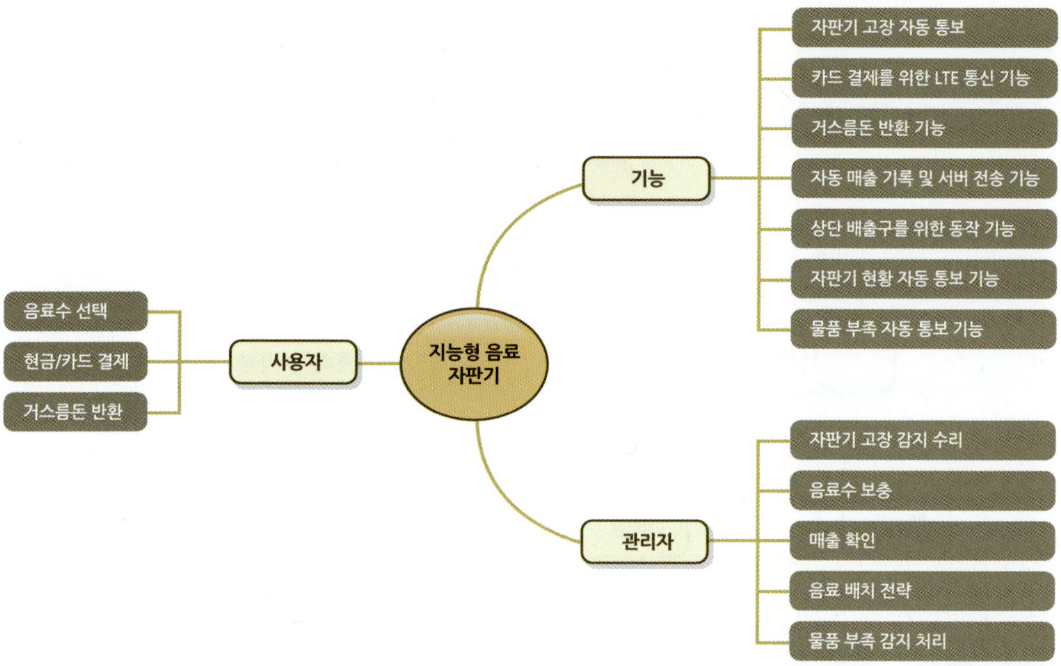

그림 1-12 **자판기 문제를 구조화하여 표현한 마인드맵**

3 컴퓨팅 사고력 2단계 : 추상화

추상화 단계는 크게 3단계로 구성됩니다.

❶ **추상화 1단계 :** 문제를 해결 가능한 수준의 작은 문제들로 나누는 단계

❷ **추상화 2단계 :** 문제 해결을 위한 핵심 요소를 추출하여 추상화된 모델을 만드는 단계

❸ **추상화 3단계 :** 작게 나누어진 문제들을 해결하기 위한 절차를 기술하는 알고리즘을 작성하는 단계

여기에서는 추상화 단계를 설명하기 위해 컴퓨팅 사고력 1단계에서 예제로 다룬 자판기를 예로 들어 설명하겠습니다.

분해

규모가 크고 복잡한 문제들을 한번에(하나의 프로그램으로) 해결하려면, 방법이 매우 복잡하고 오류가 발생할 가능성이 높아집니다. 우리의 일상생활에서도 복잡한 문제들을 작은 문제로 나누어 처리하는 것과 같이 컴퓨팅 사고력을 통한 문제 해결에서도 복잡한 문제는 작은 문제로 나누어 처리하는 것이 원칙인데, 이를 분해라고 합니다.

[그림 1-13]은 앞에서 다룬 자판기의 기능을 작은 문제들로 분해하여 나타낸 것입니다. 자판기를 기능별로 분해하면 크게 사용자가 사용하는 기능과 관리자가 사용하는 기능으로 나눌 수 있으며, 사용자가 사용하는 기능은 다시 작은 기능들로 나눌 수 있습니다.

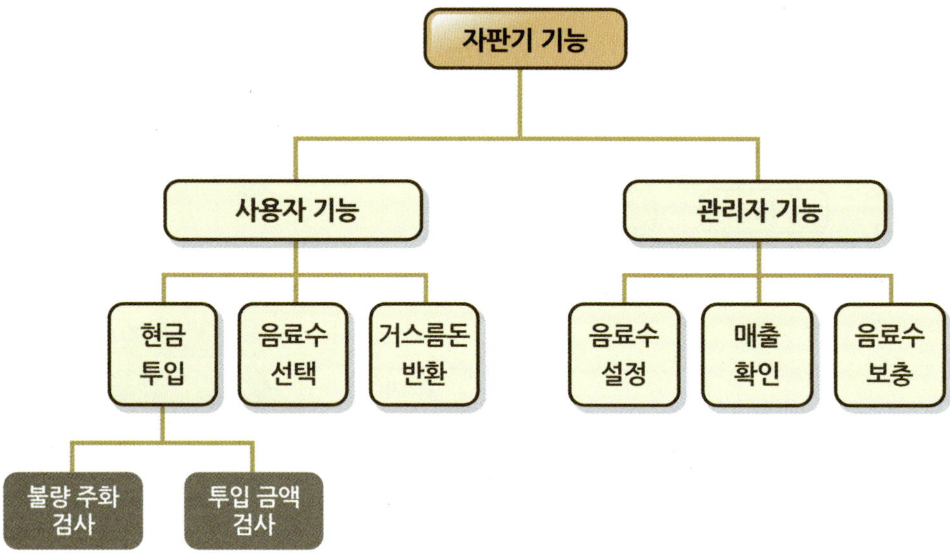

그림 1-13 **단순 기능의 자판기를 기능별로 분해한 형태**

일반적으로 분해는 큰 문제를 이해가 쉬운 작은 문제로 나누는 작업입니다. 어느 크기까지로 나눌 것인가의 문제는 나누어진 기능이 독립적이면서 이해하기 쉽고 명료한 논리구조를 가질 때까지 나누는 것이 원칙입니다.

모델링

모델링(Modeling) 단계는 문제의 핵심적인 요소나 원리를 찾아서 모형이나 그림, 식, 기호 등으로 표현하는 것을 의미합니다. 추상화 단계의 핵심으로서 주요 기능을 하나의 그림으로 표현합니다. 한마디로 모델링 단계는 해결하고자 하는 문제를 추상화하여 쉽게 표현하는 단계로, 해결하고자 하는 문제의 핵심 부분만을 표현합니다.

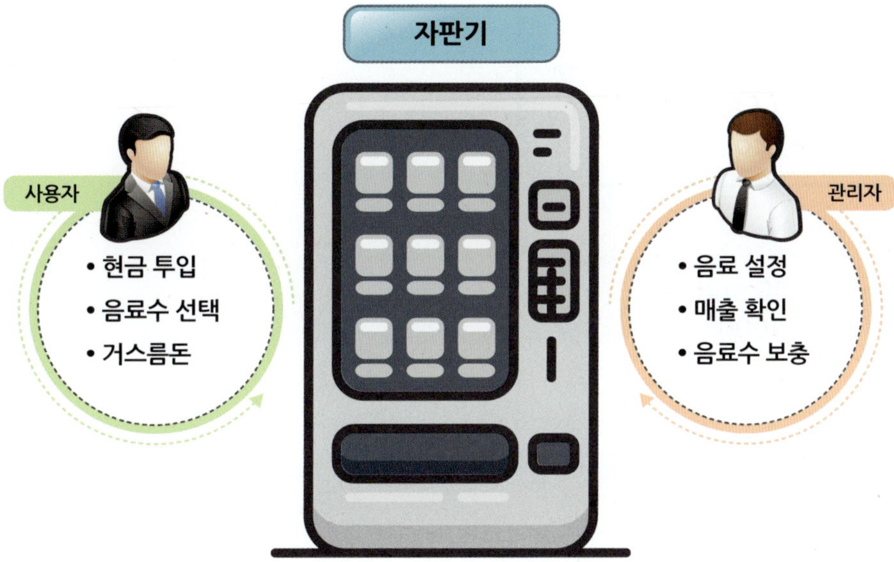

그림 1-14 **자판기 문제의 모델링**

알고리즘

알고리즘(Algorithm)이란 작게 분해된 문제에 대한 해결 단계를 절차적으로 표현한 것을 의미합니다. 절차적 표현은 자연어, 순서도, 의사코드 등 다양한 방법으로 표현할 수 있습니다. 일반적으로 절차적 표현은 순서, 선택, 반복 논리에 의해 표현됩니다. 이 책에서는 알고리즘의 절차적 표현을 위해 랩터(Raptor)라는 순서도를 사용합니다.

알고리즘은 프로그램을 작성하기 위한 논리를 포함하고 있으며, 잘 작성된 알고리즘은 쉽게 프로그램으로 변환할 수 있습니다. 분해 단계를 거쳐 나누어진 각 기능들은 모두 알고리즘으로 표현되어야 합니다.

[그림 1-15]는 자판기의 투입 금액 검사 기능을 알고리즘으로 표현한 예입니다.

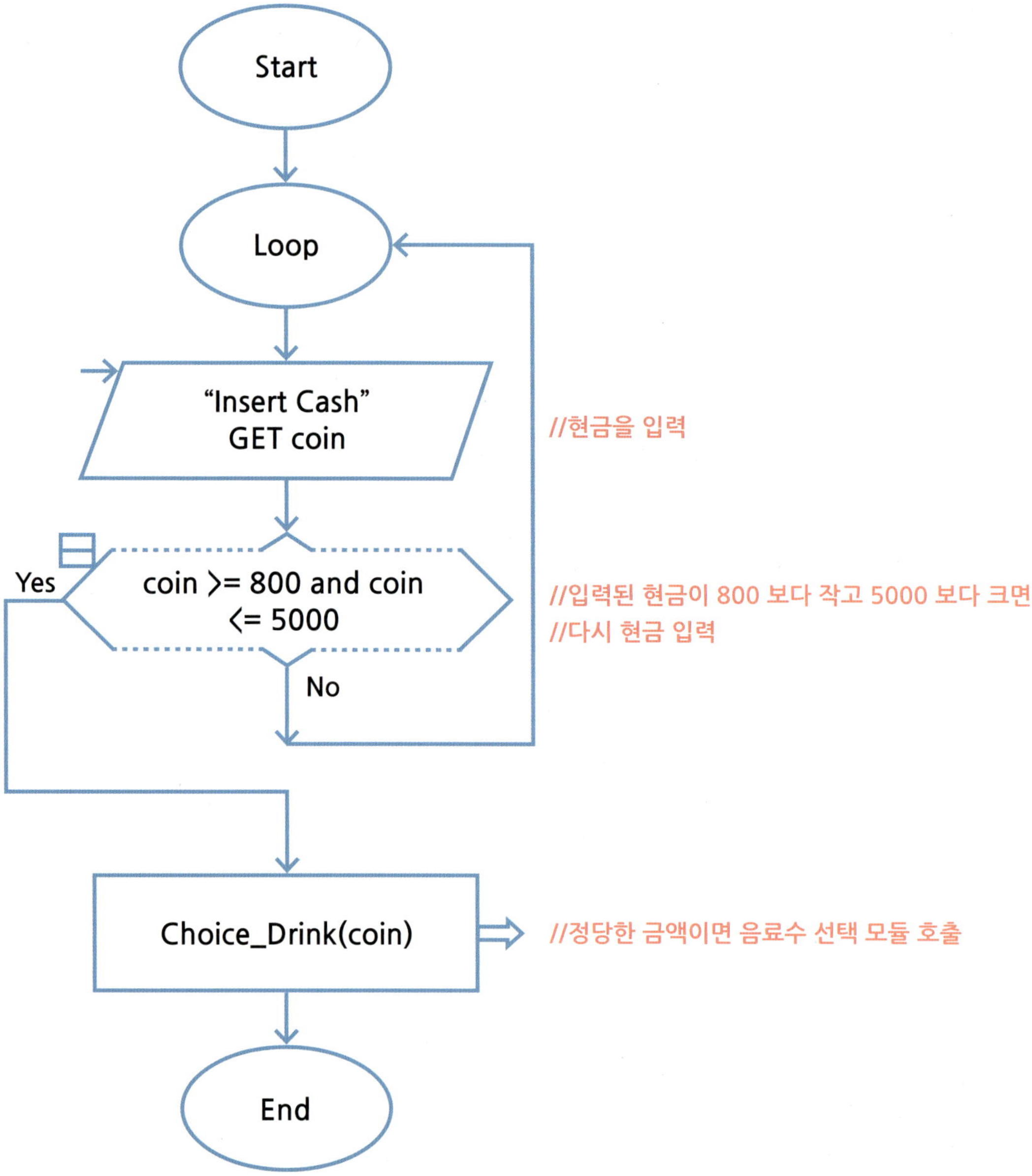

그림 1-15 **현금 투입 모듈에 대한 알고리즘(랩터 순서도)**

4 컴퓨팅 사고력 3단계 : 자동화

자동화는 추상화 단계에서 만들어진 알고리즘을 컴퓨터가 실행할 수 있는 언어로 코딩하고, 코딩된 프로그램을 실행시키는 단계입니다. 이 단계가 완료되면 컴퓨팅 사고력의 모든 단계가 완료되어 제시된 문제를 컴퓨터를 통해 해결하게 됩니다.

다음 [그림 1-16]의 코드는 [그림 1-15]의 현금 투입 모듈 순서도를 파이썬 코드로 작성한 것입니다.

```
def coin():          #투입금액검사 기능
    co_min = 800
    co_max = 5000

    while True:     #유효한 금액이 입력될 때 까지 반복
        coin = int(input('돈을 넣어주세요 :'))

        if coin < co_min or coin > co_max: # 유효한 금액인지 검사
            print('최소{0원},최대 {1}원까지만 넣어주세요'.format(co_min, co_max)
            continue
        else:
            break

    return coin
```

그림 1-16 **현금 투입 모듈 순서도의 파이썬 코드**

연습문제

01 4차 산업혁명 시대에서 가장 중요한 역할을 하는 것은 [　　　　　　]이다.

02 현재 가장 많이 사용되고 있는 컴퓨터는 [　　　　　　]이다.

03 4차 산업혁명이라는 용어는 최초로 [　　　　　　]에서 언급되었다.

04 4차 산업혁명은 [　　　　　　]과 [　　　　　　]을 기반으로 구축되었다.

05 1차 산업혁명은 [　　　　　　]이고,
2차 산업혁명은 [　　　　　　]이고,
3차 산업혁명은 [　　　　　　]이고,
4차 산업혁명은 [　　　　　　]이다.

06 3차 산업혁명과 4차 산업혁명의 차이점은 [　　　　　　]이다.

07 인간과 컴퓨터의 비교에서 인간이 가진 장점을 4가지 이상 기술하시오.

①
②
③
④

08 인간과 컴퓨터의 비교에서 컴퓨터가 가진 장점을 4가지 이상 기술하시오.

①
②
③
④

09 0과 1로 구성된 언어는 컴퓨터가 별도의 번역기 없이 인지할 수 있다. (○ / ×)

10 기계어는 컴퓨터가 인지할 수 있는 0과 1로 구성된 언어이다. (○ / ×)

11 어셈블리어는 상위 레벨의 언어이며, 현재에도 많이 사용된다. (○ / ×)

12 자바 언어는 대표적인 절차 지향 언어이다. (○ / ×)

13 대부분의 프로그래밍 언어들은 많은 공통적인 특성을 가진다. (○ / ×)

14 프로그램을 0과 1로 번역하여 번역된 파일이 컴퓨터에서 실행될 수 있다. 이러한 기법을 [　　　　] 기법이라 한다.

15 프로그램을 한 줄씩 번역한 다음 바로 실행시켜 그 결과를 나타내는 방식을 [　　　　] 기법이라 한다.

16 하이브리드 기법은 [　　　　] 기법과 [　　　　] 기법을 모두 사용하는 기법으로서 프로그램을 중간 코드로 번역하여 번역된 파일을 [　　　　]을 이용하여 실행하는 방법이다.

17 다음 중 하이브리드 기법을 사용하는 언어는?

① C 언어　　② JAVA 언어
③ JavaScript 언어　　④ HTML

18 프로그래밍 언어를 컴퓨터가 알아들을 수 있는 이진 파일로 번역하여 파일을 생성한 다음 번역된 파일을 실행시키는 기법은?

① 컴파일러 기법　　② 인터프리트 기법
③ 하이브리드 기법　　④ 인터프리트–컴파일 기법

19 다음 중 5세대 언어가 <u>아닌</u> 것은?

① C++ 언어
② JAVA 언어
③ 어셈블리어
④ C#

20 다음 중 3세대 언어의 특징에 해당하는 것은?

① 절차 지향 언어이다.
② 데이터베이스 관련 언어이다.
③ 웹과 데이터베이스 관련 언어이다.
④ 윈도우 상에서 개발 환경이 구축된다.

21 다음의 예제는 어떤 언어로 작성된 프로그램의 일부인가?

```
var sum=0;
var i;
for ( i = 1 ; i <= 100 ; i = i + 1 )
  ..................
}
```

① JAVA 언어
② C 언어
③ 포트란 언어
④ 자바스크립트 언어

22 컴퓨팅 사고력을 정의하시오.

23 컴퓨팅 사고력의 단계를 간략하게 기술하시오.

24 다음 문제들을 컴퓨팅 사고력을 적용하여 해결하시오. 각 단계별로 상세하게 기술하여 별지로 제출하시오.

① 도시 교통 체증은 많은 사람들에게 불편을 초래하며 에너지 소모와 환경 오염을 증가시킨다. 이 문제를 해결하기 위해 컴퓨팅 사고력을 활용하여 다양한 측면에서 접근할 수 있다. 컴퓨팅 사고력을 적용하여 해결 방법을 제시하시오.

② 현재 건물 운영에서는 에너지 소비가 매우 큰 문제로 작용하고 있다. 건물 운영에 사용되는 전기, 난방, 냉방 등의 에너지는 지속적으로 소비되며 이로 인해 환경 문제뿐만 아니라 에너지 비용도 상승하고 있다. 컴퓨팅 사고력을 적용하여 이 문제를 해결하기 위한 방법을 제시하시오.

③ 많은 식당에서는 일일 메뉴 준비, 주문 수요의 예측, 식자재 재고 관리 등에 따라 음식 폐기물이 발생하는 문제가 있다. 이러한 음식 폐기물은 환경 문제뿐만 아니라 경제적인 손실로 이어진다. 컴퓨팅 사고력을 적용하여 이 문제를 해결하기 위한 방법을 제시하시오.

④ 학교에는 학생회가 학교 생활 및 행사를 관리하고 학생들의 목소리를 대변하는 역할을 수행한다. 그러나 학생회 운영 중에는 의사결정과 의사소통에 관련된 다양한 문제가 발생할 수 있다. 컴퓨팅 사고력을 적용하여 이 문제를 해결하기 위한 방법을 제시하시오.

⑤ 학생 식당에서는 주문과 서빙 프로세스가 원활하지 않아 학생들이 긴 대기 줄에 서거나 주문이 오래 걸려 불편을 겪고 있다. 이러한 문제를 해결하기 위해 컴퓨팅 사고력을 활용하여 주문 시스템을 최적화하는 방안을 제시하시오.

⑥ 컴퓨팅 사고력이 적용될 수 있는 새로운 문제를 직접 만들고, 그 문제를 컴퓨팅 사고력을 적용하여 해결 방법을 제시하시오.

CHAPTER 02

프로그래밍 논리와 파이썬

학습목표

- 절차를 알고리즘으로 표현하기 위한 방법에 대해 학습합니다.
- 프로그래밍의 순서, 선택, 반복 논리에 대해 학습합니다.
- 작은 문제의 해결에 대해 학습합니다.
- 파이썬 언어의 개요와 사용을 위한 환경 구축에 대해 학습합니다.
- 파이썬 프로그램의 작성과 실행 방법에 대해 학습합니다.

Preview

Chapter 02에서는 알고리즘과 순서도 랩터에 대해 이해하고, 프로그램 논리에 대해 학습합니다. 또한 이 책에 실습 툴인 파이썬을 설치하고 실행하는 방법에 대해 알아봅니다.

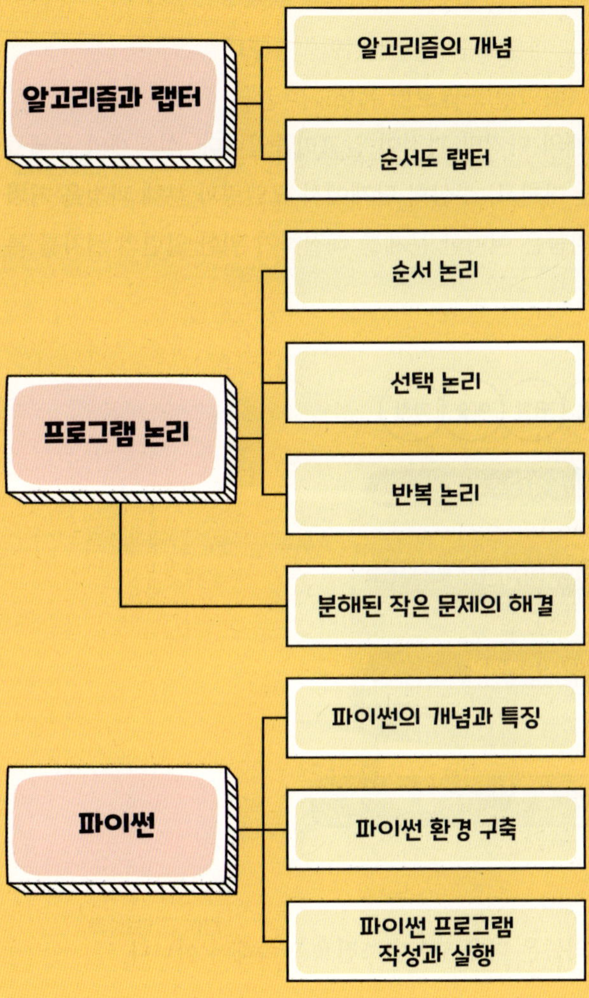

Section

01 알고리즘과 랩터

1 알고리즘의 개념

1장에서 다루었던 컴퓨팅 사고력 추상화 단계의 마지막 과정이 알고리즘입니다. 실세계의 문제들은 자료 수집, 자료 분석, 자료 구조화 단계를 거치고, 추상화 단계에서 모델링과 분해 과정을 거쳐 최종적으로 알고리즘으로 표현됩니다. 알고리즘은 어떠한 문제를 해결하기 위한 일련의 절차를 특정한 방법으로 표현한 것을 의미합니다.

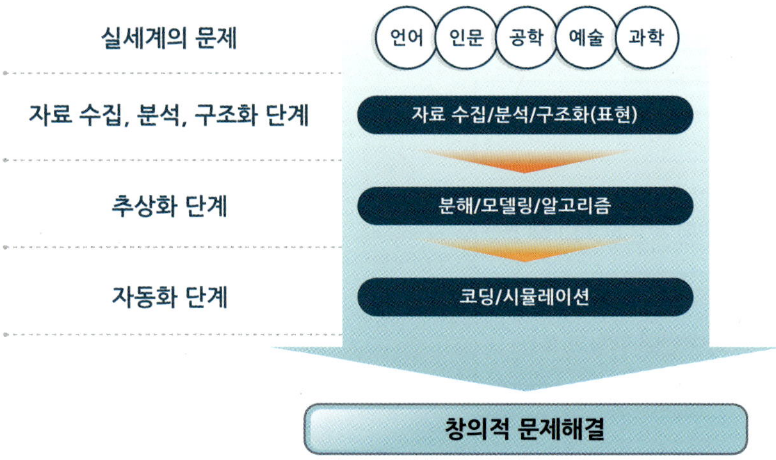

그림 2-1 컴퓨팅 사고력에서의 알고리즘

문제를 해결하기 위한 절차를 나타내는 알고리즘은 다음 5가지 조건을 만족해야 합니다.

- **입력** : 외부에서 0개 이상의 입력을 받아야 합니다.
- **출력** : 문제를 해결하여 1개 이상의 출력을 생성해야 합니다.
- **명확성** : 각 단계는 명확하고 모호하지 않은 명령어로 구성되어야 합니다.
- **유한성** : 한정된 수의 작업 후에는 반드시 끝나야 합니다.
- **효과성** : 모든 단계의 명령들이 실행 가능해야 합니다.

특정 문제에 대해 위와 같은 조건이 만족되면 그 문제는 해결 가능하다고 할 수 있습니다. 알고리즘을 표현하는 특정한 방법으로는 의사코드(pseudocode) 또는 순서도(flowchart)와 같은 방법들이 많이 사용됩니다.

[그림 2-2]는 1장에서 다루었던 자판기 문제의 일부분을 알고리즘으로 표현한 것입니다. 알고리즘을 순서도(랩터)로 표현하였습니다.

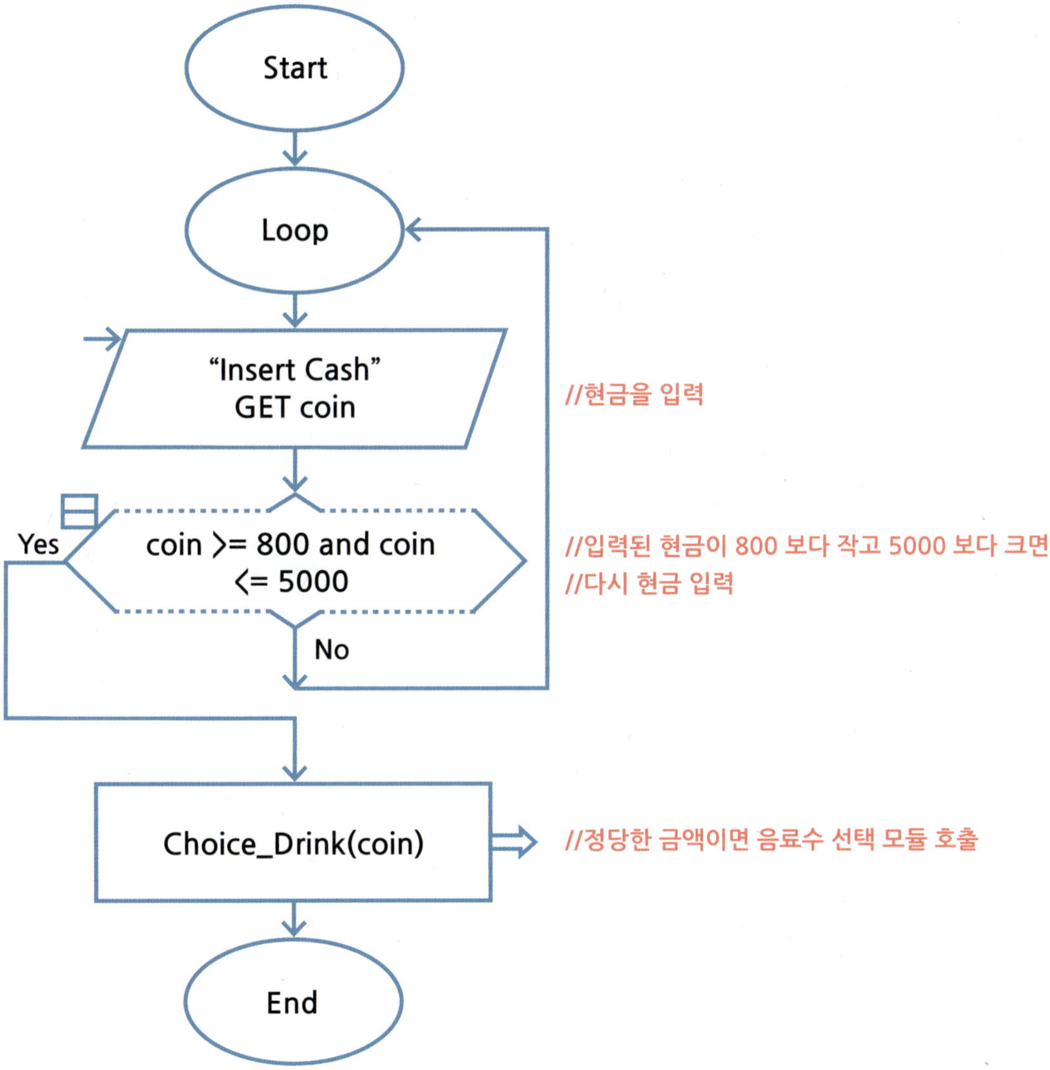

그림 2-2 **문제를 해결하기 위한 알고리즘을 순서도(랩터)로 표시한 예**

이 책에서는 프로그램의 논리를 나타내기 위해 랩터 순서도를 사용합니다. 랩터에 대해서는 간단한 소개만 합니다.

2 순서도 랩터

순서도(flowchart)란 알고리즘을 표현하는 하나의 방법으로, 알고리즘을 알기 쉬운 도형으로 표시하여 전체 알고리즘을 한눈으로 파악할 수 있는 유용한 도구입니다.

순서도는 다음과 같은 역할을 합니다.

- 코딩의 기초 자료가 되며, 프로그램의 수정이나 확장 시 유용한 자료입니다.
- 코딩 전에 프로그램의 전체적인 논리 체계를 쉽게 파악할 수 있습니다.
- 프로그램의 정확성을 판가름하는 기초 자료가 됩니다.

랩터의 정의

랩터(Raptor)란 특정 문제를 해결하기 위해 순서도에 기반한 비주얼 프로그래밍 개발 환경을 제공합니다. 일반적으로 프로그래머는 C, 자바, 파이썬 등으로 프로그램을 작성하기 전에 순서도나 의사코드로 프로그램의 절차인 알고리즘을 작성합니다.

랩터는 이러한 알고리즘을 기술할 수 있는 유용한 도구입니다. 또한 랩터는 기존의 순서도나 의사코드와는 달리 알고리즘을 표현하는 데 그치는 것이 아니라, 랩터로 표현된 알고리즘을 실행시키고 결과를 볼 수 있도록 하는 유용한 도구입니다.

특히 랩터는 프로그램을 처음 배우는 학습자에게 필수적인 프로그램의 논리를 이해하는 데 매우 적합한 도구입니다. 랩터는 최소한의 단순한 구문만을 사용함으로써, 학습자가 프로그램의 핵심 논리 개발에만 집중할 수 있는 환경을 제공하고 있습니다. 이처럼 랩터는 복잡한 구문을 사용하지 않고, 시각적으로 중간 실행 과정과 실행 결과를 나타내기 때문에 프로그램을 처음 배우는 사람에게 가장 적합한 학습 도구입니다.

일반적인 순서도에서는 많은 도형들이 제공되지만, 랩터는 단순하게 6개의 도형으로만 구성되며, 각각의 도형은 순서(처리), 선택, 반복, 입력, 출력, 서브 프로그램 호출 등의 특성을 가집니다.

랩터에서 학습자는 절차에 필요한 도형을 마우스로 선택하여 서로 연결한 다음, 각 도형의 내용을 설정하고 실행시켜 결과를 볼 수 있습니다. 이러한 과정이 모두 시각적인 도구에 의해 이루어진다는 것이 랩터의 가장 큰 장점입니다. 랩터에 의해 설계된 프로그램 절차는 아주 쉽게 C, 자바, 파이썬으로 변환될 수 있습니다.

랩터는 다음과 같은 특징을 가집니다.

- 랩터는 최소한의 구문 구조로 프로그램 개발 환경을 제공합니다.

• 랩터는 그래픽 도형이 직접 실행되는 시각적(visual) 환경을 제공합니다. 알고리즘의 절차에 따라 단계별로 실행되는 과정과 결과를 쉽게 볼 수 있습니다.

• 랩터는 다른 개발 환경들과는 다르게 사용 환경이 매우 단순하고 쉽기 때문에 프로그램을 처음 배우는 사람에게 적합합니다.

• 랩터는 쉽게 이해할 수 있는 오류 메시지를 출력합니다.

현재 랩터는 미 공군사관학교(http://raptor.martincarlisle.com/)에서 무료로 배포하고 있으며, 전 세계 17개국 이상의 많은 나라에서 교육용 도구로 사용하고 있습니다.

랩터의 도형

랩터는 프로그램의 절차를 기술하기 위해 6개의 도형을 제공합니다. 입력과 출력과 서브 프로그램, 산술연산을 위해 4개의 도형을 제공하고, 선택과 반복을 제공하기 위해 2개의 도형을 제공합니다.

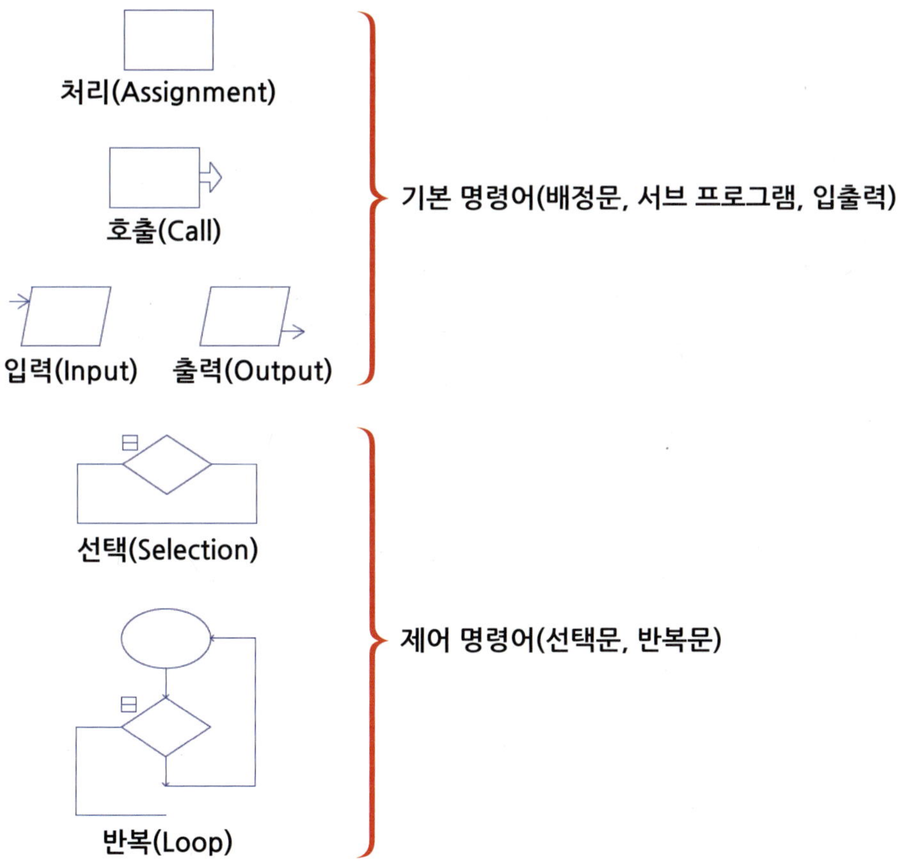

그림 2-3 랩터의 도형

[표 2-1]에 6개의 도형의 기능을 나타냈습니다.

표 2-1 절차를 기술하기 위한 랩터 도형

기능	도형	설명
처리(배정)문	 처리(Assignment)	처리 결과를 변수에 배정
처리(서브 프로그램 호출)문	 호출(Call)	서브 프로그램 호출
입력문	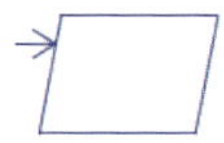 입력(Input)	사용자로부터 데이터를 입력받아 변수에 저장
출력문	 출력(Output)	변수의 값 출력
선택문	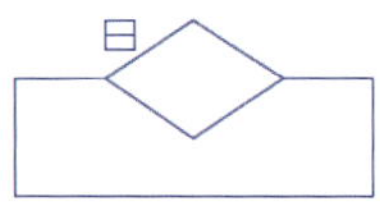 선택(Selection)	조건에 따라 서로 다른 처리 수행
반복문	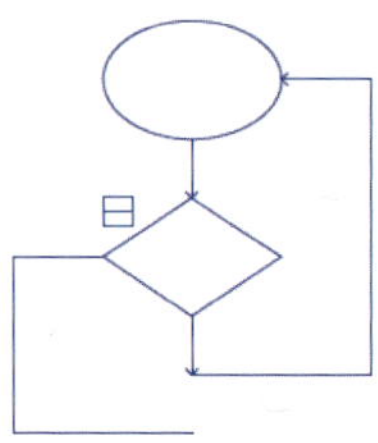 반복(Loop)	조건에 따라 특정 부분 반복 수행

랩터의 설치와 실행

랩터는 랩터 홈페이지(http://raptor.martincarlisle.com/)에서 무료로 최신 버전의 소프트웨어를 다운로드할 수 있습니다. 다운로드한 파일을 실행하면 프로그램이 자동으로 설치됩니다. 이후에 설치된 폴더에서 랩터 실행파일(raptor.exe)을 실행시키면 됩니다.

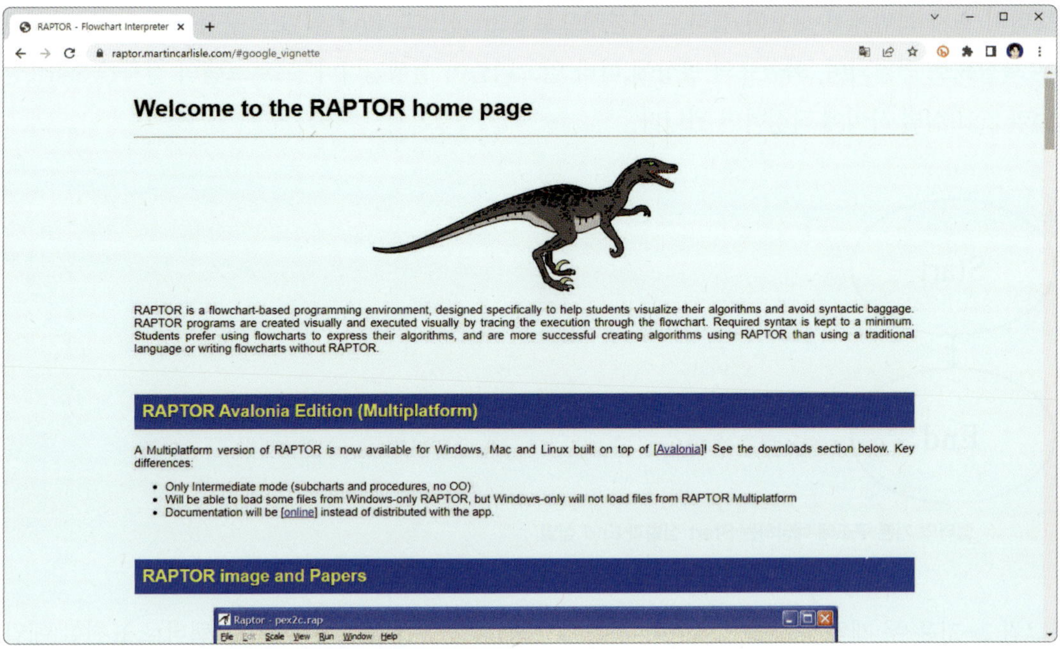

그림 2-4 랩터 홈페이지(http://raptor.martincarlisle.com/)

랩터를 실행하면 두 창이 화면에 나타납니다. 왼쪽의 창은 알고리즘의 절차를 기술하기 위한 창이고, 오른쪽의 창은 알고리즘의 수행 결과를 출력시켜주는 창입니다.

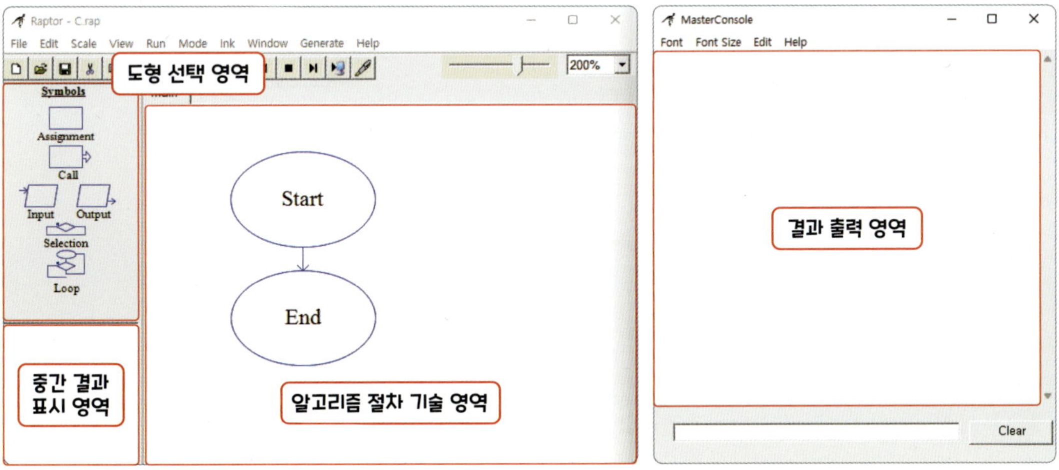

그림 2-5 랩터의 초기 화면

랩터의 초기 화면에서 보듯이 랩터는 기본적으로 Start 심벌과 End 심벌로 구성됩니다. 각 심벌들은 화살표로 연결되며, 화살표의 방향에 따라 알고리즘이 실행됩니다. 프로그램의 절차를 Start 심벌과 End 심벌 사이에 작성하면 됩니다.

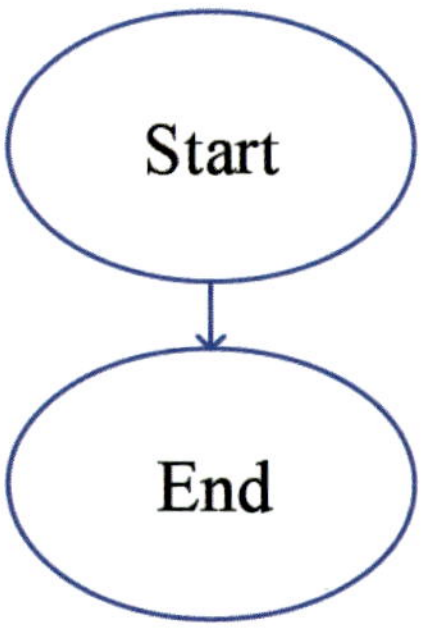

그림 2-6 랩터의 기본 구조에 해당하는 Start 심벌과 End 심벌

[그림 2-7]은 두 개의 숫자를 입력받아 큰 수를 출력하는 문제를 알고리즘, 즉 랩터로 표현한 예입니다.

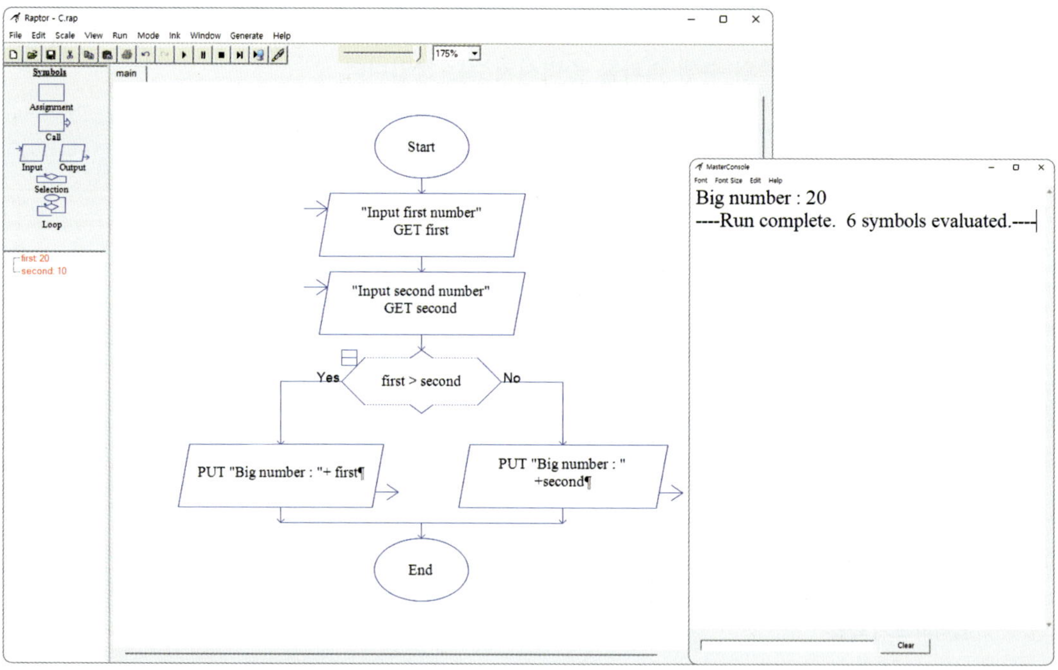

그림 2-7 두 수를 입력받아 큰 수를 출력하는 알고리즘

랩터의 메뉴

랩터의 메뉴는 단순하게 구성되어 있습니다. 각각의 메뉴를 간략하게 설명합니다.

❶ 새로운 파일 작성　❷ 파일 열기　❸ 파일 저장
❹ 선택 도형 삭제　❺ 복사　❻ 붙여넣기
❼ 인쇄　❽ 되돌리기　❾ 다시 실행
❿ 실행　⓫ 일시정지　⓬ 끝내기
⓭ 단계별 실행　⓮ 실행속도 지정　⓯ 화면 배율 설정

그림 2-8 랩터의 주요 메뉴

Section 02 프로그램 논리

문제 해결의 모든 단계가 중요하지만, 프로그램을 처음 배우는 사람에게 가장 어려운 단계는 주어진 문제를 작은 단위로 분해하고 분해된 작은 문제를 알고리즘으로 표현하는 단계입니다. 주어진 작은 문제를 알고리즘으로 표현하기 위해서는 순서, 선택, 반복이라는 3가지 프로그래밍 논리가 필요합니다. 즉, 알고리즘은 주어진 문제를 해결하기 위한 절차를 3가지 논리로 표현한 것으로 간주할 수 있습니다. 이러한 알고리즘에 표현된 3가지 논리는 대부분의 프로그래밍 언어에서 명확한 구문으로 제공하고 있습니다.

순서, 선택, 반복의 논리는 1970년대에 개발된 구조적 프로그래밍(structured programming) 기법에 바탕을 두고 있는 프로그래밍 기법입니다. 프로그램을 작성한다는 의미는 주어진 문제를 해결하기 위한 절차를 순서·선택·반복의 논리를 이용하여 나타내고, 컴퓨터에서 실행시켜 결과를 출력한다는 의미입니다. 따라서 프로그래밍 학습의 첫 단계는 작은 단위의 문제들을 순서·선택·반복 논리를 이용하여 명확하게 알고리즘으로 표현하고, 알고리즘으로 표현된 문제를 프로그래밍 언어로 작성해보는 것을 반복하여 학습하는 것입니다.

1 순서 논리

일상생활에서 순서 논리(sequence logic)를 쉽게 찾아볼 수 있습니다. 하루의 생활을 생각해보면 '아침에 기상한다'라는 사실은 반드시 '아침을 먹는다'보다 먼저 실행되어야 합니다. 왜냐하면 기상하지 않는 이상 아침을 먹을 수 없기 때문입니다. 즉 순서 논리는 반드시 순차적으로 실행되어야 하는 절차가 존재하는 경우를 의미합니다.

일반적으로 대부분의 프로그래밍 언어들은 순서 논리를 문장의 작성 순서로 제공하고 있습니다. 즉 모든 프로그램은 작성된 순서대로 프로그램이 위에서 아래로 순차적으로 실행됨을 의미합니다. [그림 2-9]의 경우를 살펴보면, 두 개의 수를 더하여 결과를 출력하는 순서의 과정을 랩터로 나타낸 것입니다.

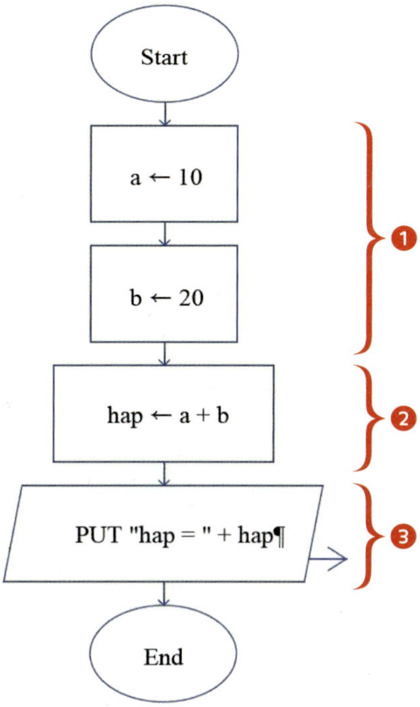

그림 2-9 두 개의 숫자를 더하여 출력하는 문제를 해결하기 위한 랩터 알고리즘

위 알고리즘에는 순서 논리가 제공되고 있습니다. 위 프로그램의 ❶, ❷, ❸은 반드시 순서대로 실행되어야 합니다. 만일 ❶보다 ❷가 먼저 실행된다면 두 수의 덧셈 결과는 예상치 못한 값이 될 수 있습니다. 즉 두 변수에 값을 저장한 후, 그 값을 이용하여 덧셈을 수행해야 정확한 결과를 얻을 수 있습니다. ❸도 같은 의미로 ❶과 ❷가 수행된 다음에 수행되어야 정확한 결과를 출력할 수 있습니다. 이와 같이 순서에 따라 순차적으로 처리하는 것이 순서 논리입니다.

2 선택 논리

선택 논리(selection logic)도 일상생활에서 쉽게 찾을 수 있습니다. 예를 들어 '아침에 일어났을 때 일요일이면 늦잠을 자고, 평일이면 학교에 간다'라는 문제를 프로그램으로 해결할 수 있습니다. 문제를 해결하기 위해서는 '오늘이 일요일인가?'라는 조건이 제시되어야 합니다. 이 조건의 결과에 따라서 '늦잠을 잔다' 또는 '학교에 간다'는 것을 선택할 수 있습니다. 즉 조건의 결과에 따라 하는 일이 다르게 되는 경우의 논리가 선택 논리입니다. 선택 논리는 반드시 조건이 수반되어야 하고, 조건의 결과는 반드시 참 또는 거짓이 되는 논리입니다. 즉 '오늘이 일요일인가?'라는 조건의 결과는 반드시 참 또는 거짓이어야 하며, 조건의 결과가 '잘 모르겠다', '애매모호하다'가 되면 선택 논리가 성립되지 않습니다.

프로그램에서의 선택 논리는 주어진 조건의 결과에 따라 실행되는 문장이 다르다는 의미입니다. 즉 조건을 지정하고, 조건의 결과에 따라 처리하여야 할 문장들을 별도로 기술합니다. [그림 2-10]의 경우는 두 개의 서로 다른 수를 입력받아 큰 수를 출력하는 선택 논리의 과정을 랩터 알고리즘으로 나타낸 것입니다.

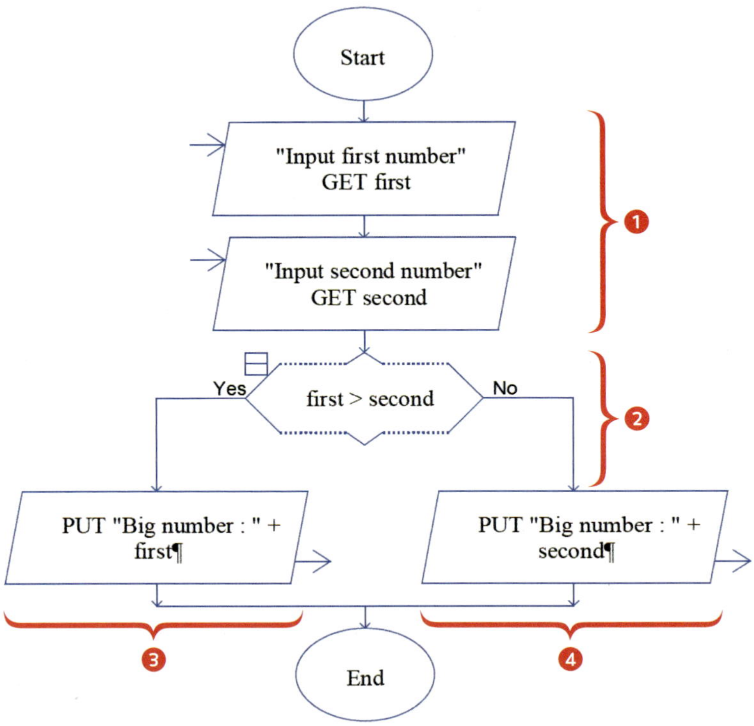

그림 2-10 **두 개의 서로 다른 숫자를 입력 받아 큰 수를 출력하는 랩터 알고리즘**

[그림 2-10]의 랩터 알고리즘에서 선택 논리는 ❷에 포함되어 있습니다. ❷는 입력받은 두 개의 숫자를 비교하는 문장으로, 첫 번째 입력된 값이 두 번째 입력된 값보다 큰지를 비교하는 문장입니다. 그 결과가 참이면 'first'를 출력하고 그 결과가 거짓이면 'second'를 출력하게 됩니다. 이와 같이 주어진 조건에 따라 반드시 참 또는 거짓의 결과 중 하나가 선택되는 것이 선택 논리입니다.

3 반복 논리

반복 논리(repetition logic)도 선택 논리와 같이 핵심은 조건입니다. 즉 조건에 따라 조건이 참일 경우(또는 거짓일 경우) 계속 반복을 수행하는 것이 반복 논리입니다. 반복 논리도 일상생활에서 쉽게 찾을 수 있습니다. 반복 논리의 예로 한 학급이 20명인 학생들의 성적 처리를 해야 한다고 가정해봅니다. 모든 학생들은 공평하게 같은 방법으로 성적을 처리해야 하며, 20명의 학생들의 성적을 반복적으로 처리해야 하는 경우입니다. 이 경우 '성적 처리를 수행한 학생이 20명이 되었는가?'가 조건으로 제시되어야 하고, 조건이 적합할 경우 각 학생의 성적을 반복적으로 처리하게 됩니다.

반복 논리의 경우 매번 반복될 때마다 조건을 검사하는데, 언젠가는 조건이 거짓이 되어 반복을 끝낼 수 있어야 합니다. 만약 조건이 영원히 거짓이 되지 않는다면, 프로그램은 무한 반복(infinite loop)이 되어 프로그램이 영원히 끝나지 않을 수 있습니다.

[그림 2-11]은 1부터 10까지 정수의 합을 구하는 랩터 알고리즘입니다. 이를 위해 'sum=1+2+3+4+5+6+7+8+9+10'과 같이 수식을 직접 사용할 수도 있지만, 1부터 1000까지 또는 1부터 10000까지의 합을 위와 같은 수식으로 구할 수는 없습니다. 이 문제는 다양한 방법으로 해결할 수 있지만, 가장 간단한 방법은 1부터 시작하여 1씩 증가시키며 합계에 더하는 반복을 수행하여 해결할 수 있습니다.

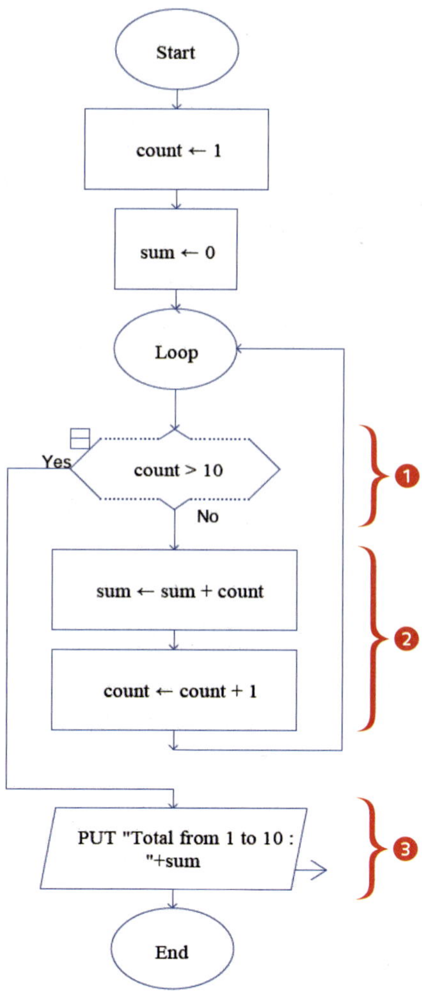

그림 2-11 **1부터 10까지의 합을 구하는 문제를 해결하는 랩터 알고리즘**

[그림 2-11] 프로그램에서 반복의 조건을 나타내는 부분이 ❶이고, 조건에 부적합할 경우 반복되는 부분이 ❷입니다. 조건이 만족하지 않은 동안 ❷가 반복되고, 조건이 만족되는 경우 반복을 벗어나 ❸에서 합계를 출력하게 됩니다. 이와 같이 주어진 조건에 따라 특정 부분을 반복 수행하는 것이 반복 논리입니다.

4 분해된 작은 문제의 해결

1장에서 복잡한 자판기 문제를 분해 과정을 거치면서 작은 규모의 문제들로 분해되는 것을 설명하였습니다. 그러면 문제를 언제까지 나누어야 할까요? 일반적으로는 분해된 모듈의 기능이 독립적이면서 명료해질 수 있을 때까지 나누어야 합니다.

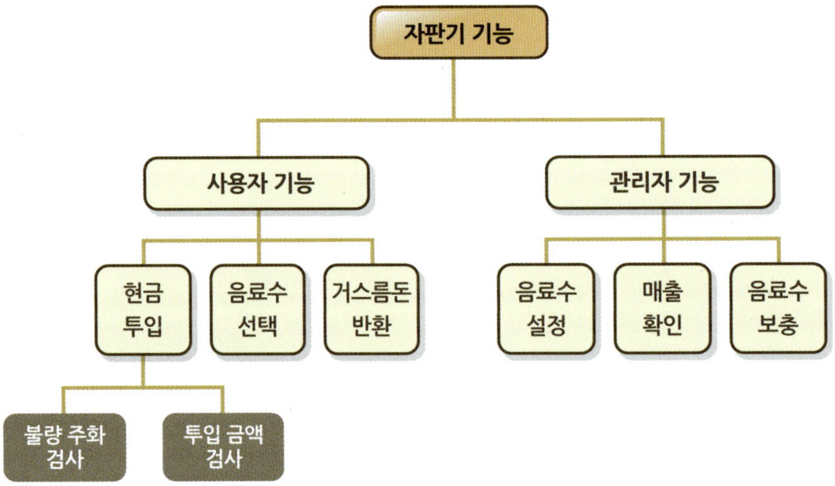

그림 2-12 단순 기능의 자판기를 기능별로 분해한 형태

문제가 작은 문제로 분해되면, 각각의 작은 문제들은 알고리즘 형태로 표현되어야 합니다.

그렇다면 분해된 작은 문제를 해결하기 위해서 어떻게 해야 할까요? 가장 중요한 것은 분해된 작은 문제를 분석하여 문제로부터 조건을 추출하는 것입니다. 조건이 추출되면 조건에 따라 선택을 수행할 것인지, 반복을 수행할 것인지만 결정되면 쉽게 알고리즘을 작성할 수 있습니다.

컴퓨터로 해결해야 하는 대부분의 문제들은 이와 같은 논리가 서로 섞여있게 됩니다. 즉 선택 논리에 반복 논리가 포함되기도 하고, 그 반대의 경우가 되기도 합니다.

프로그램을 처음 배우는 학습자는 다음 과정을 반복 학습하여 프로그래밍을 익혀야 합니다.

❶ 작고 간단한 문제로부터 조건을 추출

❷ 조건에 따른 논리가 선택 논리인지 반복 논리인지 결정

❸ 각각의 요소들을 순서에 따라 연결하여 알고리즘을 작성

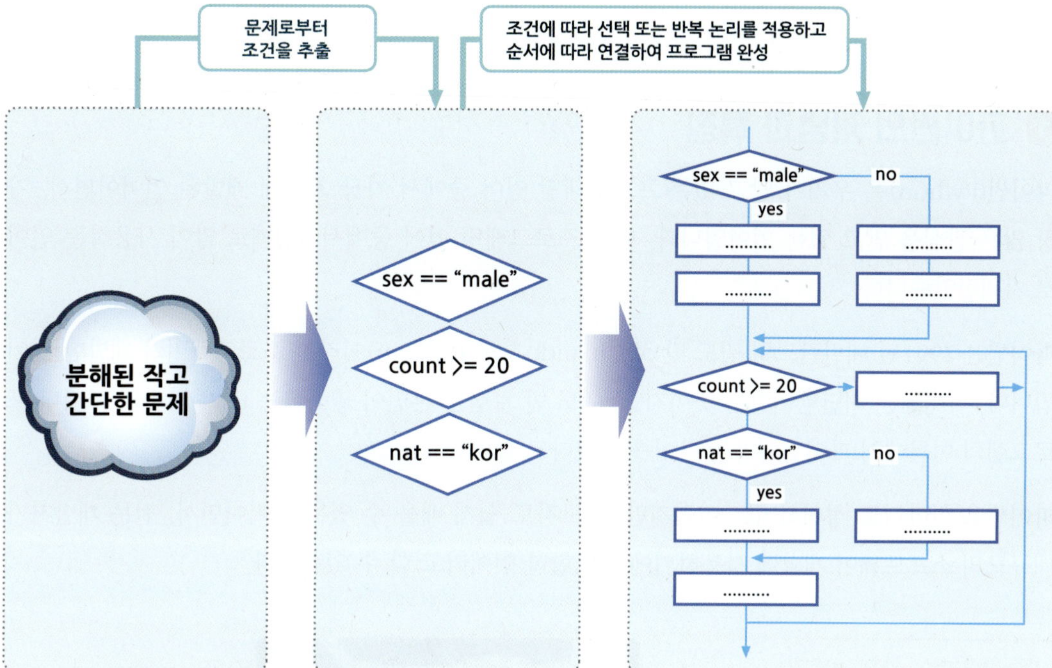

그림 2-13 **분해된 작은 문제를 알고리즘으로 표현하는 과정**

Section 03

파이썬

1 파이썬의 개념과 특징

파이썬(Python)은 우리가 알고 있는 프로그래밍 언어 중에서 가장 최근에 개발된 언어이면서, 가장 많은 관심을 받고 있는 언어입니다. 현재 프로그래밍 언어 중에서 3번째로 많이 사용하는 언어로 자리잡았습니다.

파이썬은 1991년 네덜란드의 귀도 반 로섬(Guido van Rossum)이라는 프로그래머가 개발한 언어입니다. 파이썬은 비단뱀이라는 뜻이지만, 귀도 반 로섬은 본인이 좋아하는 BBC 방송의 코미디 프로그램의 이름에서 파이썬이라는 단어를 따왔다고 합니다.

파이썬을 한마디로 정의하기는 어렵지만, 초보자도 쉽게 배울 수 있는 언어이면서, 전문 개발자가 대규모의 소프트웨어 개발에 사용하기에도 적합한 언어라고 할 수 있습니다.

(a) 파이썬 로고 (b) 파이썬의 창시자 귀도 반 로섬

그림 2-14 **파이썬의 공식 로고와 창시자**

파이썬의 특징은 다음과 같습니다.

- **대화식 인터프리터 언어 :** 대화식으로 동작하므로 사용하기 쉽고, 오류를 수정하기가 쉽습니다. 파이썬은 대화식 모드로 사용하는 방법은 물론 일반 언어처럼 프로그래밍 모드로 사용하는 방법도 제공합니다.
- **플랫폼에 독립적인 언어 :** 파이썬은 자바와 같이 중간 코드 형식의 바이트코드를 사용하여 운영체제에 독립적인 프로그램을 작성할 수 있습니다. 즉 파이썬으로 작성된 프로그램은 어떠한 운영체제에서도 실행될 수 있습니다.
- **쉬운 문법과 다양한 자료형을 제공 :** 파이썬의 쉬운 문법은 초보자도 쉽게 배울 수 있으며, 리스트·딕셔너리·문자열·튜플·세트와 같은 높은 수준의 자료구조를 자료형으로 제공하고 있습니다.
- **대규모의 라이브러리 :** 파이썬은 다양한 분야에서 수많은 라이브러리를 제공합니다. 이러한 라이브러리를 이용하여 대규모의 소프트웨어를 빠른 시간 내에 개발할 수 있습니다.

2 파이썬 환경 구축

파이썬 프로그램은 파이썬 소프트웨어 재단에서 무료로 제공하고 있습니다. 윈도우 시스템에서 파이썬의 최신 버전을 다음과 같은 과정으로 설치할 수 있습니다.

01 파이썬을 다운로드하기 위한 홈페이지(https://www.python.org/downloads/)에 접속합니다. 여기에서 [Download] 버튼을 클릭하여 설치 파일을 다운로드합니다.

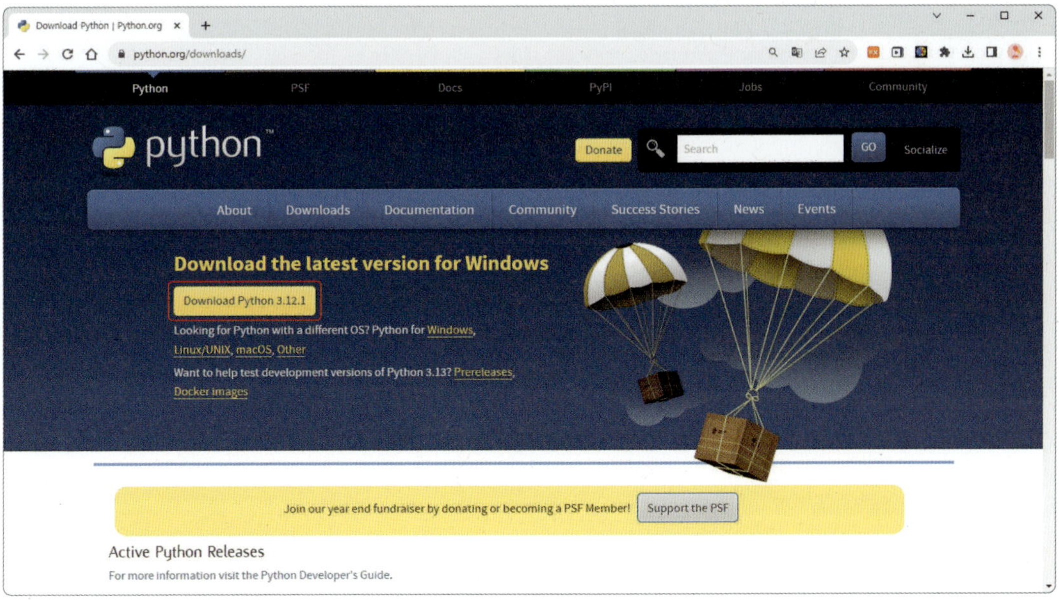

그림 2-15 **파이썬 다운로드 화면**

02 파이썬 설치 창이 열리면 [Install Now]를 선택하여 설치를 진행합니다.

그림 2-16 **파이썬 설치 시작**

03 설치가 완료되면 [Close]를 클릭하여 창을 닫습니다.

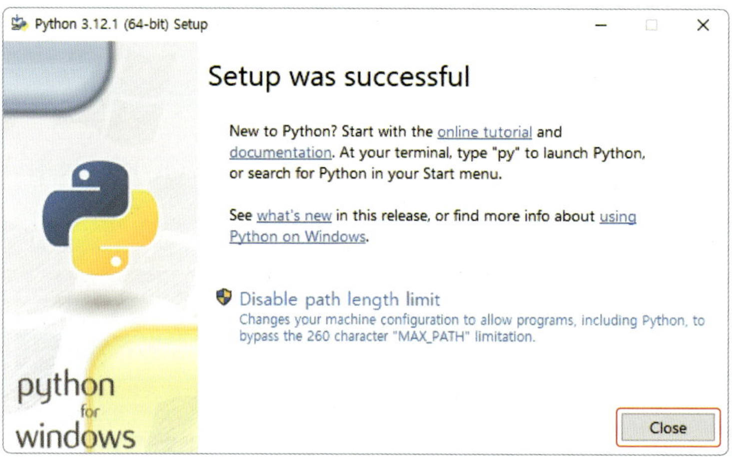

그림 2-17 **파이썬 설치 완료**

04 설치된 프로그램에서 파이썬 실행 파일인 'IDLE'을 찾아 실행합니다.

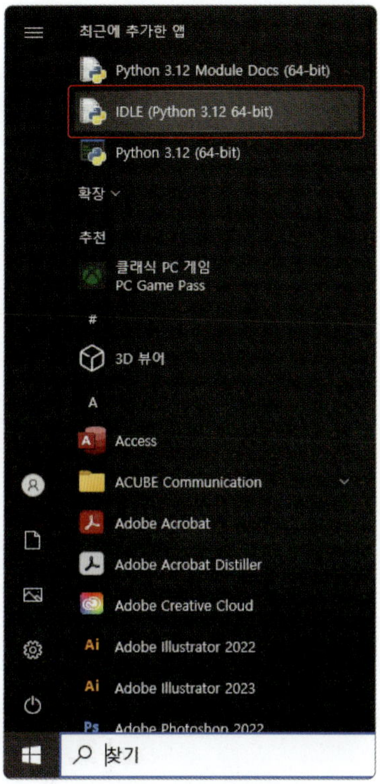

그림 2-18 **파이썬 IDLE 실행**

파이썬의 프로그래밍 개발 환경을 IDLE(Integrated DeveLopment Environment), 즉 파이썬 통합개발환경이라고 합니다.

05 IDLE이 다음과 같이 실행되면 파이썬을 사용할 준비가 완료된 것입니다.

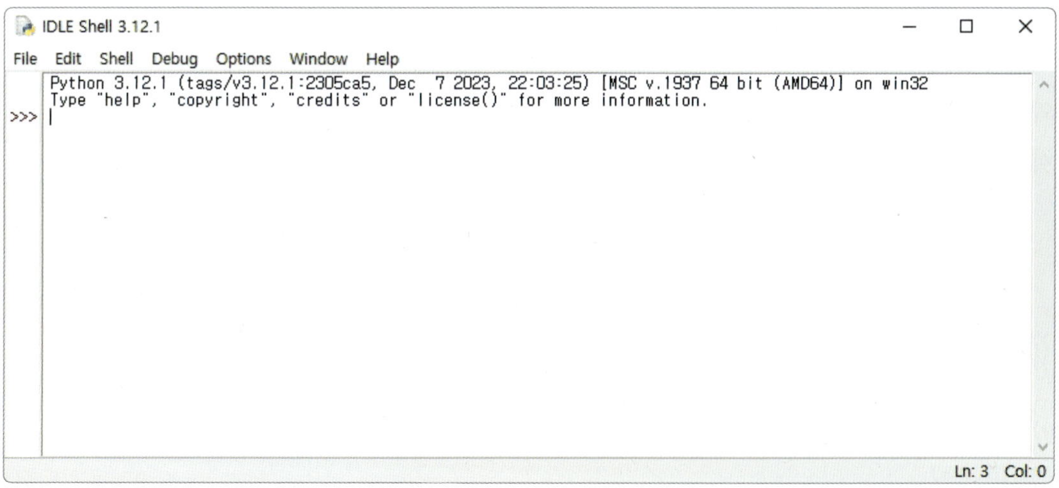

그림 2-19 **파이썬 IDLE 실행화면**

하나 더 알기 ✓ **파이썬 한글 버전 매뉴얼**

파이썬 홈페이지에서 한글 버전 매뉴얼(https://docs.python.org/ko/3/)을 제공하고 있습니다. 파이썬의 새로운 기능과 사용 방법 등이 한글로 자세하게 제공되고 있습니다.

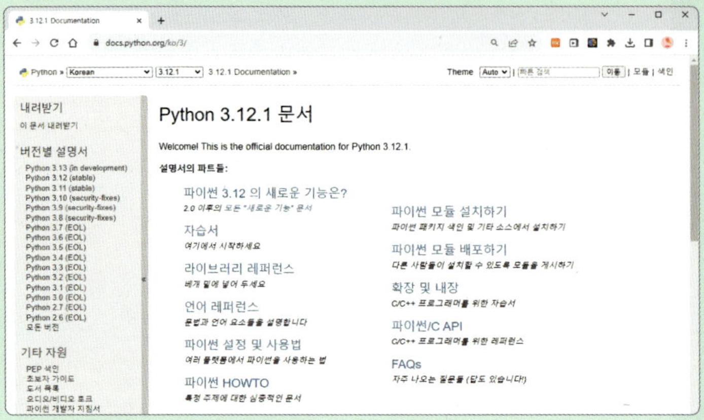

그림 2-20 **파이썬 한글 버전 매뉴얼**

3 파이썬 프로그램 작성과 실행

파이썬을 실행하는 방법에는 두 가지가 있습니다. 하나는 대화식 모드로 IDLE에서 프로그램을 실행하는 것입니다. 다른 하나는 스크립트 모드에서 파일로 저장하여 실행하는 방법입니다.

대화식 모드

대화식 모드 실행은 명령을 입력하고 바로 실행된 결과를 확인할 수 있는 형태입니다. 마치 컴퓨터와 대화를 주고받는 형식으로 실행되는 방식입니다. [그림 2-21]과 같이 파이썬을 대화식 모드에서 실행하면 주어진 명령에 대해 결과를 즉시 출력합니다.

```
IDLE Shell 3.11.1
File  Edit  Shell  Debug  Options  Window  Help
Python 3.11.1 (tags/v3.11.1:a7a450f, Dec 6 2022, 19:58:39) [MSC v.1934 64 bit (AMD64)] on win32
Type "help", "copyright", "credits" or "license()" for more information.
>>> a=10          # 변수 a에 10을 저장
>>> a             # a의 값은?
10
>>> b=20          # 변수 b에 20을 저장
>>> tot=a+b       # 변수 tot에 a의 값과 b의 값을 더하여 저장
>>> print(a,b,tot)     # 변수 a, b, tot 값을 출력
10 20 30
>>> tot           # tot의 값은?
30
>>>
Ln: 12  Col: 0
```

그림 2-21 **파이썬 대화식 모드**

대화식 모드에서는 [그림 2-22]와 같이 다양한 산술 연산도 사용 가능합니다.

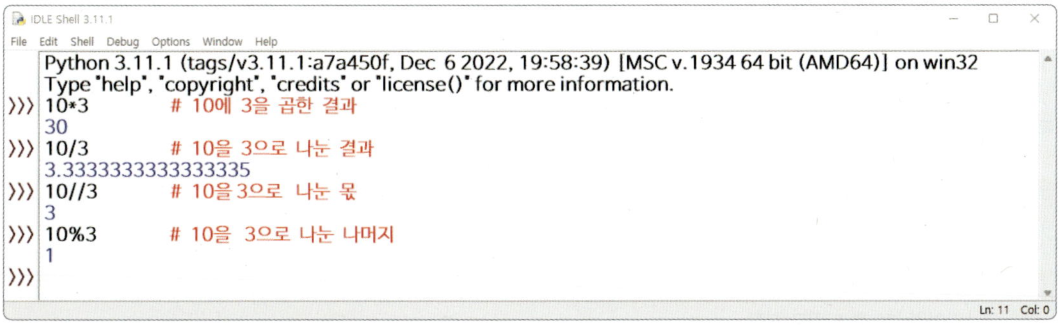

그림 2-22 **파이썬 대화식 모드의 산술 연산**

스크립트 모드

파이썬에서는 작성된 프로그램을 C나 자바와 같이 파일로 저장하고 실행시킬 수 있습니다. 파일로 작성하기 위해서 IDLE에서 [File]-[New File]을 선택합니다.

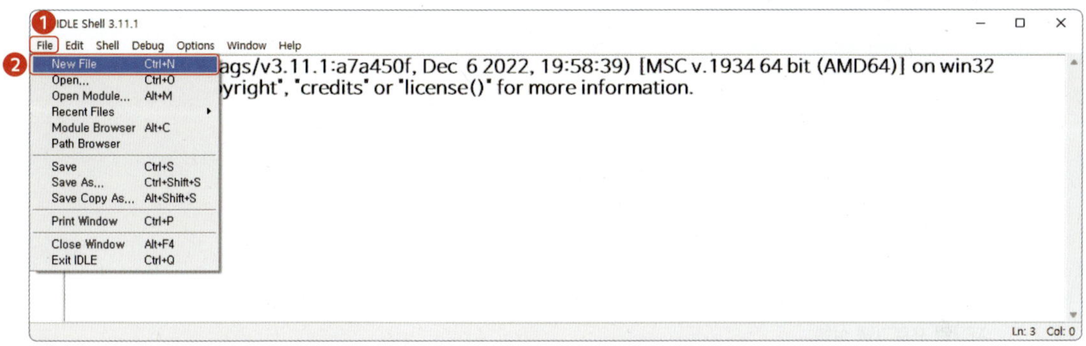

그림 2-23 **파이썬 스크립트 모드 실행**

[그림 2-24]와 같이 코드를 입력할 새로운 창이 나타납니다. 코드를 입력하고 적절한 폴더에 파일을 저장합니다.

그림 2-24 **스크립트 모드 작성 화면**

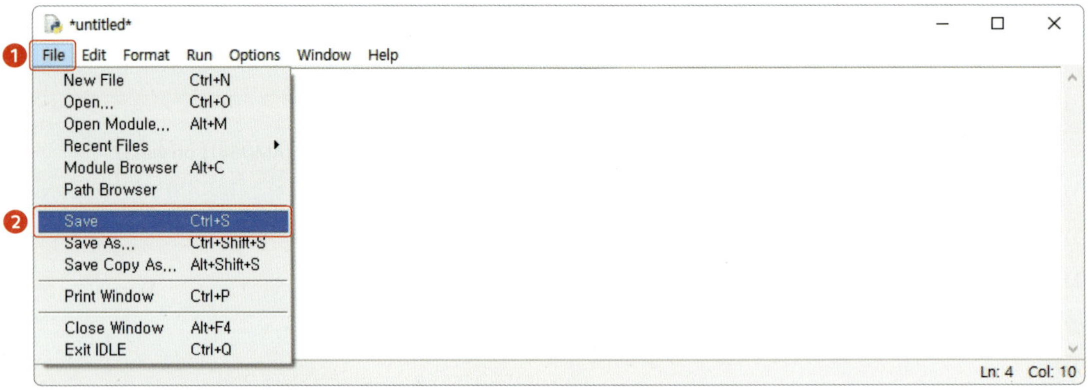

그림 2-25 **파이썬 코드를 파일로 저장**

저장된 프로그램을 실행시키기 위해서는 메뉴의 [Run]-[Run Module]을 실행합니다. 그러면 프로그램이 실행되면서 결과가 IDLE 창에 나타납니다.

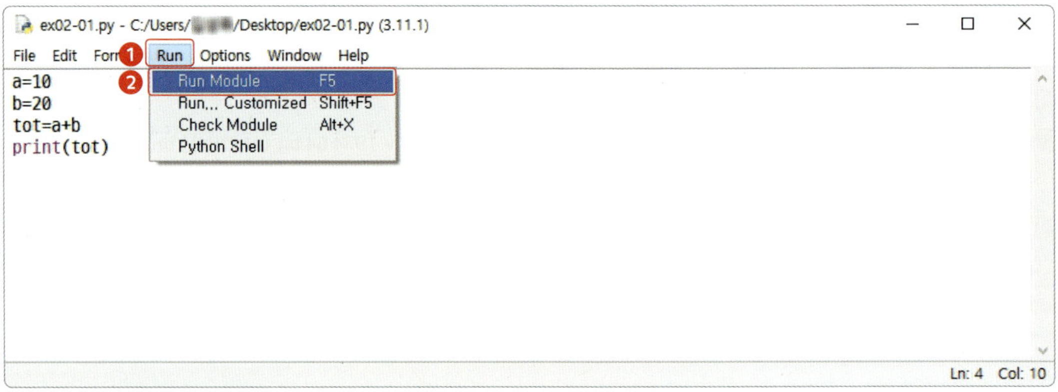

그림 2-26 **저장된 프로그램 실행**

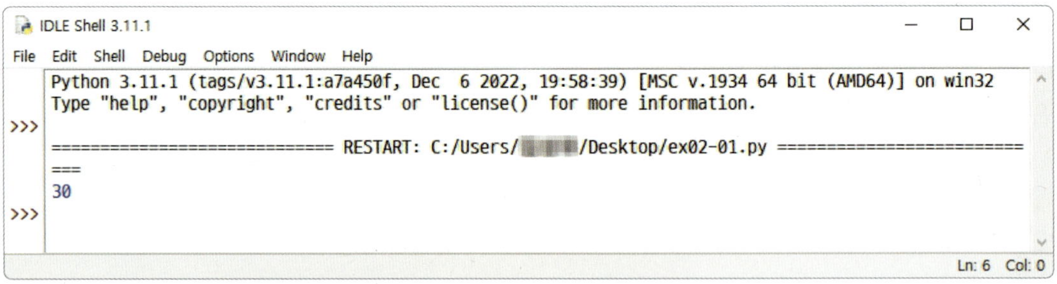

그림 2-27 **저장된 프로그램의 결과가 IDLE에서 실행**

연습문제

01 순서도나 의사코드는 건물의 설계도와 같다. (○ / ×)

02 프로그램을 작성할 때 프로그램을 먼저 작성하고 순서도를 그린다. (○ / ×)

03 랩터는 순서도에 기반하여 절차를 기술할 수 있는 시각적 개발 환경을 제공한다. (○ / ×)

04 구조적 프로그램에서의 기본적인 논리는 순서, 선택, 반복 논리이다. (○ / ×)

05 순서 논리는 순차적인 실행 순서를 가진다는 의미이다. (○ / ×)

06 컴퓨터에서 선택 논리는 True, False, Unknown의 값을 가진다. (○ / ×)

07 컴퓨터에서 반복 논리는 무한 반복됨을 의미한다. (○ / ×)

08 랩터는 미 해군에서 개발되어 무료로 보급되고 있는 소프트웨어이다. (○ / ×)

09 랩터는 웹에서만 사용할 수 있다. (○ / ×)

10 선택의 논리는 조건의 결과가 항상 [ ] 또는 [ ]을 나타냄을 의미한다.

11 반복 논리는 조건의 결과가 만족할 때 특정 부분을 [ ]하는 것을 의미한다.

12 랩터의 특징은 [ ]을 사용하여 절차를 기술하는 시각적 개발환경 제공한다.

13 랩터를 사용하거나 다운받을 수 있는 주소(URL)를 쓰시오.

14 다음 중 랩터의 특징이 아닌 것은?

① 도형 중심의 구문 구조
② 시각적(visual) 개발 환경
③ 쉬운 사용 방법
④ 모든 분야에 적용 가능한 프로그래밍 언어

15 구조적 프로그래밍에서 사용되는 논리가 아닌 것은?

① 오류 검출 논리
② 반복 논리
③ 순서 논리
④ 선택 논리

16 다음 중 순서도의 특징이 아닌 것은?

① 프로그램으로 자동 변환
② 프로그램의 논리적 체계를 알기 쉬움
③ 코딩의 기초 자료
④ 프로그램의 정확성을 판단하는 자료

17 다음 설명에서 대표적으로 나타낼 수 있는 논리는?

> "철수는 오늘 학급 당번으로 40명의 학생들에게 빵을 나누어 주어야 한다"

① 순서 논리
② 반복 논리
③ 선택 논리
④ 논리가 없다

18 다음 설명에서 대표적으로 나타낼 수 있는 논리는?

> "영희는 아침에 일찍 일어나서, 세수를 하고 학교에 갔다"

① 순서 논리
② 반복 논리
③ 선택 논리
④ 논리가 없다

19 다음 설명에서 대표적으로 나타낼 수 있는 논리는?

> "철수는 오전 8시가 넘으면 학교에 간다"

① 순서 논리 ② 반복 논리
③ 선택 논리 ④ 논리가 없다

20 다음 설명에서 대표적으로 나타낼 수 있는 논리는?

> "철수가 영희에게 배고프면 밥을 먹으러 가자고한다"

① 순서 논리 ② 반복 논리
③ 선택 논리 ④ 논리가 없다

21 다음 설명에서 대표적으로 나타낼 수 있는 논리는?

> "농구 시합을 위해 키가 180넘는 학생 1명을 선발한다"

① 순서 논리 ② 반복 논리
③ 선택 논리 ④ 논리가 없다

22 다음 설명에서 대표적으로 나타낼 수 있는 논리는?

> "오늘 일정은 8시에 아침 식사 9시에 수업, 12시 점심 식사, 2시 오후 수업한다"

① 순서 논리 ② 반복 논리
③ 선택 논리 ④ 논리가 없다

23 다음 설명에서 대표적으로 나타낼 수 있는 논리는?

> "시험이 1주일 남았기 때문에 매일 11시까지 공부한다"

① 순서 논리 ② 반복 논리
③ 선택 논리 ④ 논리가 없다

24 **다음 설명에서 대표적으로 나타낼 수 있는 논리는?**

> "카페 Thursday에서는 목요일에는 30%를 할인해 준다"

① 순서 논리
② 반복 논리
③ 선택 논리
④ 논리가 없다

25 **다음 설명에서 대표적으로 나타낼 수 있는 논리는?**

> "자녀가 3명 이상이면 통행료를 감면해 준다"

① 순서 논리
② 반복 논리
③ 선택 논리
④ 논리가 없다

26 **다음 설명에서 대표적으로 나타낼 수 있는 논리는?**

> "학과 대항 축구시합 출전을 위해 11명의 학생을 선발해야 한다"

① 순서 논리
② 반복 논리
③ 선택 논리
④ 논리가 없다

27 **다음 설명에서 대표적으로 나타낼 수 있는 논리는?(2가지)**

> "학과 대항 농구 시합을 위해 키가 180넘는 학생을 5명 선발해야 한다"

① 순서 ➡ 선택
② 반복 ➡ 선택
③ 선택 ➡ 반복
④ 순서 ➡ 반복

28 **다음 설명에서 대표적으로 나타낼 수 있는 논리는?(2가지)**

> "남자 친구가 시간이 된다면 만나서 영화를 보고 저녁을 먹어야지"

① 선택 ➡ 순서
② 선택 ➡ 반복
③ 반복 ➡ 순서
④ 순서 ➡ 반복

29 다음 설명에서 대표적으로 나타낼 수 있는 논리는?(2가지)

> "우리 학과 40명 학생 중에 학점이 4.0 이상인 학생은 장학생으로 선발된다"

① 순서 ➡ 선택　② 반복 ➡ 선택
③ 반복 ➡ 순서　④ 순서 ➡ 반복

30 다음 설명에서 대표적으로 나타낼 수 있는 논리는?(2가지)

> "오늘은 시험을 위해 오전에는 수학 공부, 오후에도 영어 공부를 열심히 하여 시험에 자신이 생기면 친구들과 한잔 해야겠다"

① 순서 ➡ 선택　② 선택 ➡ 반복
③ 반복 ➡ 순서　④ 순서 ➡ 반복

31 다음 설명에서 대표적으로 나타낼 수 있는 논리는?(2가지)

> "다음 1주일 동안 비가 온다면 나는 계속 우산을 가지고 다녀야지"

① 순서 ➡ 선택　② 선택 ➡ 반복
③ 반복 ➡ 선택　④ 순서 ➡ 반복

32 다음 설명에서 대표적으로 나타낼 수 있는 논리는?(2가지)

> "나는 남은 1주일동안 시험기간에 매일 2시간씩 국어, 영어, 수학 공부를 해야지"

① 순서 ➡ 선택　② 선택 ➡ 반복
③ 반복 ➡ 순서　④ 순서 ➡ 반복

33 다음 설명에서 대표적으로 나타낼 수 있는 논리는?(2가지)

> "파이썬과 C 언어 중에서 쉬운 언어를 매일매일 한 학기 동안 공부할거야"

① 순서 ➡ 선택　② 선택 ➡ 반복
③ 반복 ➡ 순서　④ 순서 ➡ 반복

34 다음에 제시된 문제의 흐름을 파악하여 알맞게 분해하고, 분해된 내용에 맞는 알고리즘 순서도로 표현해 보자.

[알고리즘 순서]

재석이는 아침에 일어나서 아침을 먹고, 양치를 하고 학교에 간다.

[순서도]

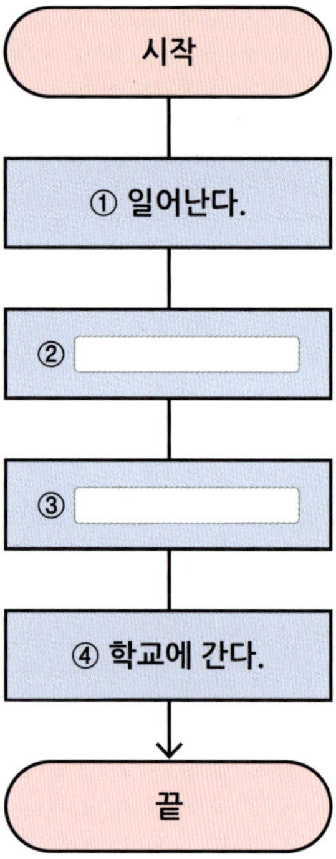

[문제 분해]

① 일어난다.

②

③

④ 학교에 간다.

35 다음에 제시된 문제의 흐름을 파악하여 알맞게 분해하고, 분해된 내용에 맞는 알고리즘 순서도로 표현해 보자.

[알고리즘 선택]

재석이는 집에서 학교까지 버스를 타고 등교를 한다. 하지만 늦잠을 자면 지각을 하지 않기 위해 택시를 타고 등교를 한다.

[순서도]

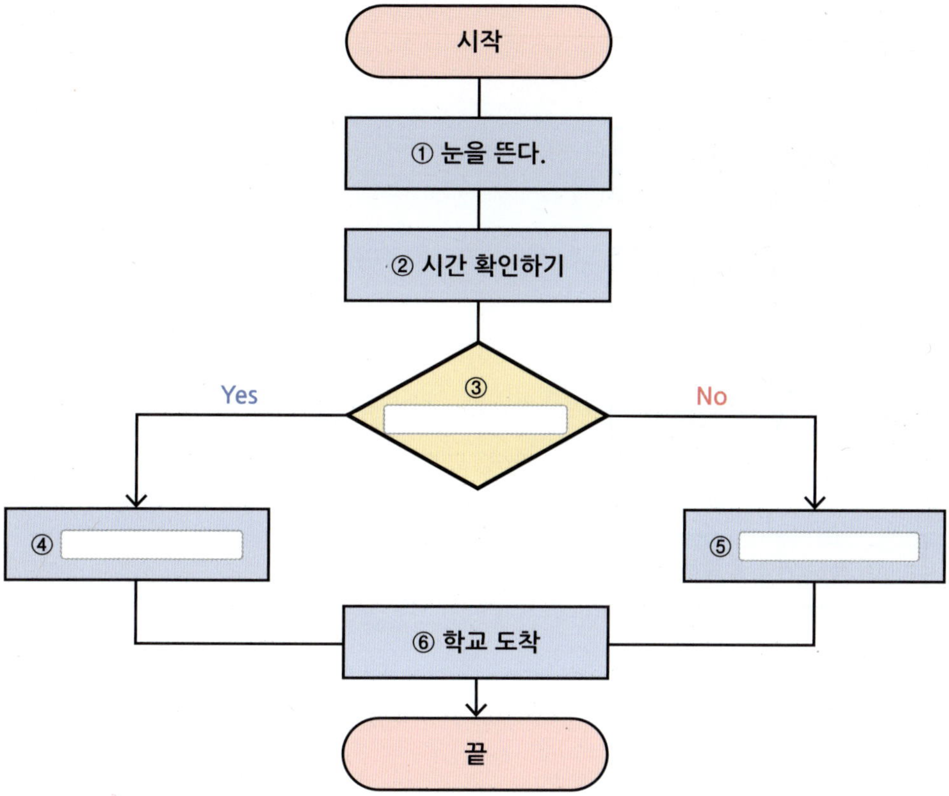

[문제 분해]

① 눈을 뜬다.

② 시간 확인하기

③

④

⑤

⑥ 학교 도착

36 다음에 제시된 문제의 흐름을 파악하여 알맞게 분해하고, 분해된 내용에 맞는 알고리즘 순서도로 표현해 보자.

[알고리즘 – 반복(제한적 반복)]

재석이가 축구 연습을 하려고 한다. 운동장 도착 후 드리블 연습 100번과 슈팅 연습 300번을 하고 축구 연습을 마친다.

[순서도]

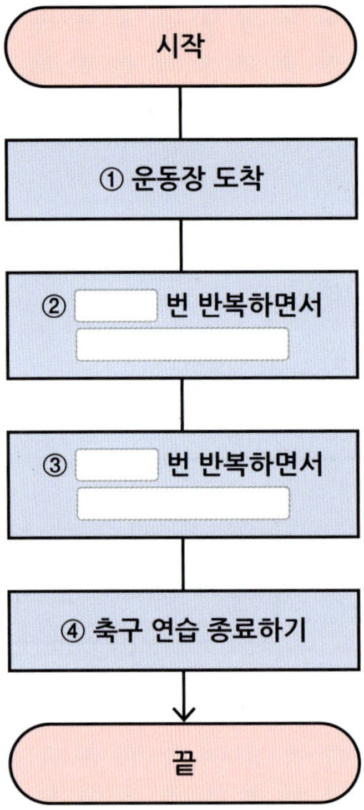

[문제 분해]

① 운동장 도착

②

③

④ 축구 연습 종료하기

37 다음에 제시된 문제의 흐름을 파악하여 알맞게 분해하고, 분해된 내용에 맞는 알고리즘 순서도로 표현해 보자.

[알고리즘 – 반복(조건 반복)]

재석이는 달고나 뽑기를 성공할 때까지 뽑기를 한다. 뽑기를 성공하면 탈출이다.

[순서도]

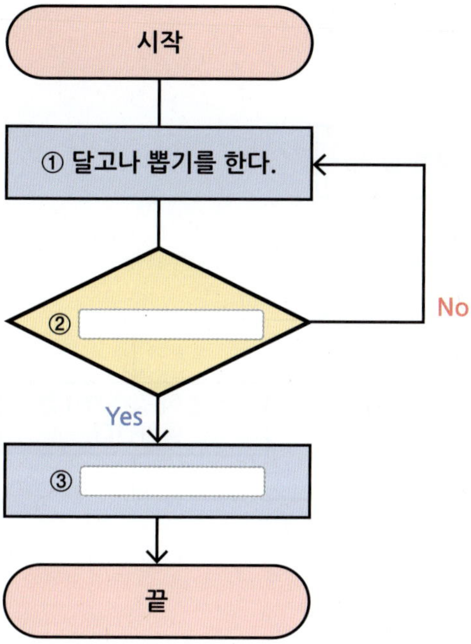

[문제 분해]

① 달고나 뽑기를 한다.

②

③

38 다음에 제시된 문제의 흐름을 파악하여 알맞게 분해하고, 분해된 내용에 맞는 알고리즘 순서도로 표현해 보자.

[알고리즘]

재석이와 길동이는 가위바위보 게임을 한다. 5점을 획득하면 게임을 종료한다.

[순서도]

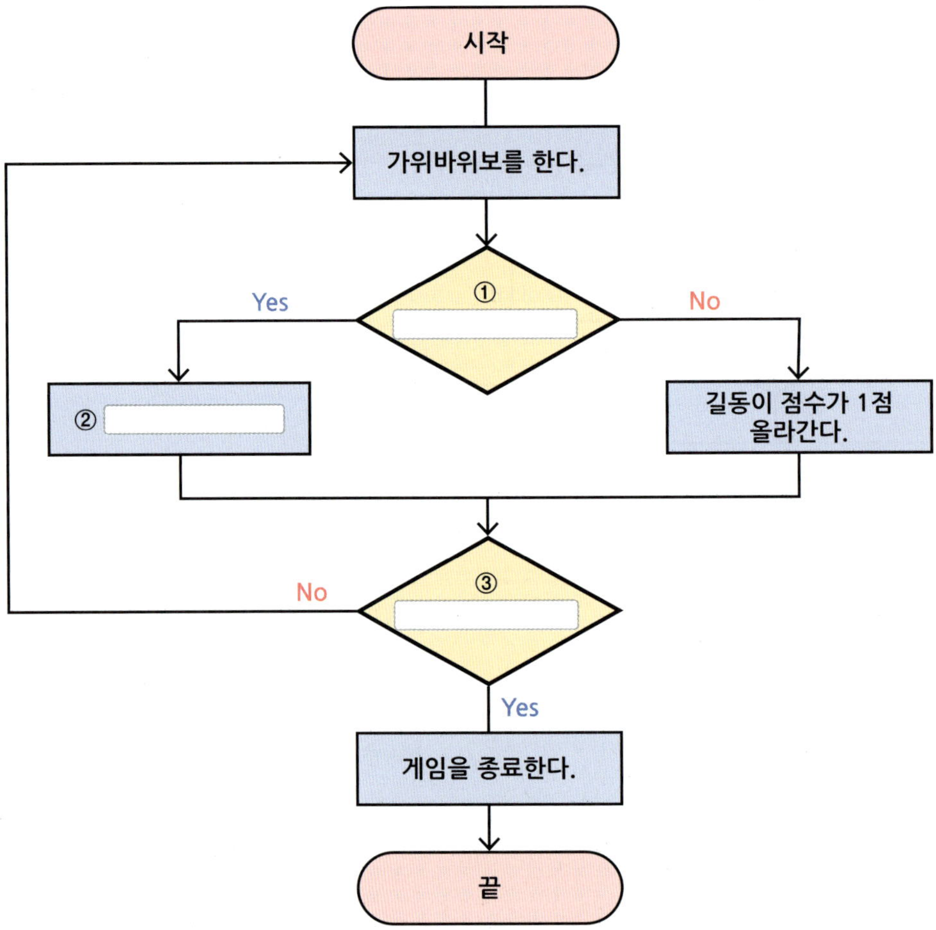

[문제 분해]

①

②

③

39 다음에 제시된 문제의 흐름을 파악하여 알맞게 분해하고, 분해된 내용에 맞는 알고리즘 순서도로 표현해 보자.

[알고리즘]

2개의 정수를 입력 받아 두 수의 크기를 비교하는 알고리즘을 설계하시오.

[순서도]

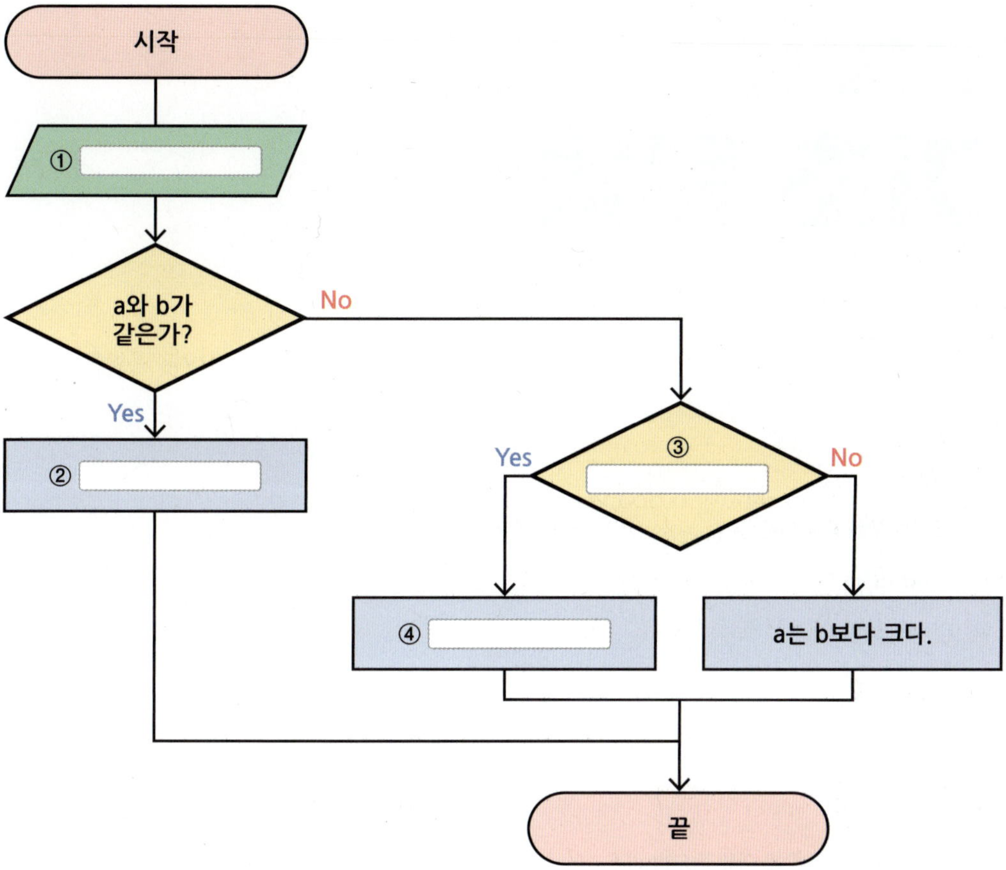

[문제 분해]

①

②

③

④

CHAPTER 03

파이썬 기초 문법

학습목표

- 변수의 개념과 종류에 대해 학습합니다.
- 자료형의 종류와 수치 자료형에 대해 학습합니다.
- 다양한 산술연산자, 관계연산자, 논리연산자에 대해 학습합니다.
- 연산자의 우선순위에 대해 학습합니다.
- 표준 입출력 방법에 대해 학습합니다.
- 파이썬에서 제공되는 내장 함수에 대해 학습합니다.
- 파이썬에서 함수와 메소드 사용방법의 차이에 대해 학습합니다.

Preview

Chapter 03에서는 꼭 알아야 할 파이썬 기초 문법에 대해 알아봅니다. 변수와 자료형, 연산자, 표준 입출력, 내장 함수 등에 대해 학습하며 파이썬의 기본적인 내용을 이해해 봅니다.

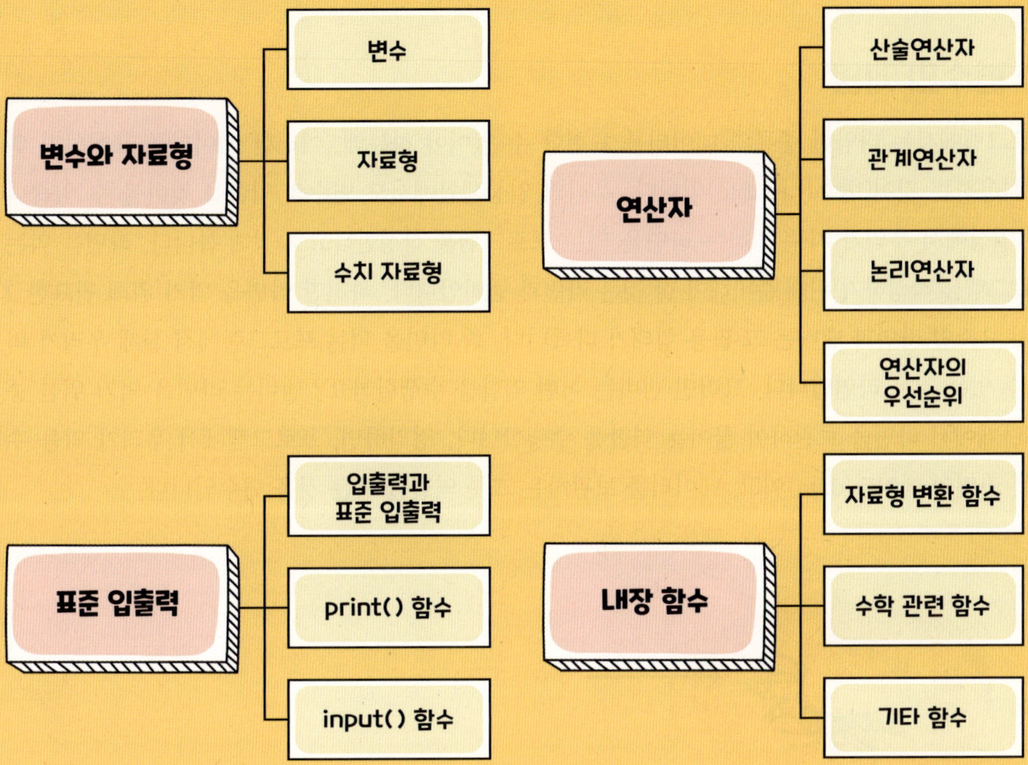

Section 01

변수

1 변수의 개념

프로그램에서는 다양한 종류의 데이터를 표현할 수 있어야 하는데, 이러한 데이터를 표현하기 위해 사용하는 것이 변수(variable)입니다. 우리의 일상생활에서도 변수의 역할을 찾아볼 수 있습니다. 일상에서 우리가 자주 접하는 라면을 먹는 프로그램을 작성한다고 가정해 봅니다. 라면을 먹는 프로그램을 작성하기 위해 준비해야 할 것은 라면과 냄비입니다. 하지만 라면을 먹기 위해 필요한 2가지 요소인 라면과 냄비는 그 활용 형태가 다릅니다. 즉 라면을 먹는 프로그램에서 실제 우리가 먹을 수 있는 것은 라면입니다. 그러면 냄비는 어떤 역할을 수행할까요? 냄비는 라면을 먹기 위한 중간 단계에서 라면을 보관하여 끓이는 역할을 수행합니다. 정리하면, 프로그램에서 우리가 먹을 수 있는 라면이 데이터(data)이고, 데이터를 보관하는 그릇 역할을 하는 것을 변수입니다.

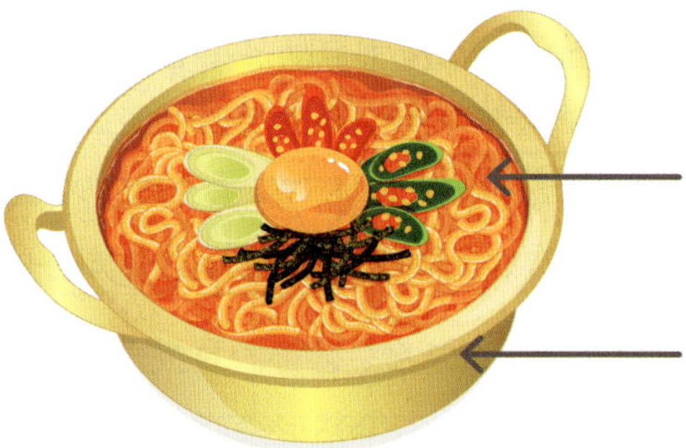

그림 3-1 데이터와 변수의 개념

이번에는 정수 10과 20을 두 개의 변수에 저장한 후, 두 값을 더하는 프로그램을 작성한다고 가정해 봅시다. 모든 프로그램이 실행되기 위해서는 컴퓨터의 주기억장치에 저장되어 실행되어야 합니다. 즉 컴퓨터의 주기억장치가 냄비 역할을 수행한다고 할 수 있습니다. 컴퓨터의 주기억장치는 순차적인 물리적 주소를 가지고 있고, 이러한 물리적인 주소를 이용하여 프로그래밍을 할 수도 있습니다. [그림 3-2]는 프로그래밍을 할 때, 물리적 주소를 사용하는 예와 일반 변수를 사용하는 예를 나타낸 것 입니다.

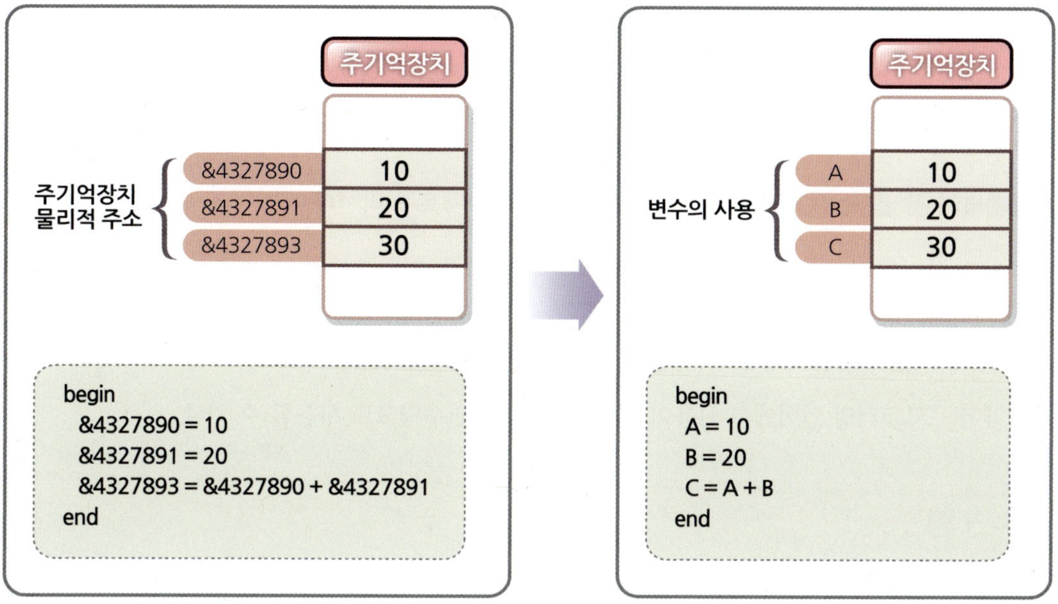

그림 3-2 물리적 주소와 변수를 사용하는 예

[그림 3-2]와 같이 기억장치의 물리적 주소를 사용하여 프로그램을 작성한다는 것은 거의 불가능한 일입니다. 그 이유는 프로그램이 실행될 때의 기억장치의 상세한 배치 구조를 프로그래머가 알아내어 프로그램 한다는 것은 불가능하기 때문입니다.

현재 우리가 사용하는 모든 프로그래밍 언어는 변수를 사용합니다. 변수를 다시 정의하면, 변수란 프로그램에서 필요로 하는 데이터를 저장하기 위한 기억장소에 주어진 이름이라고 할 수 있습니다. 대부분의 프로그래밍 언어에서는 다양한 형태의 변수를 사용하여 값들을 저장할 수 있는 기능을 제공하고 있습니다. 물론 프로그램이 실행되기 위해서는 변수에 저장된 데이터들이 주기억장치에 저장되어야 하고, 변수의 값들은 주기억장치의 주소에 의해 접근하게 됩니다. 그러나 이러한 문제는 프로그래머가 염려할 문제는 아니고, 프로그래밍 언어를 처리하는 시스템 프로그램(번역기, 인터프리터 등)에 의해 자동으로 변수명과 메모리의 주소가 연결(심벌 테이블 같은 것을 사용하여 변수명과 물리적인 기억장소의 주소를 매칭)되어 사용합니다.

2 변수의 사용

프로그래밍 언어에서 사용하는 변수는 대부분 비슷한 특징을 가지고 있습니다. 여기에서는 다양한 언어에서 사용하는 변수명의 규칙과 변수의 형에 대해 알아봅니다. 변수의 규칙과 형태는 프로그래밍 언어에 따라 조금씩 다를 수 있습니다.

변수명의 규칙

프로그래밍 언어에 따라 변수명(변수의 이름)의 규칙이 조금씩 다르기는 하지만, 거의 비슷한 특징을 가지고 있습니다. 다음은 일반적인 변수의 특징을 나타낸 것입니다.

- 변수명의 첫 글자는 반드시 영문자나 일부 특수문자(_)로 시작한다.
- 변수명에는 숫자가 포함될 수 있다.
- 변수명에는 공백이 포함될 수 없다.
- 변수명은 대소문자를 구분한다(Sum과 sum은 다른 변수로 취급).
- 예약어(프로그래밍 언어에서 사용이 지정된 용어)를 변수명으로 사용할 수 없다.

변수의 형

대부분의 프로그래밍 언어에서 변수를 사용하기 위해서는 미리 변수를 선언하여야 합니다. 변수를 선언할 때에는 변수의 형(type)을 지정해야 하는데, 이를 자료형(data type)이라고 합니다.

앞에서 변수의 개념에 대해 설명한 라면과 냄비의 예를 다시 생각하면, 변수로 사용할 수 있는 그릇의 형태에는 다양한 종류가 있다는 것을 알 수 있습니다. 즉 냄비 대신 솥이나 프라이팬 등을 생각할 수 있습니다. 실생활에서도 냄비, 솥, 프라이팬에 넣을 수 있는 것(라면, 쌀, 생선 등)의 종류가 다른 것처럼, 프로그램에서도 변수의 형에 따라 넣을 수 있는 데이터의 형태가 다릅니다.

그림 3-3 자료형과 자료

파이썬을 제외하고 많은 프로그래밍 언어에서는 저장될 자료의 형에 따라 변수의 형을 지정할 것을 요구합니다. 즉 정수(integer)만 저장할 변수는 int, 실수를 저장할 변수는 float 또는 double로 선언해야 합니다. 대부분의 프로그래밍 언어에서 사용하는 변수의 형은 다음과 같습니다.

- char : 문자형
- short, int, long : 정수형
- float, double : 실수형
- boolean : 이진형

변수 사용의 예

다음은 주요 프로그래밍 언어에서 변수를 사용하는 예를 나타낸 것입니다. 대부분의 프로그래밍 언어가 유사한 자료형과 사용 방법을 제공합니다.

■ C

C 언어는 정수형(integer type)과 실수형(floating-point type)의 두 가지 자료형이 있습니다. 다시 정수형은 4가지 자료형, 실수형은 3가지 자료형으로 구분됩니다.

```
int count;
double rate=1.23456789;
char ch='a';
```

■ 자바(Java)

```
int count=100;
float pi = 3.14f;
char ch='z';
boolean flag;
```

■ 자바스크립트(JavaScript)

자바스크립트에서 모든 변수는 var로 선언됩니다. 변수의 형은 배정되는 값에 따라 실행시간에 자동으로 결정됩니다.

```
var x;
var fname="Kim";
var rate = 0.001;
var flag = true;
var lang = ["English", "Korean", "Japaness"];
```

■ 파이썬(Python)

파이썬은 변수형을 선언하지 않고 사용하며, 변수의 형은 실행시간에 동적으로 결정됩니다.

```
a = 23
e = 3.14
f = 2.16e - 9
s = "Hello World!"
L = [1, 2, 3]
t = (1, 2, 3)
d = 'Korea':'Seoul', 'US':'Washington', 'Japan':'Tokyo'
```

위의 예에서 보듯이 대부분의 프로그래밍 언어(C, 자바)에서 변수의 사용은 비슷한 형태를 지니고 있습니다. 그러나 자바스크립트나 파이썬과 같은 언어는 특수하게도 변수형을 선언하지 않고 사용합니다. 2장에서 설명한 인터프리트(해석) 기법의 언어들이 대부분 변수의 형을 선언하지 않고 사용하는 언어입니다.

이 책에서 사용하는 파이썬은 변수의 형을 선언하지 않고 사용하는 인터프리터 언어입니다. 그렇기 때문에 파이썬은 프로그램에서 변수를 선언하지 않고 자유롭게 사용할 수 있습니다.

잘못된 변수의 사용 예

변수에 값을 저장하기 위해서는 배정 연산자 '='를 사용합니다. 수학에서의 의미와는 달리 프로그래밍 언어에서 '='의 의미는 오른쪽의 값을 평가하여 그 결과를 왼쪽의 변수가 지정하는 곳에 저장한다는 의미입니다.

그러므로 프로그래밍의 수식에서는 '='를 기준으로 오른쪽에는 숫자, 계산식, 변수 등이 올 수 있지만, 왼쪽에는 반드시 변수명만 올 수 있습니다. 예를 들어 다음과 같은 형태의 변수의 사용은 잘못된 것입니다.

```
count + 1 = 123 + 456 ;
800 + 100 = 900 ;
900 = 800 + 100 ;
total / count = average ;
+24 = -24 + 48 ;
```

3 주석문

파이썬은 한 줄에서 주석을 나타내기 위해 '#'을 사용하여 표현합니다. 또한 여러 줄을 주석으로 처리하기 위해서는 큰따옴표 또는 작은따옴표 3개를 연속하여 사용합니다. 다음은 파이썬에서 주석을 사용하는 예입니다.

```
a = 10                      # 변수 a에 10을 배정
b = 20                      # 변수 b에 20을 배정
tot = a + b                 # 변수 tot에 a의 값과 b의 값을 더하여 배정
print(tot)                  # tot 값을 출력

'''
위 프로그램은 두 개의 변수 값을
더하여 출력하는 프로그램입니다.
'''

"""
위 프로그램은 두 개의 변수 값을
더하여 출력하는 프로그램입니다.
"""
```

Section 02

자료형

1 자료형의 개념

자료형(data type)이란 프로그램에서 나타낼 수 있는 데이터의 종류를 의미합니다. 파이썬에서는 9가지 종류의 자료형을 제공하고 있으며, 이 자료형들은 프로그램에서 자유롭게 사용할 수 있습니다. 특히 파이썬은 기존의 C나 자바에서 제공하지 않는 자료구조(data structure)들을 기본적인 자료형으로 제공하고 있습니다(list, tuple, dict, set 등). 즉 파이썬에서는 복잡한 자료구조를 알지 못하더라도 쉽게 사용이 가능합니다.

표 3-1 파이썬의 자료형

자료형	설명
bool	• 설명 : 이진 자료형으로, True 또는 False 값을 가진다. • 예시 : flag=True, cond=False
int, float, complex	• 설명 : 수치 자료형으로, 정수·실수·복소수의 값을 가진다. • 예시 : a=123, b=3.14, c=3-2j
str	• 설명 : 문자열 자료형으로, 다양한 문자열들을 가진다. • 예시 : name='Kim', addr="Seoul", sex='''male''', room='"33"'
list	• 설명 : 순서가 있는 자료형으로, 다양한 객체들을 멤버로 가질 수 있는 자료형이다. [ ]를 사용한다. • 예시 : member=["Seoul", 'Kim', 22.4, 30, True]
tuple	• 설명 : list와 같으나 내용의 변경이 허용되지 않는 자료형이다. ( )를 사용한다. • 예시 : member=("Seoul", 'Kim', 22.4, 30, True)
dict	• 설명 : 순서가 없는 자료형으로, 키와 값으로 이루어진 자료를 저장하는 자료형이다. 값은 중복될 수 있으나, 키는 중복될 수 없다. {:}를 사용한다. • 예시 : age={'Kim':22, 'Park':21, 'Lee':22, 'Jung':20}
set	• 설명 : 순서가 없는 자료형으로, 값의 중복을 허용하지 않는다. { }를 사용한다. • 예시 : grade={1,2,3,4}, item={'hand', 3, 3.14, "park", True}

2 자료형 값의 변경

파이썬에서의 자료형은 변경 가능한(mutable) 자료형과 변경 불가능한(immutable) 자료형으로 구분할 수 있습니다. 변경 가능한 자료형은 자료가 생성된 후, 그 값을 변경할 수 있다는 의미입니다. 그리고 변경 불가능한 자료형은 자료가 생성된 후, 그 값이 변경될 수 없다는 의미입니다.

표 3-2 값의 변경에 따른 자료형의 구분

자료형의 구분	자료형	설명
변경 가능한 자료형	list, dict, set	데이터의 값을 변경 가능
변경 불가능한 자료형	int, float, complex, str, tuple	데이터의 값을 변경 불가

```
>>> a = ['a','b','c']   # 리스트 생성
>>> a
['a','b','c']
>>> a[1] = 'z'          # 리스트의 두 번째 값을 'z'로 변경
>>> a
['a','z','c']
>>> b = ('a','b','c')   # 튜플 생성
>>> b[1] = 'z'
Traceback (most recent call last):
File "<pyshell#4>", line 1, in <module>
b[1]='z'                # 튜플(변경 불가)의 값을 변경 시도
TypeError: 'tuple' object does not support item assignment
>>>  # 오류 발생
>>>
>>> a = 10              # 변수 a에 10을 저장
>>> a = 20              # 기존 변수 a의 값을 변경한 것이 아닌 새로운 변수 a 생성
>>> b = 'Korea'         # 문자열 변수를 생성하고 값을 저장
>>> b = 'Seoul'         # 변수의 값을 변경한 것이 아니고, 새로운 문자열 변수 생성
```

3 수치 자료형

수치 자료형이란 말 그대로 숫자인 변수를 의미합니다. 파이썬에서의 수치 자료형은 정수형, 실수형, 복소수형이 있습니다.

정수형

파이썬의 정수형에는 10진수, 2진수, 8진수, 16진수의 사용이 모두 가능합니다.

```
>>> a = 100             # 10진수 리터럴 값을 변수에 저장
>>> b = 0b1100100       # 2진수 리터럴 값을 변수에 저장. 2진수는 0b로 시작
>>> c = 0o144           # 8진수 리터럴 값을 변수에 저장. 8진수는 0o로 시작
>>> d = 0x64            # 16진수 리터럴 값을 변수에 저장. 16진수는 0x로 시작
>>>
>>> print(a,b,c,d)
100 100 100 100
>>>
>>> type(a),type(b),type(c),type(d)     # 각 변수의 자료형 확인
(<class 'int'>, <class 'int'>, <class 'int'>, <class 'int'>)
```

다음은 2의 2048승을 출력하는 코드입니다. 이와 같이 파이썬은 다른 프로그래밍 언어와 달리 정수형의 표현 범위에 제한이 없습니다.

```
>>> print(2**2048)      # 2의 2048승 출력
3231700607131100730071487668866995196044410266971548403213034542752465513886789089319720
1411522913463688717960921898019494119559150490921095088152386448283120630877367300996091
7501977503896521067960576383840675682767922186426197561618380943384(...이하 생략)
```

실수형

실수형은 부동소수점(floating-point)이 포함된 숫자입니다. 숫자에 소수점이 직접 포함되거나 e 또는 E를 활용한 지수승으로 표현되는 숫자입니다.

```
>>> a = 100.0           # 변수에 소수점을 가진 실수 리터럴 저장
>>> b = 0.1e3           # e를 이용한 지수승 표현으로 실수 리터럴 저장. 0.1*10의 3승
>>> c = 100000E-2       # E를 이용한 지수승 표현으로 실수 리터럴 저장. 100000*10의 -2승
>>>
>>> print(a,b,c)
100.0 100.0 1000.0
>>> type(a),type(b),type(c)     # 각 변수의 자료형 확인
(<class 'float'>, <class 'float'>, <class 'float'>)
```

파이썬에서 실수는 64비트로 표현합니다. 다음 코드와 같이 시스템 모듈을 통하여 표현 범위를 알 수 있습니다.

```
>>> import sys                        # system 모듈을 포함
>>> sys.float_info.max                # system 모듈에서 제공되는 실수의 최댓값
1.7976931348623157e+308
>>> sys.float_info.min                # system 모듈에서 제공되는 실수의 최솟값
2.2250738585072014e-308
>>>
>>> f = 1.7976931348623157e+309       # 최댓값보다 큰 실수 값을 변수에 배장
>>> print(f)                          # 무한대(infinity)를 의미하는 inf출력
inf
```

복소수형

실수부와 허수부로 구성되는 복소수를 파이썬에서는 j와 J를 사용하여 표현합니다. 또한 파이썬의 복소수는 다양한 속성과 함수를 제공하여 편리함을 제공합니다.

```
>>> a = 3 + 2j                        # 복소수 값을 변수에 배정
>>> b = 4 - 3j                        # 복소수 값을 변수에 배정
>>> type(a), type(b)                  # 변수의 자료형을 확인
(<class 'complex'>, <class 'complex'>)
>>> print(a.real)                     # 복소수의 real 속성을 이용하여 실수 부분을 출력
3.0
>>> print(a.imag)                     # 복소수의 imag 속성을 이용하여 허수 부분을 출력
2.0
>>> print(a.conjugate())              # 복소수의 conjugate() 함수를 이용하여 켤레 복소수 출력
(3-2j)
```

Section 03

연산자

1 산술연산자

파이썬은 사칙연산자 외에 //(몫), %(나머지), **(지수승) 연산자를 제공합니다. 파이썬에서 동일한 우선순위의 산술식 계산은 왼쪽 결합으로 수행하지만, 지수승의 경우에는 오른쪽 결합을 사용합니다.

표 3-3 산술연산자

산술연산자	설명
+, −	부호를 나타내는 단항 연산자
**	지수승
*, /, %, //	곱셈, 나눗셈, 나머지, 몫
+, −	덧셈, 뺄셈

```
>>> 10 / 3          # 파이썬에서 나눗셈은 항상 실수로 계산한다.
3.3333333333333335
>>> 10 // 3         # 몫을 구한다.
3
>>> 10 % 3          # 나머지를 구한다
1
>>> 6 / 2 * 3       # 왼쪽 결합으로 계산한다.
9.0
>>> 6 / (2 * 3)     # 괄호를 사용하여 결합 순서를 바꾸어 계산한다.
1.0
>>> 3 ** 1 ** 3     # 지수승은 오른쪽 결합으로 계산한다.
3
>>> (3 ** 1) ** 3   # 괄호를 사용하여 결합 순서를 바꾸어 계산한다.
27
```

2 관계연산자

관계연산자는 피연산자를 평가하여 결괏값으로 True 또는 False를 반환하는 연산자입니다. 파이썬의 관계연산자는 일반적인 언어에서 제공되는 연산자와 같은 형태이지만, 파이썬은 일반 언어와는 달리 복합적인 관계 표현을 허용하고 있습니다. 예제를 통하여 관계연산자를 설명합니다.

표 3-4 관계연산자

관계연산자	설명
>, <	크다, 작다
>=, <=	크거나 같다, 작거나 같다
==, !=	같다, 같지 않다

```
>>> a = 10
>>> a < 5                # < 연산자 사용
False
>>> a == 5               # == 연산자 사용
False
>>> a != 5               # != 연산자 사용
True
>>> b = 20
>>> c = 30
>>> a < b < c            # 관계연산자를 복합적으로 사용
True
>>> a > b < c            # 관계연산자를 복합적으로 사용
False
>>> 40 > 20 < 30         # 관계연산자를 복합적으로 사용
True
```

파이썬에서는 숫자나 변수뿐만 아니라 객체에 해당하는 다양한 자료형에 관계연산자를 사용할 수 있습니다. 아직 파이썬의 모든 자료형에 대해 학습하지는 않았지만, 객체에 관계연산자를 적용하는 예제를 통해 설명합니다.

```
>>> 'abc' > 'abb'        # 두 문자열 비교, 순서대로 한 문자씩 비교
True
>>> 'aba' > 'abb'        # 두 문자열 비교, 순서대로 한 문자씩 비교
False
```

```
>>> 'abc' > 123          # 문자형과 숫자형 비교, 서로 다른 형은 비교 불가
Traceback (most recent call last):
  File "<pyshell#60>", line 1, in <module>
    'abc'>123
TypeError: '>' not supported between instances of 'str' and 'int
>>>
>>> [1,2,3] >= [1,2,2]  # 리스트 형 비교, 하나의 항목씩 비교
True
>>> (1,2,3) == (1,2,3)  # 튜플 형 비교, 하나의 항목씩 비교
True
```

3 논리연산자

파이썬에서는 논리연산자로 and, or, not 연산자를 제공합니다. 각 논리연산자는 피연산자로 True 또는 False 값을 가져야 합니다. 파이썬에서는 True는 1, False는 0으로 취급합니다. 또한 0 또는 0.0이 아닌 상수는 모두 True로 취급합니다.

표 3-5 논리연산자

논리연산자	설명
and	두 개의 피연산자가 모두 참인 경우에만 참이고, 나머지는 거짓
or	두 개의 피연산자가 모두 거짓인 경우만 거짓이고, 나머지는 참
not	피연산자가 참이면 거짓, 거짓이면 참

```
>>> True and False          # and 연산자 사용
False
>>> 10 >= 20 or 30 >= 40    # or 연산자 사용
False
>>> True + 1                # True를 1로 취급
2
>>> False + 1               # False를 0으로 취급
1
>>> not 1                   # 1은 False로 취급
False
>>> not 0                   # 0은 True로 취급
True
```

4 연산자의 우선순위

산술연산자, 관계연산자, 논리연산자는 하나의 수식에서 사용될 수 있습니다. 수식에서의 평가는 우선순위에 따라 평가됩니다.

표 3-6 연산자의 우선순위

우선순위	연산자	설명
1	()	괄호로 지정된 부분은 우선순위와 상관없이 최우선 수행
2	**	지수승(오른쪽 결합)
3	+, −	양수, 음수를 나타내는 부호 연산자
4	*, /, //, %	곱셈, 나눗셈, 몫, 나머지(왼쪽 결합)
5	+, −	덧셈, 뺄셈
6	<, <=, >, >=	비교연산자
7	!=, ==	비교연산자
8	not	not 논리연산자
9	and	and 논리연산자
10	or	or 논리연산자
11	=	배정연산자

실습예제 3-1

다음 수식의 우선순위 결과를 나타내시오.

```
2 * 3 ** 1 ** 3 − 5 // 2 % 2
```

[우선순위 결과]

지수승 연산자는 오른쪽 결합으로 수행되며, 다른 연산자들은 왼쪽 결합으로 수행됩니다.

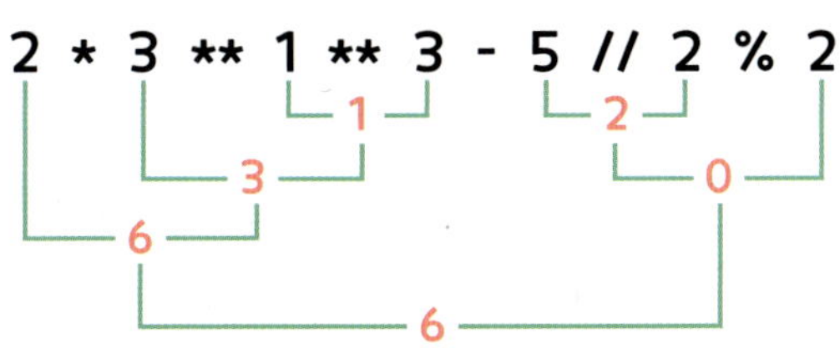

실습예제 3-2

다음 수식의 우선순위 결과를 나타내시오.

```
(3 > 3) != (6 < 4) and (3 > 2) == (5 > 4) or (7 == 7)
```

[우선순위 결과]

비교연산자 ==와 != 연산자는 다른 비교연산자보다 우선순위가 낮습니다. 논리연산자 and가 or보다 우선순위가 높아 먼저 수행됩니다.

(3 > 3) != (6 < 4) and (3 > 2) == (5 > 4) or (7 == 7)

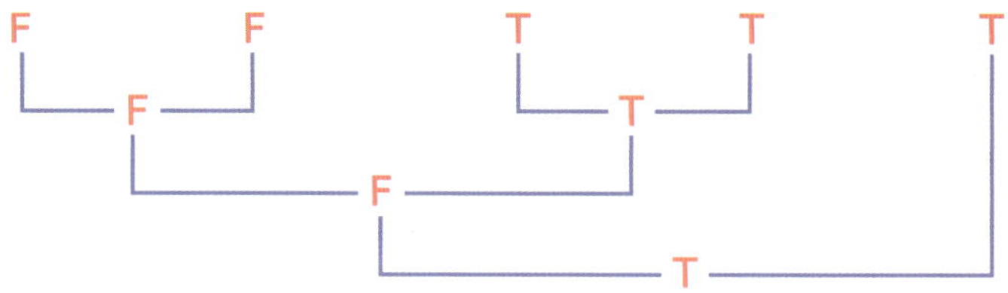

Section

04 표준 입출력

1 입출력의 개념

입출력이 무엇일까요? 어디에서 입출력되는 것을 의미할까요? 정답은 프로그램입니다. 프로그램에서 무엇인가 나가면 출력(output)이고, 프로그램에 무엇인가 들어오면 입력(input)이 됩니다. 즉 프로그램을 중심으로 입출력을 정의할 수 있습니다.

하드웨어적으로 표현하면, 프로그램은 메모리에서 실행되므로 메모리에서 무엇인가 나가면 출력이고, 메모리에 무엇인가 들어오면 입력입니다.

그렇다면 프로그램에서 입출력 되는 내용은 어디에서 입력되고 어디로 출력될까요? 우리가 사용하는 컴퓨터에는 다양한 입출력장치가 존재합니다. 가장 많이 사용하는 입력장치인 키보드, 하드디스크에 있는 파일, 마켓에서 사용하는 바코드 리더기 등 많은 입력장치가 존재합니다. 출력장치에는 가장 많이 사용하는 모니터, 하드디스크에 저장되는 파일, 프린터 등 많은 출력장치가 존재합니다. 이상과 같이 모든 입력장치와 출력장치는 프로그램과의 입출력을 통해서 동작하게 됩니다.

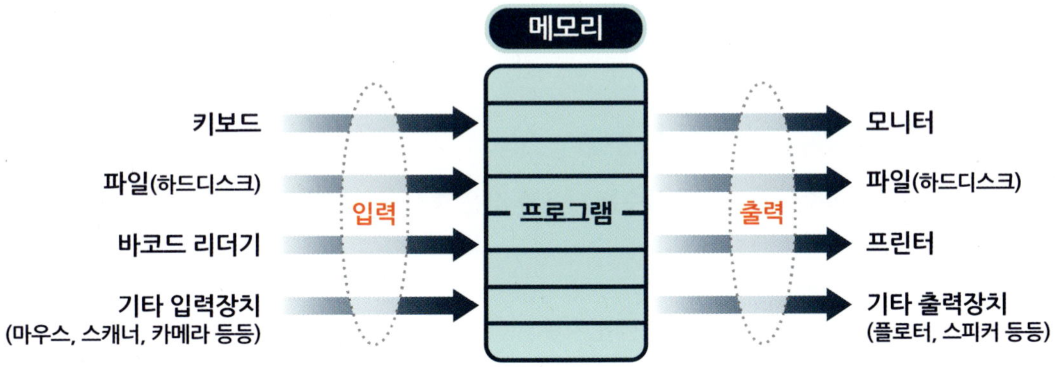

그림 3-4 프로그램의 입출력

프로그래밍에서 입출력은 하드웨어를 제어해야 하는 복잡한 과정입니다. 대부분의 프로그래밍 언어는 이러한 복잡한 입출력 과정을 지원하는 라이브러리 함수(전문가에 의해 개발되어 제공)를 제공하고 있습니다. 프로그램 개발자는 이러한 라이브러리 함수를 이용하여 편리하게 프로그램을 작성할 수 있습니다.

2 표준 입출력의 개념

파이썬은 입출력과 연관된 다양한 라이브러리 함수를 제공하고 있습니다. 다양한 입출력장치 중에서 가장 많이 사용되는 장치인 키보드와 모니터에 대한 입출력을 표준 입출력으로 정의하고 있습니다.

표준 입출력은 키보드로부터 입력받고, 처리를 거쳐 결과를 모니터를 통해 나타내는 것입니다. 프로그램이 종료되면, 이러한 입출력의 결과는 사라지게 됩니다. 파이썬에서는 표준 입출력을 위해 `input()` 함수와 `print()` 함수를 제공합니다.

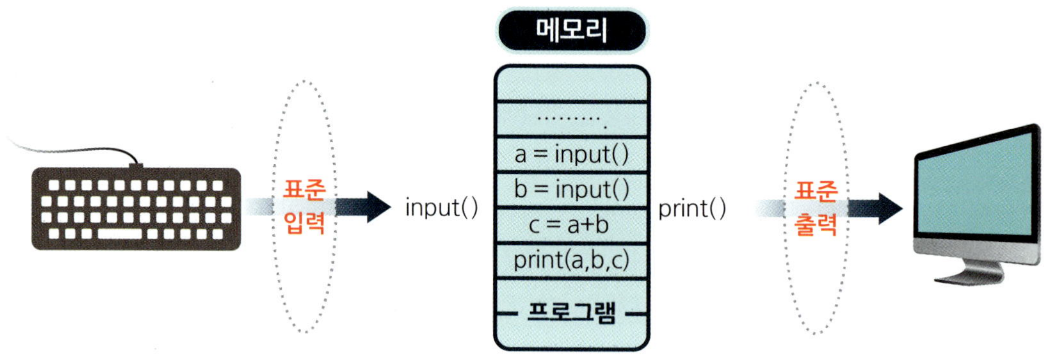

그림 3-5 **파이썬의 표준 입출력 함수**

3 표준 출력함수 : print( ) 함수

파이썬의 표준 출력함수인 `print()` 함수는 다음과 같은 형식으로 사용됩니다.

```
print(value, ...., sep=' ', end=' ')
    value : 출력 대상들을 콤마로 구분하여 지정
    sep : 출력 대상들 사이에 넣을 구분자를 지정. 지정하지 않으면 공백으로 구분
    end : 값 출력하고 마지막에 출력할 문자열 지정. 지정하지 않으면 줄바꿈 문자 취급
```

다음은 기본적인 print() 함수의 사용 예입니다.

```
>>> # 출력 원하는 값을 콤마로 분리하면 공백이 삽입되어 출력
>>> print('한국','Seoul',2021)
한국 Seoul 2021
>>>
>>> # sep 옵션을 사용하여 분리자를 지정. 분리자가 삽입되어 출력
>>> print('한국','Seoul',2021,sep='-')
한국-Seoul-2021
>>>
>>> # 자동으로 서로 다른 줄에 출력
>>> print('한국','Seoul');print('한국','Seoul')
한국 Seoul
한국 Seoul
>>>
>>> # end 옵션을 사용하여 같은 줄에 출력
>>> print('한국','Seoul',end='');print('한국','Seoul')
한국 Seoul한국 Seoul
```

문자열 출력

파이썬에서 문자열의 출력은 작은따옴표나 큰따옴표를 사용하여 출력할 수 있습니다. 작은따옴표나 큰따옴표 문자열 안에 작은따옴표나 큰따옴표를 사용하여 출력할 수 있습니다. 또한 '\' 문자를 사용하여 따옴표를 출력할 수 있습니다. 동일한 문자열을 여러 번 출력하는 경우 '*횟수'를 사용하여 출력할 수 있습니다.

```
>>> print("Hi Python")        # 큰 따옴표를 사용하여 출력
Hi Python
>>> print('Hi Python')        # 작은따옴표를 사용하여 출력
Hi Python
>>> print("'Hi Python'")      # 큰 따옴표 내 작은따옴표 사용하여 작은따옴표 자체 출력
'Hi Python'
>>> print('"Hi Python"')      # 작은따옴표 내 큰따옴표 사용하여 큰따옴표 자체 출력
"Hi Python"
>>> print("\"Hi Python\"")    # \ 사용하여 큰 따옴표 내 큰 따옴표 자체 출력
"Hi Python"
>>> print("Hi Python, "*10)  # 문자열을 10번 출력
Hi Python, Hi Python, Hi Python, Hi Python, Hi Python, Hi Python, Hi Python, Hi Python,
Hi Python, Hi Python,
```

파이썬에서 문자열을 표시할 때 역슬래시(\)를 사용하여 특수문자를 표현할 수 있습니다. 다음은 파이썬에서 사용할 수 있는 주요 특수문자입니다.

표 3-7 파이썬의 주요 특수문자

문자	설명	문자	설명
\	다음 줄과 연속임을 나타냄	\"	" 문자
\\	\문자	\n	줄을 바꿈
\'	' 문자	\t	탭만큼 띄운다

```
>>> print('Hi \
... Python')                # \를 사용하여 두 개의 줄을 하나로 취급
Hi Python
>>> print('Hi \n Python')   # 줄을 바꾸어 출력
Hi
 Python
>>> print('Hi \t\t Python') # 탭만큼 띄우고 출력
Hi                 Python
```

포맷을 이용한 출력

문자열 객체의 메소드인 format()을 이용하면 다양한 형태로 출력이 가능합니다.

```
print('출력형식'.format(데이터))

     출력형식 : 형식화된 문자열을 {} 안에 넣어 출력 형태를 지정
        {:len} : 출력할 길이를 지정. 묵시적으로 문자열은 왼쪽, 숫자는 오른쪽 정렬
        {:<len} : 출력할 길이를 지정. 왼쪽 정렬
        {:>len}  : 출력할 길이를 지정. 오른쪽 정렬
        {:^len}  : 출력할 길이를 지정. 가운데 정렬

        데이터 : 출력될 데이터를 지정. 다수 개가 사용될 경우 순서대로 매핑.
            예 : '당신의 나이는 {}세 입니다'.format(19)
                 '당신의 이름은 {}이고, 나이는 {}세 입니다'.format('cskim',19)
```

다음은 format()을 이용하여 출력하는 예입니다. 순서에 의해 값을 배정할 수도 있고, 첨자(index) 값을 이용하여 값을 배정할 수 있습니다.

```
>>> # {} 자리에 format()에서 지정된 숫자가 출력
>>> print('당신의 나이는 {}세 입니다'.format(19))
당신의 나이는 19세 입니다
>>> # {}자리에 순서에 따라 출력
>>> print('이름은 {}이고 나이는 {}세'.format('홍길동',19))
이름은 홍길동이고 나이는 19세
>>> # 첨가 값을 이용하여 순서대로 배정
>>> print('{0}에 {0}을 더하면 {0}이 되고,\
... {1}에 {0}을 더하면 {1}가 됩니다'.format('정수','실수'))
정수에 정수을 더하면 정수이 되고,실수에 정수을 더하면 실수가 됩니다
>>> # 변수명을 이용하여 배정
>>> print('이름은 {name}이고, 나이는 {age}세이고, \
... 주소지는 {addr}입니다'.format(age=19,addr='Busan',name='KDHong'))
이름은 KDHong이고, 나이는 19세이고, 주소지는 Busan입니다
```

다음은 크기와 정렬 방법을 지정하여 출력하는 예입니다.

```
>>> # 15칸을 지정. 문자열은 자동으로 왼쪽 정렬
>>> print('The best language is ({:15})'.format('Python'))
The best language is (Python         )
>>> # 15칸을 지정. 숫자는 자동으로 오른쪽 정렬
>>> print('The lucky number is ({:15})'.format(77777))
The lucky number is (          77777)
>>> # 15칸을 지정. >을 사용한 오른쪽 정렬
>>> print('The best language is ({:>15})'.format('Python'))
The best language is (         Python)
>>>  # 15칸을 지정. <을 사용한 왼쪽 정렬
>>> print('The lucky number is ({:<15})'.format(77777))
The lucky number is (77777          )
>>> # 15칸을 지정. ^을 사용한 중앙 정렬
>>> print('The lucky number is ({:^15})'.format(77777))
The lucky number is (     77777     )
```

4 표준 입력함수 : input( ) 함수

파이썬의 표준 입력함수인 input() 함수는 다음과 같은 형식으로 사용됩니다.

```
input('문자열')
      문자열 : 문자열을 출력하고, 키보드로부터 입력된 내용을 문자열로 반환
```

다음은 기본적인 input() 함수의 사용 예입니다.

```
>>> name = input('이름 입력 : ')          # input문을 사용하여 이름을 입력
이름 입력 : 홍길동
>>>
>>> score1 = input('국어 성적 입력 : ')     # 점수 입력
국어 성적 입력 : 88
>>> score2 = input('수학 성적 입력 : ')     # 점수 입력
수학 성적 입력 : 99
>>>
>>>  # 총점을 total에 저장
>>> total = score1 + score2
>>> # 이름과 총점을 출력. 총점이 문자열이 연결된 형태로 출력
>>> print('{}의 총점 : {}'.format(name,total))
홍길동의 총점 :  8899
```

정수 입력

파이썬의 input() 함수는 입력되는 데이터의 형과 상관없이 모든 입력 내용을 문자열로 취급합니다. 입력되는 내용을 정수로 입력받기 위해서는 파이썬에서 제공하는 int() 함수를 사용합니다. int() 함수는 다음과 같은 형식으로 사용됩니다.

```
int('문자열',base)
    문자열 : 문자열에 해당하는 정수를 반환.
             정수에 해당하는 문자열이 아닌 경우 오류 발생
    base : 진법을 지정. 묵시적으로 10진법
```

```
>>> # input문을 사용하여 이름을 문자열로 입력
>>> name = input('이름 입력 : ')
이름 입력 : 홍길동
>>> # int() 함수를 사용하여 문자열을 정수 변환하여 입력
>>> score1 = int(input('국어 성적 입력 : '))
국어 성적 입력 : 88
>>> score2 = int(input('수학 성적 입력 : '))
수학 성적 입력 : 99
>>> # 총점을 total에 저장. 정수 덧셈의 결과가 저장
>>> total = score1 + score2
>>> # 이름과 총점을 출력. 정확한 총점이 출력
>>> print('{}의 총점 : {}'.format(name,total))
홍길동의 총점 : 187
>>>
>>> # 2진법 문자열을 정수 변환하여 입력
>>> num1 = int(input('당신의 숫자를 2진법으로 입력 : '),2)
당신의 숫자를 2진법으로 입력 : 1010101
>>> # 8진법 문자열을 정수 변환하여 입력
>>> num2 = int(input('당신의 숫자를 8진법으로 입력 : '),8)
당신의 숫자를 8진법으로 입력 : 125
>>> # num1, num2를 10진법으로 출력
>>> print(num1,num2)
85 85
```

실수 입력

입력되는 내용을 실수로 입력받기 위해서는 파이썬에서 제공하는 `float()` 함수를 사용합니다. `float()` 함수는 다음과 같은 형식으로 사용됩니다.

```
float('문자열')
      문자열 : 문자열에 해당하는 실수 반환.
               실수에 해당하는 문자열이 아닌 경우 오류 발생
```

```
>>> # float() 함수 사용. 문자열을 입력하면 오류 발생
>>> num1 = float(input('첫 번째 실수 입력 : '))
첫 번째 실수 입력 : abcd
Traceback (most recent call last):
  File "<pyshell#73>", line 1, in <module>
```

```
    num1=float(input('첫 번째 실수 입력 :'))
ValueError: could not convert string to float: ' abcd
>>>
>>> # float() 함수를 사용하여 실수를 입력
>>> num1 = float(input('첫 번째 실수 입력 : '))
첫 번째 실수 입력 : 88.8
>>> num2 = float(input('두 번째 실수 입력 : '))
두 번째 실수 입력 : 99.9
>>> # 두 값을 더하여 출력
>>> print(num1 + num2)
188.7
```

튜플, 리스트 등 표현식으로 입력 받기

파이썬에서는 입력되는 내용을 유효한 표현식으로 입력받기 위해 eval() 함수를 제공합니다. eval() 함수는 다음과 같은 형식으로 사용됩니다.

```
eval('문자열')
    문자열 : 문자열에 해당하는 표현식으로 반환.
```

다음은 파이썬에서 사용하는 다양한 형태의 표현식으로 입력되는 예입니다.

```
>>> # eval() 함수를 사용하여 튜플 입력
>>> tup1 = eval(input('(1,2,.....)과 같은 형태의 튜플 입력 : '))
(1,2,.....)과 같은 형태의 튜플 입력 : (1,2,3,4,5)
>>> tup1
(1, 2, 3, 4, 5)
>>> # eval() 함수를 사용하여 리스트 입력
>>> list1 = eval(input('[1,2,.....]과 같은 형태의 리스트 입력 : '))
[1,2,.....]과 같은 형태의 리스트 입력 : [5,4,3,2,1]
>>> list1
[5, 4, 3, 2, 1]
>>> # eval() 함수를 사용하여 세트 입력
>>> set1 = eval(input('[1,2,.....]과 같은 형태의 세트 입력 : '))
[1,2,.....]과 같은 형태의 세트 입력 : {1,2,1,2,3,4,5}
>>> set1
{1, 2, 3, 4, 5}
```

```
>>> # eval() 함수를 사용하여 딕셔너리 입력
>>> dict1 = eval(input('{1:one",.....}과 같은 형태의 딕셔너리 입력 : '))
{1:one",.....}과 같은 형태의 딕셔너리 입력 : {1:'하나',2:'둘',3:'셋'}
>>> dict1
{1: '하나', 2: '둘', 3: '셋'}
```

Section 05 내장 함수

함수(function)는 프로그램의 일부를 하나의 단위로 묶어놓은 것을 의미합니다. 프로그래밍 언어에서는 특정한 기능을 함수로 제공하여 필요할 때마다 쉽게 사용할 수 있도록 합니다.

파이썬은 자체적으로 제공하는 함수가 있는데, 이러한 함수를 내장 함수(built-in function)라고 부릅니다. 파이썬에서 제공하는 내장 함수는 70여 개가 있으며, 이미 앞 절의 표준 입출력 부분에서 입출력을 위한 함수의 사용에 대해 살펴보았습니다.

이 절에서는 지면상 자주 사용되는 함수들을 종류별로 예제를 통하여 설명합니다.

표 3-8 파이썬의 내장 함수

abs()	delattr()	hash()	memoryview()	set()
all()	dict()	help()	min()	setattr()
any()	dir()	hex()	next()	slice()
ascii()	divmod()	id()	object()	sorted()
bin()	enumerate()	input()	oct()	staticmethod()
bool()	eval()	int()	open()	str()
breakpoint()	exec()	isinstance()	ord()	sum()
bytearray()	filter()	issubclass()	pow()	super()
bytes()	float()	iter()	print()	tuple()
callable()	format()	len()	property()	type()
chr()	frozenset()	list()	range()	vars()
classmethod()	getattr()	locals()	repr()	zip()
compile()	globals()	map()	reversed()	
complex(()	hasattr()	max()	round()	

1 자료형 변환 함수

자료형 변환 함수는 주로 문자열로 제공하는 내용을 지정된 자료형으로 변환하는 함수로, int(), float(), complex(), bool(), str(), list(), tuple(), set(), dict() 함수가 있습니다.

```
>>> s = '123'                    # 문자열 생성
>>> type(s), s                   # 타입과 값
(<class 'str'>, '123')
>>> a = int(s)                   # int() 함수 사용
>>> type(a), a
(<class 'int'>, 123)
>>> b = float(s)                 # float() 함수 사용
>>> type(b), b
(<class 'float'>, 123.0)
>>> c = complex(s)               # complex() 함수 사용
>>> type(c), c
(<class 'complex'>, (123+0j))
>>> d = bool(s)                  # bool() 함수 사용
>>> type(d), d
(<class 'bool'>, True)
>>> e = str(a)                   # str() 함수 사용. 정숫값을 문자열로 변경
>>> type(e), e
(<class 'str'>, '123')
```

```
>>> # 문자열을 list() 함수에 적용. 문자열의 각 문자를 요소로 리스트 생성
>>> list1 = list('12345')
>>> type(list1), list1
(<class 'list'>, ['1', '2', '3', '4', '5'])
>>> # 문자열을 tuple() 함수에 적용. 문자열의 각 문자를 요소로 튜플 생성
>>> tuple1 = tuple('12345')
>>> type(tuple1), tuple1
(<class 'tuple'>, ('1', '2', '3', '4', '5'))
>>> # 문자열을 set()함수에 적용. 문자열의 각 문자를 요소로 생성
>>> set1 = set('123123')
>>> type(set1), set1            # 중복이 제거된 세트 생성
(<class 'set'>, {'1', '3', '2'})
>>> dict1 = dict(one=1, two=2, three=3)
>>> type(dict1), dict1          # 키와 값으로 구성된 딕셔너리를 생성
(<class 'dict'>, {'one': 1, 'two': 2, 'three': 3})
```

2 수학 관련 함수

수학 관련 함수는 수학과 관련된 다양한 기능을 제공하는 함수입니다. 진법의 변환이나 절댓값, 몫과 나머지를 구하는 함수 등이 제공됩니다. abs(), divmod(), pow(), round(), bin(), oct(), hex() 함수가 있습니다.

```
>>> abs(-10)               # abs() 함수 사용하여 절댓값 구하기
10
>>> t1 = divmod(10,3)      # divmod() 함수 사용. 몫과 나머지를 튜플로 반환
>>> type(t1),t1
(<class 'tuple'>, (3, 1))
>>> pow(2,16)              # pow() 함수 사용하여 2의 16승 값
65536
>>> round(4.5)             # round() 함수 사용하여 반올림한 값
4
>>> round(4.6)
5
>>> bin(65536)             # bin() 함수 사용하여 주어진 정수의 2진수 구하기
'0b10000000000000000'
>>> oct(65536)             # oct() 함수 사용하여 주어진 정수의 8진수 구하기
'0o200000'
>>> hex(65536)             # hex() 함수 사용하여 주어진 정수의 16진수 구하기
'0x10000'
```

3 기타 함수

그 외에 다른 함수에는 all(), any(), chr(), ord(), enumerate(), len(), max(), min(), sum(), sorted(), type(), zip() 함수가 있습니다.

all( ), any( )

all() 함수는 시퀀스 자료형과 같은 자료구조형 자료를 매개변수로 받아 모두 참이면 True, 거짓이 하나라도 있으면 False를 반환하는 함수입니다.

```
>>> all((1,2,3,4,5))       # 튜플의 모든 요소가 참이면 True를 반환
True
>>> all((0,1,2,3,4,5))     # 0은 거짓으로 취급
False
```

any() 함수는 all() 함수의 반대 기능을 제공합니다. 즉 요소 중에 하나라도 참이 있으면 True, 모두 거짓일 때만 False를 반환하는 함수입니다.

```
>>> any((0,0,0,0,1))                    # 요소 중에 하나라도 참이 있으면 True 반환
True
>>> any((0,0,0,0,0))                    # 모든 요소가 거짓이면 False 반환
False
```

chr( ), ord( )

chr() 함수는 유니코드(아스키코드 포함) 값을 입력 받아 그 코드에 해당하는 문자를 반환하는 함수입니다. ord() 함수는 chr() 함수와 반대로 문자를 입력받아 해당되는 코드 값을 반환하는 함수입니다.

```
>>> chr(97)                      # 97에 해당하는 문자 반환
'a'
>>> chr(45824),chr(54620),chr(48124),chr(44397) # 숫자에 해당하는 문자 반환
('대', '한', '민', '국')
>>> ord('a')                     # 문자에 해당하는 숫자 반환
97
>>> ord('대한민국')              # 오류 발생(1개의 문자만 지정 가능)
Traceback (most recent call last):
  File "<pyshell#170>", line 1, in <module>
    ord('대한민국')
TypeError: ord() expected a character, but string of length 4 found
>>> ord('대'),ord('한'),ord('민'),ord('국')      # 문자에 해당하는 숫자 반환
(45824, 54620, 48124, 44397)
```

enumerate( )

enumerate() 함수는 순서가 있는 자료형, 즉 리스트, 튜플, 문자열 등을 입력받아 인덱스 값을 포함하는 객체를 반환하는 함수입니다. 이 함수를 dict() 함수와 같이 사용하면 딕셔너리 자료를 쉽게 생성할 수 있습니다. 또한 5장에서 배울 반복문에서 자주 사용하는 함수입니다.

```
>>> dict1 = dict(enumerate('abcd'))        # 두 개의 함수를 이용하여 딕셔너리 자료 생성
>>> dict1
{0: 'a', 1: 'b', 2: 'c', 3: 'd'}
```

```
>>> dict2 = dict(enumerate('abcd',10))      # 인덱스의 시작값을 10으로 설정
>>> dict2
{10: 'a', 11: 'b', 12: 'c', 13: 'd'}
>>> # for~in에서 함수 사용(매개 변수로 리스트 사용)
>>> for i,alpa in enumerate(['aa','bb','cc']) :
...         print(i,alpa)                   # 인덱스 값과 요소 값을 출력
...
0 aa
1 bb
2 cc
```

len( ), max( ), min( ), sum( )

len() 함수는 입력받은 자료의 길이를 반환하는 함수입니다. max()와 min() 함수는 지정된 자료형에서 최댓값과 최솟값을 찾아 반환하는 함수입니다. sum() 함수는 입력받은 리스트나 튜플의 모든 요소의 합을 반환하는 함수입니다.

```
>>> s = 'The best language is Python'
>>> len(s)                                  # 길이 반환
27
>>> a = 123
>>> len(a)                                  # 정수의 길이 출력. 오류 발생
Traceback (most recent call last):
  File "<pyshell#203>", line 1, in <module>
    len(a)
TypeError: object of type 'int' has no len()
>>> max(s)                                  # 문자열에서 가장 큰 값(코드 값)
'y'
>>> min(s)                                  # 문자열에서 가장 작은 값(코드 값)
' '
>>> max([1,2,3,4,5])                        # 리스트에서 가장 큰 값
5
>>> min([1,2,3,4,5])                        # 리스트에서 가장 작은 값
1
>>> sum([1,2,3,4,5])                        # 리스트 모든 요소의 합
15
>>> sum(s)                                  # 문자열의 합? 오류 발생
Traceback (most recent call last):
  File "<pyshell#210>", line 1, in <module>
```

```
    sum(s)
TypeError: unsupported operand type(s) for +: 'int' and 'str'
```

sorted( ), type( )

sorted() 함수는 입력받은 자료형을 오름차순으로 정렬하여 리스트로 반환하는 함수입니다. type() 함수는 입력받은 자료형을 반환하는 함수입니다.

```
>>> list1 = sorted((33,11,44,88,77,99,22))      # 튜플을 지정하여 정렬
>>> list1                                       # 정렬된 리스트 출력
[11, 22, 33, 44, 77, 88, 99]
>>> type(list)                                  # 타입 확인
<class 'list'>
>>> list2 = sorted(('Python'))                  # 문자열을 지정하여 정렬
>>> list2                                       # 문자 코드 값을 기준으로 정렬
['P', 'h', 'n', 'o', 't', 'y']
>>> type(list2)                                 # 타입 확인
<class 'list'>
```

zip( )

zip() 함수는 두 개의 매개변수로 지정된 자료형을 묶어주는 역할을 하는 함수입니다. 주로 list(), tuple(), dict(), set() 함수에 사용됩니다.

```
>>> zip('123',('김씨','이씨','박씨'))              # zip만 사용하면 객체 주소만 반환
<zip object at 0x000001FB4310FD40>
>>> # 문자열과 튜플을 순서대로 묶어 리스트로 반환
>>> list(zip('123',('김씨','이씨','박씨')))
[('1','김씨'),('2','이씨'),('3','박씨')]
>>> tuple (zip('123',('김씨','이씨','박씨')))      # 튜플로 반환
(('1', '김씨'), ('2', '이씨'), ('3', '박씨'))
>>> dict(zip('123',('김씨','이씨','박씨')))        # 딕셔너리로 반환
{'1': '김씨', '2': '이씨', '3': '박씨'}
>>> set(zip('123',('김씨','이씨','박씨')))         # 세트로 반환
{('2', '이씨'), ('1', '김씨'), ('3', '박씨')}
>>> set(zip('111',('1','1','1')))                 # 세트로 반환, 중복 제거
{('1', '1')}
```

하나 더 알기 ✓ **함수와 메소드 사용**

함수와 메소드는 특정 기능을 수행한다는 측면에서는 같은 의미라고 할 수 있습니다. 기존 C 언어와 같은 절차 지향적인 언어에서는 특정 기능을 수행하는 것을 함수로 제공합니다. 그러나 자바와 같은 객체 지향 언어에서는 특정 기능을 수행하는 것을 메소드로 제공합니다.

파이썬은 이러한 함수(내장 함수)와 메소드를 모두 사용하는 언어입니다. 즉 파이썬에서는 특정 기능을 함수로 작성하여 사용할 수도 있고, 객체 지향적인 객체(클래스)로 만들어서 사용할 수도 있습니다. 파이썬에서는 다양한 내장 함수를 제공하고 있습니다. 물론 사용자가 특정 기능을 함수로 정의하여 사용할 수도 있습니다.

함수와 메소드를 사용하는 방법의 차이점에 대해 알아봅니다. 메소드는 객체와 연관되어 사용됩니다. 즉 객체에서 제공하는 기능으로 생각하면 됩니다. 파이썬에서는 대부분의 자료형이 객체로 제공되고, 객체와 연관된 다양한 메소드를 제공하고 있습니다.

함수의 사용 형식
변수 = 함수이름(매개변수)

메소드의 사용 형식
객체이름.메소드이름(매개변수)

```
>>> s = 'I love Python'        # 문자열 생성
>>> len(s)                     # len() 함수의 사용
13
>>> s.upper()                  # 문자열의 upper() 메소드 사용. 대문자로 변환
'I LOVE PYTHON'
>>> s                          # 변수 값은 그대로
'I love Python'
>>> list1 = [99,33,22,77,88]   # 리스트 생성
>>> sorted(list1)              # sorted() 함수를 이용하여 정렬 결과 반환
[22,33,77,88,99]
>>> list1                      # 리스트는 그대로
[99,33,22,77,88]
>>> list1.sort()               # sort() 메소드를 이용하여 정렬
>>> list1                      # 정렬된 결과가 list1에 저장
[22,33,77,88,99]
```

연습문제

01 다음 수식의 우선순위와 결과를 나타내시오.

```
10 - 40 / 5 * 10 + 200
```

02 다음 수식의 우선순위와 결과를 나타내시오.

```
5 + 5 * 10 / (10 - 5)
```

03 다음 수식의 우선순위와 결과를 나타내시오.

```
15 * 1500 + 3 * 3000
```

04 다음 수식의 우선순위와 결과를 나타내시오.

```
5 / 9 * (67 - -32)
```

05 다음 수식의 우선순위와 결과를 나타내시오.

```
2 + 33 - -22 * 6 % 2
```

06 47과 18의 가감승제를 구하여 출력하는 프로그램을 작성하시오.

```
47과 18의 합은 : 0000
47과 18의 차는 : 0000
47과 18의 곱은 : 0000
47과 18의 나눗셈은 : 0000
```

07 30분에 2100자를 입력할 수 있는 사람이 45분 동안 몇 자를 입력할 수 있는지를 구하는 프로그램을 작성하시오.

08 지난 해 남부 대리점의 TV 판매 금액은 3,500,000원이다. 판매에서 25%의 이익률이 발생했다면 총 판매 이익금을 구하는 프로그램을 작성하시오.

09 홍길동의 본봉은 300만원이다. 이번 달 수당으로 30만원을 받았으며, 세금으로 총액의 20%를 냈다. 홍길동이 이번 달 월급 수령액을 구하는 프로그램을 작성하시오.

```
수령액 = 본봉 + 수당 - 세금
세금 = 총액 * 20%
```

10 1페이지를 읽는 데 평균 3분의 시간이 걸린다면 총 120페이지의 책을 완독하는 데 걸리는 시간은 얼마인지를 구하는 프로그램을 작성하시오.

```
시간 = ( 장당 평균 시간(분) * 총 페이지 수 ) / 60(분)
```

11 반지름이 23cm인 원의 넓이를 구하는 프로그램을 작성하시오.

```
원의 넓이 = 반지름 * 반지름 * 3.14
```

12 윗변 23cm, 아랫변 34cm, 높이 13cm인 사다리꼴의 넓이를 구하는 프로그램을 작성하시오.

```
사다리꼴 넓이 = ( ( 윗변 + 아랫변 ) * 높이 ) / 2
```

13 패밀리 레스토랑에서 저녁 식사 후 음식 요금이 56000원 나왔다. 10%의 부가세를 포함한다면 지불해야 할 식사 금액이 얼마인지를 구하는 프로그램을 작성하시오.

```
지불 식사 금액 = 음식 요금 + ( 음식 요금 * 부가세 )
```

14 다음 5과목의 점수 총점과 평균을 구하는 프로그램을 작성하시오.

```
과목1 : 87
과목2 : 87
과목3 : 98
과목4 : 79
과목5 : 96
```

15 상반기 자동차 세금으로 173,000원이 부과됐다. 그런데 납부 기간 내에 세금을 내지 않아 가산금이 3% 부과됐다. 가산금을 포함하여 내야 하는 총 자동차 세금이 얼마인지를 구하는 프로그램을 작성하시오.

```
최종 자동차 세금 = 자동차 세금 + (자동차 세금 * 가산금)
```

CHAPTER 04

선택문

학습목표

- 관계와 논리연산자를 사용한 조건문을 학습합니다.
- 파이썬의 블록에 대해 학습합니다.
- 조건문인 if문에 대해 학습합니다.

Preview

Chapter 04에서는 선택문에 대해 알아봅니다. 또한 대표적인 조건문 if문에 다양한 활용 방법에 대해 학습합니다.

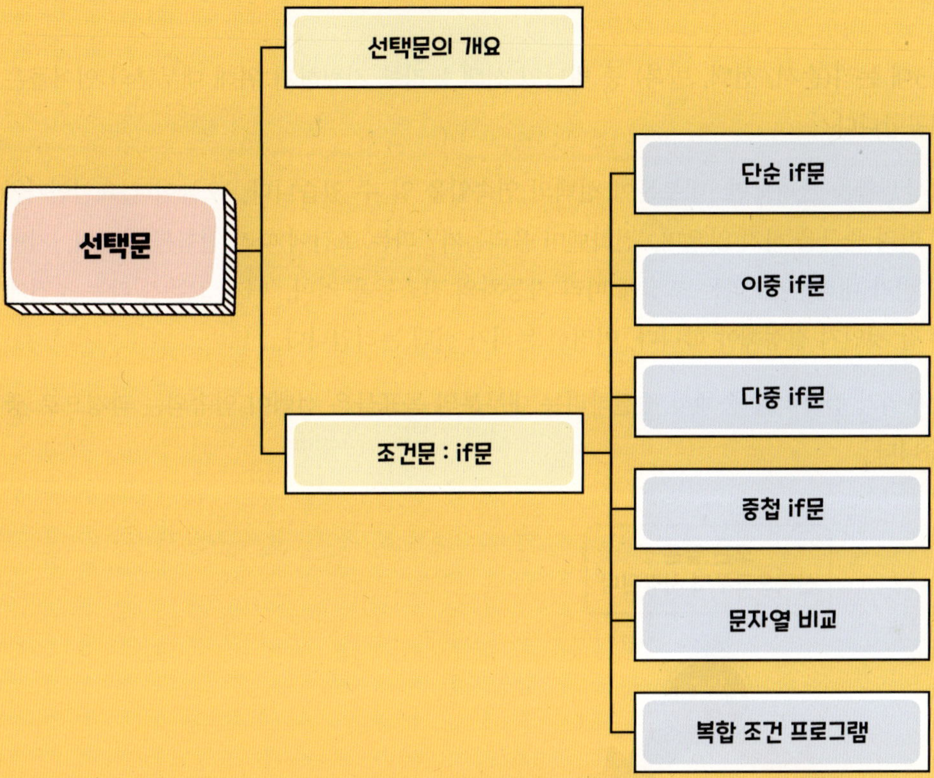

Section 01 선택문의 개요

프로그램의 3대 논리(순서, 선택, 반복) 중 하나인 선택 논리를 지원하기 위해 대부분의 언어들은 선택문을 제공합니다.

우리들의 일상생활을 살펴보면, 대부분이 선택의 연속임을 알 수 있습니다. '오늘이 일요일인가?'라는 조건에 따라 출근을 하지 않으며, '전화벨이 울리는가?'라는 조건에 따라 전화를 받으며, '저녁인가?' 또는 '비가 내리는가?'라는 조건에 따라 자동차의 전조등을 켜며, '배가 고픈가'라는 조건에 따라 식당에 갈 것인지 결정해야 합니다. 이러한 논리가 선택 논리입니다.

결론적으로 우리가 컴퓨터를 통해서 해결하려는 대부분의 목표들은 선택이 연속되는 과정으로 생각할 수 있습니다.

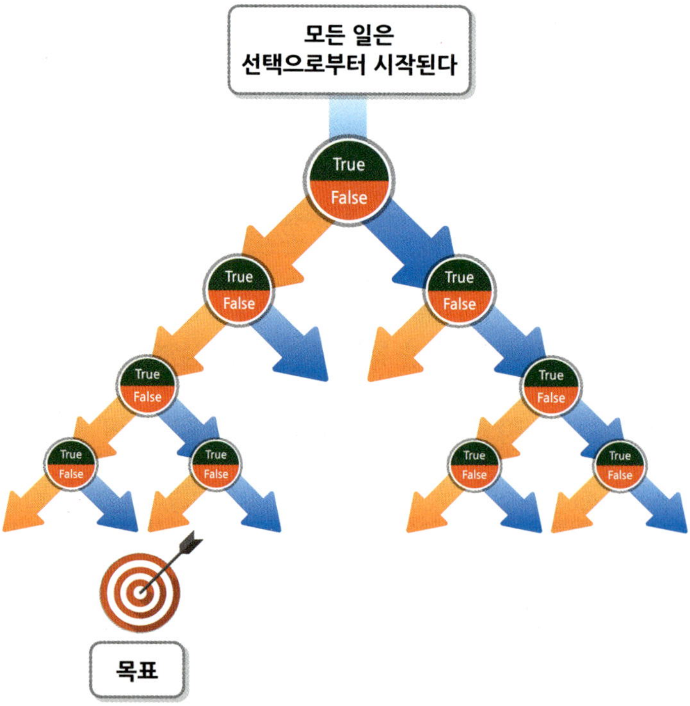

그림 4-1 목표에 도달하는 과정은 선택의 연속

위와 같은 모든 선택 논리는 조건에 의해 제시됩니다. '오늘이 일요일인가?', '전화벨이 울리는가?', '저녁인가?' 또는 '비가 오는가?', '배가 고픈가?' 등은 모두 조건으로 제시되는 것입니다.

그런데 인간 사회에서 이러한 조건의 결과가 가끔은 애매모호하게 될 수도 있습니다. '배가 고픈가?'라는 조건에 대해 '잘 모르겠다', '먹어도 되고 안 먹어도 된다'라는 답이 발생할 수 있습니다. 프로그램으로 선택 문제를 해결하기 위해서는 선택에서 제시된 조건의 결과는 반드시 참(true) 또는 거짓(false)을 가져야 합니다. '잘 모르겠다', '애매모호하다' 등의 답은 처리할 수 없습니다.

문제에 대한 정확한 답을 얻기 위해서는 주어진 문제로부터 명확한 조건을 추출하는 것이 가장 중요한 일입니다. 즉 선택 논리가 포함된 문제를 해결하기 위해서는 주어진 문제로부터 명확한 조건을 추출하는 것이 프로그램의 핵심이라 할 수 있습니다.

Section 02

조건문 : if문

프로그램으로 해결하려고 하는 문제들은 최소한 몇 개의 조건에서부터 수천 개의 조건들로 구성되는 것이 대부분입니다. KTX의 승차권을 예매하는 시스템을 상상해보면, 쉽게 이해할 수 있을 것입니다. 이러한 조건문은 앞 장에서 기술한 수식, 관계연산자, 논리연산자로 구성될 수 있습니다. 이 절에서는 문제에 적합한 조건문을 만드는 방법에 대해 예제를 통하여 설명합니다.

실습예제 4-1

나이가 18세 이상이고 25세 이하인 조건을 만족하는 조건식을 나타내시오.

[조건식]

이상과 이하는 그 숫자를 포함하고 있습니다. 파이썬에서 위와 같은 조건은 다양한 형태로 나타낼 수 있습니다.

```
18 <= age <= 25 또는 age >= 18 and age <= 25
```

실습예제 4-2

성별이 남자이면서 나이가 18세 이상이고 25세 이하인 조건을 만족하는 조건식을 나타내시오.

[조건식]

논리연산자 and를 사용하여 조건식을 나타냅니다.

```
sex=='male' and 18 <= age <= 25 또는 sex=='male' and age >= 18 and age <= 25
```

실습예제 4-3

국어, 영어, 수학 성적이 모두 70점 이상이거나, 3과목 성적의 합이 240점 이상인 조건을 만족하는 조건식을 나타내시오. 변수명은 자유롭게 사용하시오.

[조건식]

위 조건은 복합 조건으로서 and와 or 논리연산자를 사용하여 나타냅니다. 조건식에 수식을 직접 사용하였습니다.

```
kor >= 70 and eng >= 70 and mat >= 70 or kor + eng + mat >= 240
```

실습예제 4-4

두 사람의 나이의 합이 40대(40~49살)인 조건을 만족하는 조건식을 나타내시오. 변수명은 자유롭게 사용하시오.

[조건식]

수식과 관계연산자 논리연산자를 사용하여 조건식을 나타내었습니다.

```
age1 + age2 >= 40 and age1 + age2 <= 49
```

1 단순 if문

단순 if문은 조건식의 결과가 참인 경우에만 특정 문장들을 수행하고, 거짓일 경우에는 아무 일도 수행하지 않습니다. 이러한 형태를 단순 if문이라고 하며, 조건이 참인 경우에만 지정된 문장들이 수행됩니다.

다음 [그림 4-2]와 같이 단순 if문의 경우 조건이 참일 경우에만 특정 작업(문장들1)을 수행하고, 다음 문장(문장들2)을 수행합니다. 조건이 거짓인 경우 바로 '문장들2'를 수행합니다.

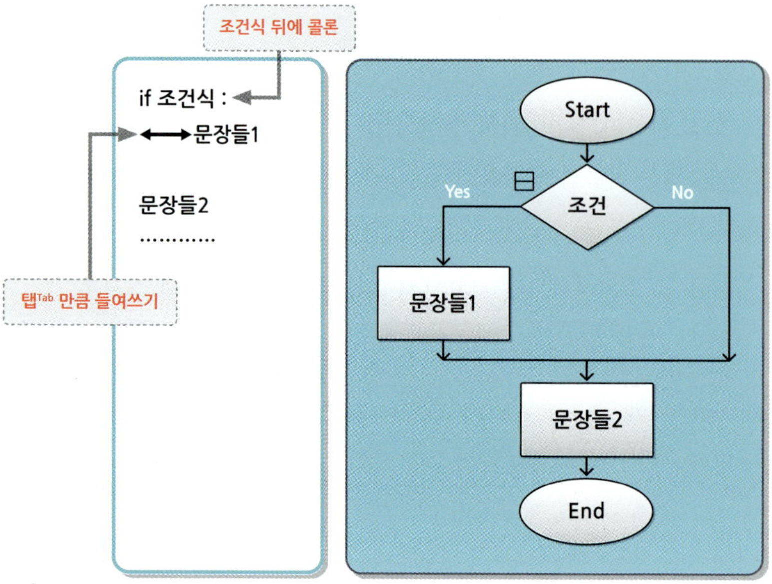

그림 4-2 **단순 if문의 구조**

파이썬은 C나 자바와는 달리 블록을 기술하는 명시적 기호인 중괄호({})를 사용하지 않습니다. 파이썬에서는 중괄호({}) 대신 들여쓰기로 블록을 지정할 수 있습니다. 들여쓰기는 탭이나 스페이스로 지정하지만, 일반적으로 탭을 많이 사용합니다.

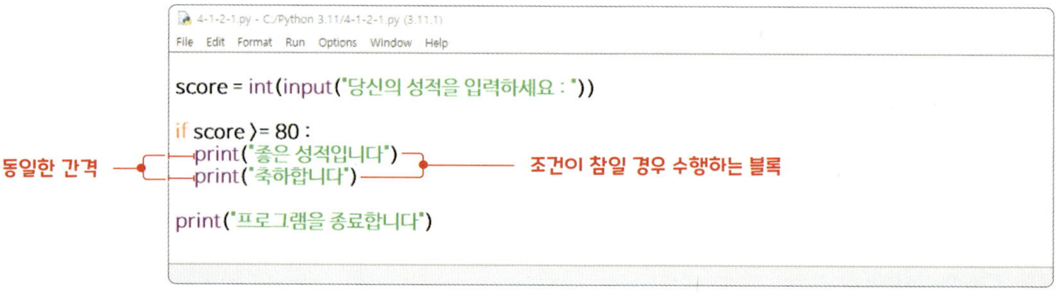

그림 4-3 **파이썬의 블록 지정**

블록을 지정하는 들여쓰기를 사용할 때에는 동일한 간격으로 지정해야 합니다. 동일한 간격으로 지정하지 않는 경우 오류가 발생합니다.

그림 4-4 **파이썬의 블록 지정(오류 발생)**

실습예제 4-5

사용자로부터 평점을 입력받아 평점을 출력하고, 입력된 평점이 4.2 이상이면 "해외 연수 기회 부여"를 출력하는 프로그램을 작성하시오.

실행 결과

```
Enter you score : 4.2
당신의 평점은 : 4.2
해외 연수 기회 부여
```

위와 같은 문제를 해결하기 위해서는 문제로부터 조건을 추출하는 것이 우선입니다. 위 문제를 분석해본 결과 추출될 수 있는 조건은 jumsu >= 4.2입니다. 조건이 만족하는 경우 점수와 '해외 연수 기회 부여'를 출력하고, 그렇지 않은 경우 아무런 일도 하지 않고 프로그램이 종료됩니다.

그런데 [코드 4-1]을 실행하면 오류가 발생합니다.

코드 4-1 ex04-01.py

```
jumsu = input("Enter you score : ")   # 학점 입력받기(입력된 형태는 문자열)

if jumsu >= 4.2 :                     # 관계연산자를 사용하여 비교
    print("당신의 평점은 : ", jumsu)  # 조건이 만족하는 경우 두 문장 출력
    print("해외 연수 기회 부여")

# 조건이 만족하지 않는 경우 출력 없이 프로그램 종료
```

```
Enter you score : 4.3
Traceback (most recent call last):
  File "C:/Users/Desktop/ex04-01.py", line 4, in <module>
    if jumsu >= 4.2 :                # 관계연산자를 사용하여 비교
TypeError: '>=' not supported between instances of 'str' and 'float'
```

올바른 실행결과를 출력하기 위해서는 입력받은 문자열을 [코드 4-2]와 같이 실수로 형 변환하여 비교해야 합니다.

코드 4-2 ex04-02.py

```
jumsu = float(input("Enter you score : ")) # float 함수를 이용하여 문자열을 실수로 형 변환

if jumsu >= 4.2 :                         # 관계연산자를 사용하여 비교
    print("당신의 평점은 : ", jumsu)        # 조건이 만족하는 경우 두 문장 출력
    print("해외 연수 기회 부여")

# 조건이 만족하지 않는 경우 출력 없이 프로그램 종료
```

실습예제 4-6

사용자로부터 세 과목의 점수를 입력받아 평균이 95점 이상이면 '당신의 평균은 00.0점입니다.', '축하합니다. A+입니다.'를 출력하고, 마지막에는 평균과 상관없이 '감사합니다.'를 출력하는 프로그램을 작성하시오.

실행 결과

```
국어 점수를 입력 : 99
영어 점수를 입력 : 99
수학 점수를 입력 : 99
당신의 평균은 99.0점입니다.
축하합니다. A+입니다.
감사합니다.
```

[실습예제 4-6]의 문제로부터 추출될 수 있는 조건은 avg >= 95입니다. [코드 4-3]과 같이 코드를 작성하면 실행결과를 출력할 수 있습니다.

코드 4-3 ex04-03.py

```
kor = int(input("국어 점수 입력 : "))   # 3과목 점수 입력
eng = int(input("영어 점수 입력 : "))
math = int(input("수학 점수 입력 : "))

avg = (kor + eng + math) / 3           # 평균 구하기

if avg >= 95 :
    print("당신의 평균은 {}점입니다.".format(avg))
    print("축하합니다. A+입니다")

print("감사합니다.")                    # 조건 만족여부와 상관없이 출력
```

2 이중 if문 : if~else

이중 if문은 조건식의 결과가 참 또는 거짓인지에 따라 서로 다른 작업을 수행해야 하는 경우 사용하는 선택문입니다.

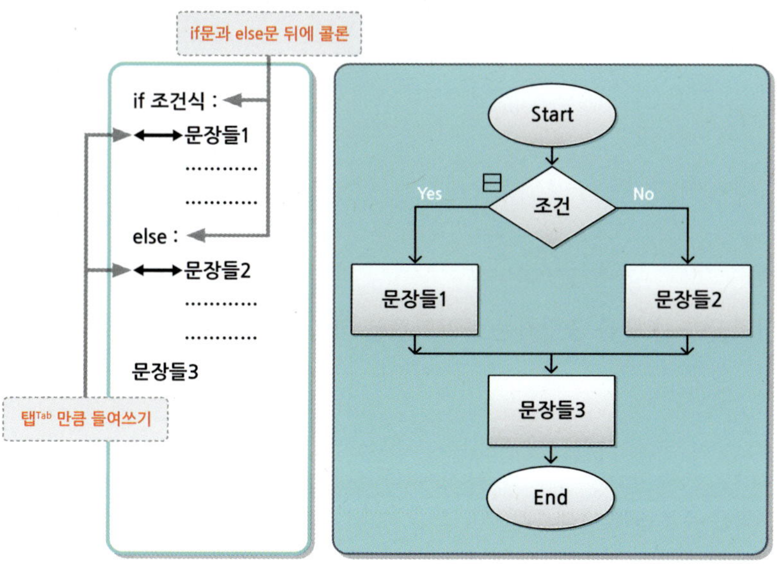

그림 4-5 이중 if문

실습예제 4-7

나이를 입력받아 65세 이상이면 '지하철 경로우대 승차권 발급', 그렇지 않으면 '일반 승차권 발급'을 출력하고, 나이와 상관없이 '자동 발매기를 이용해주셔서 감사합니다.'를 출력하는 프로그램을 작성하시오.

실행 결과

```
나이를 입력하세요 : 65
지하철 경로우대 승차권 발급
자동 발매기를 이용해주셔서 감사합니다.
```

위 문제로부터 추출될 수 있는 조건은 age >= 65입니다. [코드 4-4]와 같이 코드를 작성하면 실행결과를 출력할 수 있습니다.

코드 4-4 ex04-04.py

```
age = int(input("나이를 입력하세요 : "))         # 나이 입력

if age >= 65 :
    print("지하철 경로 우대 승차권 발급")        # 조건이 참일 경우 수행
else :
    print("지하철 일반 승차권 발급")             # 조건이 거짓일 경우 수행

print("자동 발매기를 이용해주셔서 감사합니다.") # 조건과 상관없이 수행
```

실습예제 4-8

두 개의 서로 다른 숫자를 입력받아 큰 수를 출력하는 프로그램을 작성하시오.

실행 결과

```
첫 번째 숫자 입력 : 50
두 번째 숫자 입력 : 51
두 수 중에 큰 수는 51이고 작은 수는 50입니다.
```

위 문제로부터 추출될 수 있는 조건은 num1>num2 입니다. 첫 번째 프로그램은 [코드 4-5]와 같이 입력되는 두 숫자를 문자열로 입력하여 결과를 출력하였습니다. 관계연산자를 사용하여 문자열을 비교하는 경우 [코드 4-5]와 같이 문자열을 구성하는 문자의 코드 값으로 비교합니다.

코드 4-5 ex04-05.py

```
num1 = input("첫 번째 숫자 입력 : ")  # 두 개의 서로 다른 숫자 문자열로 입력
num2 = input("두 번째 숫자 입력 : ")

if num1 > num2 :   # 문자열 비교(문자열의 코드 값으로 비교)
    print("두 수 중에 큰 수는 "+num1+"이고 작은 수는 "+num2+"입니다.")
    # 변수의 값이 문자열이므로 + 연산자를 사용하여 출력 가능

else :
    print("두 수 중에 큰 수는 "+num2+"이고 작은 수는 "+num1+"입니다.")
```

두 번째 프로그램은 [코드 4-6]과 같이 입력되는 두 숫자를 정수로 입력하여 결과를 출력하였습니다.

코드 4-6 ex04-06.py

```
num1 = int(input("첫 번째 숫자 입력 : ")) # 서로 다른 두 숫자를 정수로 입력
num2 = int(input("두 번째 숫자 입력 : "))

if num1 > num2 :   # 정수를 비교
    print("두 수 중에 큰 수는 ",num1,"이고 작은 수는 ",num2,"입니다.")
    # 자료형이 달라 + 연산자 사용 불가

else :
    print("두 수 중에 큰 수는 ",num2,"이고 작은 수는 ",num1,"입니다.")
```

3 다중 if문 : if~elif~else

다중 if문은 조건이 거짓일 경우 다시 선택 조건을 제시하여 조건의 결과에 따라 처리하며, 결과가 거짓일 경우 반복하여 선택 조건을 제시할 수 있습니다.

If, elif, else문 뒤에 콜론
각 문장들은 들여쓰기

```
if 조건식 :
←→문장들1
        ............
elif 조건식 :
        문장들2
←→............
.........
elif 조건식 :
        문장들n
        ............
else :
        문장들n+1
        ............
```

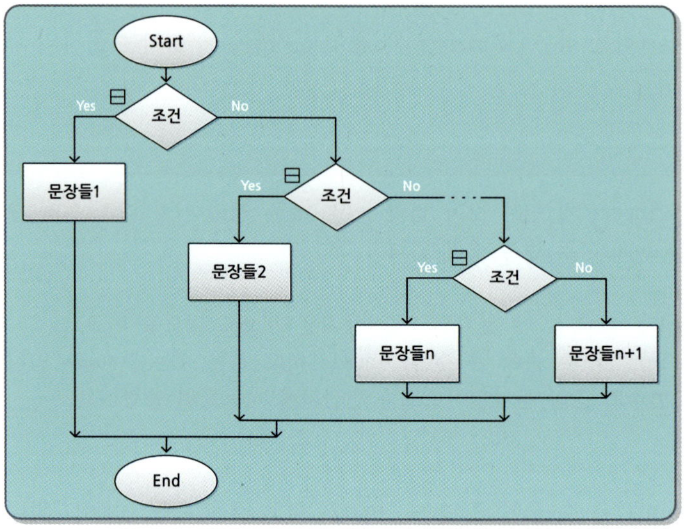

그림 4-6 **다중 if문의 구조**

실습예제 4-9

두 개의 숫자를 입력받아 두 숫자가 모두 짝수이면 '두 숫자가 모두 짝수입니다.', 모두 홀수이면 '두 숫자가 모두 홀수입니다.'를 출력합니다. 그렇지 않으면 '짝수와 홀수가 섞여 있습니다."를 출력하는 프로그램을 작성하시오.

실행 결과

```
첫 번째 숫자 입력 : 12
두 번째 숫자 입력 : 24
두 숫자가 모두 짝수입니다.
```

[실습예제 4-9] 문제로부터 추출될 수 있는 조건은 관계연산자와 논리연산자 모두를 사용해야 합니다. 짝수를 추출할 수 있는 조건과 홀수를 추출할 수 있는 조건이 제시되어야 합니다. [코드 4-7]과 같이 코드를 작성하면 실행결과를 출력할 수 있습니다.

코드 4-7

ex04-07.py

```
num1 = int(input("첫 번째 숫자 입력 : ")) # 서로 다른 두 숫자를 정수로 입력
num2 = int(input("두 번째 숫자 입력 : "))

if num1%2==0 and num2%2==0 :   # 관계연산자와 논리연산자를 사용하여 비교
    print("두 숫자가 모두 짝수입니다.")

elif num1%2==1 and num2%2==1 : # 다시 조건을 제시하여 비교
    print("두 숫자가 모두 홀수입니다.")

else :
    print("짝수 홀수가 섞여 있습니다.")
```

실습예제 4-10

한 과목의 점수를 입력받아 점수에 따라 등급을 부여하는 프로그램을 작성하시오.

- A학점 : 90~100점
- B학점 : 80~89점
- C학점 : 70~79점
- D학점 : 60~69점
- F학점 : 60점 미만

실행 결과

```
점수를 입력하세요 : 81
B학점입니다.
```

```
점수를 입력하세요 : 59
F학점입니다.
```

[실습예제 4-10] 문제는 점수에 따라 등급을 부여하기 위해서 다수 개의 조건이 사용되어야 합니다. [코드 4-8]과 같이 코드를 작성하면 실행결과를 출력할 수 있습니다.

코드 4-8 ex04-08.py

```
score = int(input("점수를 입력하세요 : "))  # 정수 입력

if score >= 90 :
    print("A학점입니다.")
elif score >= 80 :           # 조건이 거짓일 경우 다시 조건을 검사
    print("B학점입니다.")
elif score >= 70 :
    print("C학점입니다.")
elif score >= 60 :
    print("D학점입니다.")
else :
    print("F학점입니다.")  # 마지막 조건이 거짓일 경우 수행
```

4 중첩 if문

중첩 if문이란 선택문 안에 또 다른 선택문이 중첩되어 있는 if문입니다.

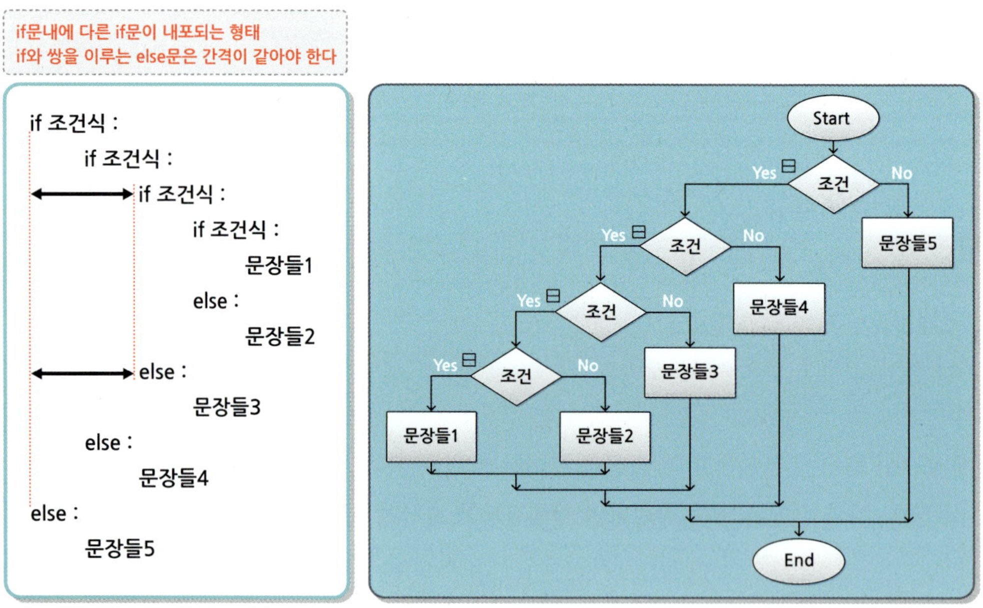

그림 4-7 중첩 if문의 구조

실습예제 4-11

앞에서 사용한 [실습예제 4-10]의 학점 부여 프로그램을 중첩 if문을 사용하여 다시 작성하시오.

실행 결과

```
점수를 입력하세요 : 81
B학점입니다.
```

```
점수를 입력하세요 : 59
F학점입니다.
```

[실습예제 4-11] 문제는 점수에 따라 등급을 부여하기 위해서 다수 개의 조건이 사용되어야 합니다. [코드 4-9]와 같이 코드를 작성하면 실행결과를 출력할 수 있습니다.

코드 4-9 ex04-09.py

```python
score=int(input("점수를 입력하세요 : ")) # 정수 입력

if score >= 60 :
    if score >= 70 :                  # 중첩된 if문 사용
        if score >= 80 :
            if score >= 90 :
                print("A학점입니다")
            else :
                    print("B학점입니다")
        else :
                print("C학점입니다")
    else :
            print("D학점입니다")
else :
        print("F학점입니다")
```

5 문자열 비교

대부분의 프로그래밍 언어는 관계연산자를 사용하여 숫자뿐만 아니라 문자도 비교할 수 있습니다. 즉 선택문의 조건에 문자열 사용이 가능합니다. 프로그램에서 문자열 비교는 문자열을 구성하는 각 문자에 해당하는 코드 값으로 비교합니다. 대부분 프로그램에서 문자는 아스키코드 또는 유니코드로 나타내며, 각 문자의 코드 값으로 비교됩니다.

실습예제 4-12

다음 비교문의 결과를 참 또는 거짓으로 쓰시오.

```
• if ("a" > "B")
• if ("*" < "k")
• if ("김" < "강")
• if ("han" < "hans")
• if ("cskim" < "CSKIM")
• if ("John" > "Joho")
• if ("김충석" > "김충식")
```

[비교문의 결과]

문자의 비교는 문자표에 지정된 코드 값으로 비교됩니다.

표 4-1 [실습예제 4-12] 비교문의 결과

비교문	결과	설명
if ("a" > "B")	참	코드 값 : a(97), B(66)
if ("*" < "k")	참	코드 값 : *(42), k(107)
if ("김" < "강")	거짓	코드 값(유니코드) : 김(AE40) 강(AC15)
if ("han" < "hans")	참	문자열인 경우 첫 번째 문자부터 비교. 모두 동일하고 문자가 추가적으로 더 있는 경우 큰 문자로 취급
if ("cskim" < "CSKIM")	거짓	알파벳 대문자가 소문자보다 코드값이 작음
if ("John" > "Joho")	거짓	마지막 문자의 코드 값에 따라 결정
if ("김충석" > "김충식")	거짓	유니코드에 한글은 가나다순으로 설정

6 복합 조건 프로그램

주어진 문제를 해결하기 위한 핵심은 조건의 추출입니다. 이러한 조건식은 수식과 관계 및 논리연산자로 구성됩니다. 다양한 실습예제를 통해 문제로부터 조건을 추출하는 과정의 반복 연습이 필요합니다.

실습예제 4-13

두 과목이 모두 75점 이상이고 총점이 180점 이상이면 '최우수 학생', 총점이 160점 이상이면 '우수 학생', 총점이 150점 이상이면 '보통 학생', 두 과목의 점수가 모두 75점 이상이 아니면 '분발합시다.'를 출력하는 프로그램을 작성하시오.

실행 결과

```
첫 번째 과목의 점수 입력 : 92
두 번째 과목의 점수 입력 : 89
최우수 학생
```

```
첫 번째 과목의 점수 입력 : 99
두 번째 과목의 점수 입력 : 70
분발합시다.
```

```
첫 번째 과목의 점수 입력 : 75
두 번째 과목의 점수 입력 : 75
보통 학생
```

위와 같은 복합문제는 다양한 형태로 해결이 가능합니다. 복수의 조건을 만족하는 조건문이 관계연산자와 논리연산자를 사용하여 제시되어야 합니다.

코드 4-10 ex04-10.py

```
sub1 = int(input("첫 번째 과목의 점수 입력 : "))
sub2 = int(input("두 번째 과목의 점수 입력 : "))
total = sub1+sub2

if (sub1 >= 75) and (sub2 >= 75) : # 논리연산자와 관계연산자 사용

```

```
    if total >= 180 :
        print("최우수 학생")
    elif total >= 160 :
        print("우수 학생")
    else :
        print("보통 학생")

else :
    print("분발합시다.")
```

실습예제 4-14

성별, 키, 몸무게를 입력받아 각각 '표준 체중', '과체중', '비만 체중'을 출력하고, 성별이 맞지 않는 경우 '성별 입력이 잘못 되었습니다.'를 출력하는 프로그램을 작성하시오.

<표준 체중 공식>

- 남자 : 키(m) * 키(m) * 22
- 여자 : 키(m) * 키(m) * 21
- 과체중 : 표준 체중 기준으로 110%~119%
- 비만 체중 : 표준 체중 기준으로 120% 이상

실행 결과

```
성별 입력('M or m' 또는 'F or f') : m
키 입력(cm) : 165
몸무게 입력(kg) : 69
과체중

성별 입력('M or m' 또는 'F or f') : f
키 입력(cm) : 165
몸무게 입력(kg) : 69
비만 체중
```

```
성별 입력('M or m' 또는 'F or f') : s
키 입력(cm) : 165
몸무게 입력(kg) : 69
성별 입력이 잘못 되었습니다.
```

[실습예제 4-14] 문제는 다양한 형태로 해결이 가능합니다. 성별을 구분하는 조건문과 비만도를 판별하는 조건문을 사용해야 합니다.

코드 4-11 ex04-11.py

```
sex = input("성별 입력('M or m' 또는 'F or f') : ")
height = float(input("키 입력(cm) : ")) / 100
weight = float(input("몸무게 입력(kg) : "))

if (sex == 'M' or sex == 'm') :     # 남자의 경우
    avg = height * height * 22
    if 110 <= weight / avg * 100 <= 119 :
        print("과체중")
    elif weight / avg * 100 >= 120 :
        print("비만 체중")
    else :
        print("표준 체중")

elif (sex == 'F' or sex == 'f') :  # 여자의 경우
        avg = height * height * 21
        if 110 <= weight / avg * 100 <= 119 :
            print("과체중")
        elif weight / avg * 100 >= 120 :
            print("비만 체중")
        else :
            print("표준 체중")

else : # 성별 입력이 잘못된 경우
        print("성별 입력이 잘못 되었습니다.")
```

실습예제 4-15

현재 월에 해당하는 정수를 입력받아 계절을 출력하는 프로그램을 작성하시오. 입력된 숫자가 1부터 12사이의 숫자가 아닌 경우 ;잘못된 입력입니다.'를 출력합니다(봄 : 3~5, 여름 : 6~8, 가을 : 9~11, 겨울 : 12, 1, 2).

실행 결과

```
현재의 월을 입력(정수) : 3
봄입니다.


현재의 월을 입력(정수) : 13
잘못된 입력입니다
```

잘못된 입력을 판별하는 조건문과 계절을 판별하는 이중 if문을 반복 사용하여야 합니다.

코드 4-12 ex04-12.py

```
month = int(input("현재 월을 입력(정수) : "))

if ((month < 1) or (month > 12)) :   # 잘못된 입력을 판단하는 조건문
    print("잘못된 입력입니다.")

elif ((month >=3) and (month <=5)) :
    print("봄입니다.")

elif ((month >=6) and (month <=8)) :
    print("여름입니다.")

elif ((month >=9) and (month <=11)) :
    print("가을입니다.")

else :
    print("겨울입니다.")
```

실습예제 4-16

직급과 나이를 입력받아 직급이 7 또는 8급이고 나이가 40대(40~49)이면 '연금 80% 대상자입니다.'를 출력하고, 직급이 5 또는 6급이고 나이가 50대(50~59)이면 '연금 100% 대상자입니다.'를 출력하는 프로그램을 작성하시오. 그 외의 경우에는 '연금 대상자가 아닙니다.'를 출력합니다.

실행 결과

```
직급 입력 : 7
나이 입력 : 49
연금 80% 대상자입니다.
```

```
직급 입력 : 5
나이 입력 : 49
연금 대상자가 아닙니다.
```

```
직급 입력 : 9
나이 입력 : 35
연금 대상자가 아닙니다.
```

직급과 나이를 판별하는 조건문을 관계연산자와 논리연산자를 사용하여 구성해야 합니다.

코드 4-13 ex04-13.py

```
level = int(input("직급 입력 : "))
age = int(input("나이 입력 : "))

if (((level == 7) or (level == 8)) and ((40 <= age) and (age <= 49))) :
    # or와 and 논리연산자 사용
    print("연금 80% 대상자입니다.")

elif (((level == 5) or (level == 6)) and ((50 <= age) and (age <= 59))) :
    print("연금 100% 대상자입니다.")

else :
    print("연금 대상자가 아닙니다.")
```

실습예제 4-17

8세 이상이면서 키가 120cm 이상인 어린이는 '고속 롤러코스터 입장 가능', 8세 이상이면서 키가 120cm 미만인 어린이는 '저속 롤러코스터 입장 가능', 나이가 8세 미만인 어린이는 '입장할 수 없습니다.'를 출력하는 프로그램을 작성하시오.

실행 결과

```
나이 입력 : 9
키 입력(cm) : 138
고속 롤러코스터 입장 가능
```

```
나이 입력 : 8
키 입력(cm) : 119
저속 롤러코스터 입장 가능
```

```
나이 입력 : 7
입장할 수 없습니다.
```

우선 나이를 입력받고 나이가 8세 이상인 경우 키를 입력받아 처리하는 것이 효율적입니다. 나이가 8세 미만인 경우에는 키를 입력받을 필요가 없습니다.

코드 4-14 ex04-14.py

```
age = int(input("나이 입력 : "))

if age >= 8 :
    height=int(input("키 입력(cm) : "))    # 8세 이상인 경우에만 키 입력받음
    if height >= 120 :
        print("고속 롤러코스터 입장 가능")
    else :
        print("저속 롤러코스터 입장 가능")

else :
    print("입장할 수 없습니다.")
```

실습예제 4-18

조건문을 사용하여 입력된 수가 양수, 0, 음수인지 판별하는 프로그램을 두 가지 형태인 단순 if문 형태와 다중 if문 형태로 작성하시오.

실행 결과

```
숫자 입력 : -9
입력값 -9은(는) 음수입니다.
```

```
숫자 입력 : 7
입력값 7은(는) 양수입니다.
```

코드 4-15 단순 if문 ex04-15.py

```python
num = int(input("숫자 입력 : "))

if (num < 0) :                              # 단순 if문을 중복 사용
    print("입력값 %d은(는) 음수입니다."%num)

if (num == 0) :
    print("입력값 %d은 0입니다."%num)

if (num > 0) :
    print("입력값 %d은(는) 양수입니다."%num)
```

코드 4-16 다중 if문 ex04-16.py

```python
num = int(input("숫자 입력 : "))

if (num < 0) :
    print("입력값 %d은(는) 음수입니다."%num)

elif (num == 0) :
    print("입력값 %d은 0입니다."%num)

else :
    print("입력값 %d은(는) 양수입니다."%num)
```

실습예제 4-19

'숫자 → 연산자 → 숫자' 순으로 입력받아 두 번째에서 지정한 연산을 수행하여 결과를 출력하는 프로그램을 작성하시오. 해당 연산자가 없을 경우 '해당 연산자 없음'을 출력합니다.

실행 결과

```
첫 번째 숫자 입력 : 1234
연산자 입력(+,-,*,/) : *
두 번째 숫자 입력 : 1234
수식 결과 : 1234 * 1234 = 1522756

첫 번째 숫자 입력 : 55
연산자 입력(+,-,*,/) : &
두 번째 숫자 입력 : 44
해당 연산자 없음
```

코드 4-17 ex04-17.py

```python
num1 = int(input("첫 번째 숫자 입력 : "))
op = input("연산자 입력(+,-,*,/) : ")
num2 = int(input("두 번째 숫자 입력 : "))

if (op == "+" ) :    # 다중 if문 중복 사용
    print("수식 결과 : ",num1,op,num2,"=",num1+num2)

elif (op == "-" ) :
    print("수식 결과 : ",num1,op,num2,"=",num1-num2)

elif (op == "*" ) :
    print("수식 결과 : ",num1,op,num2,"=",num1*num2)

elif (op == "/" ) :
    print("수식 결과 : ",num1,op,num2,"=",num1/num2)

else :
    print("해당 연산자 없음")
```

연습문제

01 다중 if문과 중첩 if문을 활용하여 학점 계산 프로그램을 완성하시오. 입력받는 점수는 반드시 0~100점 사이에 있어야 하고, 잘못된 점수를 입력하면 '점수 입력은 0~100 사이여야 합니다.'를 출력하도록 프로그램을 작성하시오.

- A학점 : 90~100점
- B학점 : 80~89점
- C학점 : 70~79점
- D학점 : 60~69점
- F학점 : 60점 미만

[실행 결과]

```
점수를 입력하세요(0~100점) : 70
C학점입니다.
```

```
점수를 입력하세요(0~100점) : 110
점수 입력은 0~100 사이여야 합니다.
```

02 정수 하나를 입력받아 자릿수를 구하는 프로그램을 작성하시오. 그리고 입력받은 정수가 네 자리 수 이상이면 '네 자리 수 이상입니다.'를 출력하시오.

[실행 결과]

```
정수를 입력하세요 : -123
입력받은 정수는 세 자리 수입니다.
```

```
정수를 입력하세요 : 5678
입력받은 정수는 네 자리 수 이상입니다.
```

03 두 개의 숫자를 입력받아 두 개의 수가 모두 짝수이면 두 수를 더한 결과를 출력하고, 그렇지 않고 둘 중 하나가 홀수이면 몇 번째 입력한 수를 짝수로 입력해야 하는지 출력하시오.

[실행 결과]

```
첫 번째 정수를 입력하세요 : 2
두 번째 정수를 입력하세요 : 4
2 + 4 = 6
```

```
첫 번째 정수를 입력하세요 : 2
두 번째 정수를 입력하세요 : 3
두 번째 정수를 짝수로 입력하세요.
```

```
첫 번째 정수를 입력하세요 : 3
두 번째 정수를 입력하세요 : 5
두 숫자 모두를 짝수로 입력하세요.
```

04 다음 정보를 활용하여 두 정수를 입력받아 두 정수의 연산 값이 출력되는 프로그램을 작성하시오(단, 나눗셈의 몫을 계산할 때 나누는 수 y는 0이 입력되면 안 됨).

- x > y → 나눗셈의 몫 출력
- x < y → 합 출력
- x == y → 곱 출력

[실행 결과]

```
x의 값을 입력해주세요 : 5
y의 값을 입력해주세요 : 2
5 // 2 = 2
```

```
x의 값을 입력해주세요 : 5
y의 값을 입력해주세요 : 0
y의 값이 0입니다.
```

05 두 개의 숫자를 입력받아 두 번째 수가 첫 번째 수의 약수인지 아닌지 구분하는 프로그램을 만드시오.

[실행 결과]

```
첫 번째 정수를 입력하세요 : 27
두 번째 정수를 입력하세요 : 9
9는 27의 약수입니다.
```

CHAPTER 05

반복문

학습목표

- 반복문 while문과 for문에 대해 학습합니다.
- 반복문 continue, break문에 대해 학습합니다.
- 실습예제를 통해 반복문의 개념을 활용합니다.
- 복합 문제 해결을 위한 논리 구조를 학습하고 적용해봅니다.

Preview

Chapter 05에서는 반복문에 대해 알아봅니다. 반복문인 while문, for문, continue문, break문에 대한 실습을 진행하며 이해합니다.

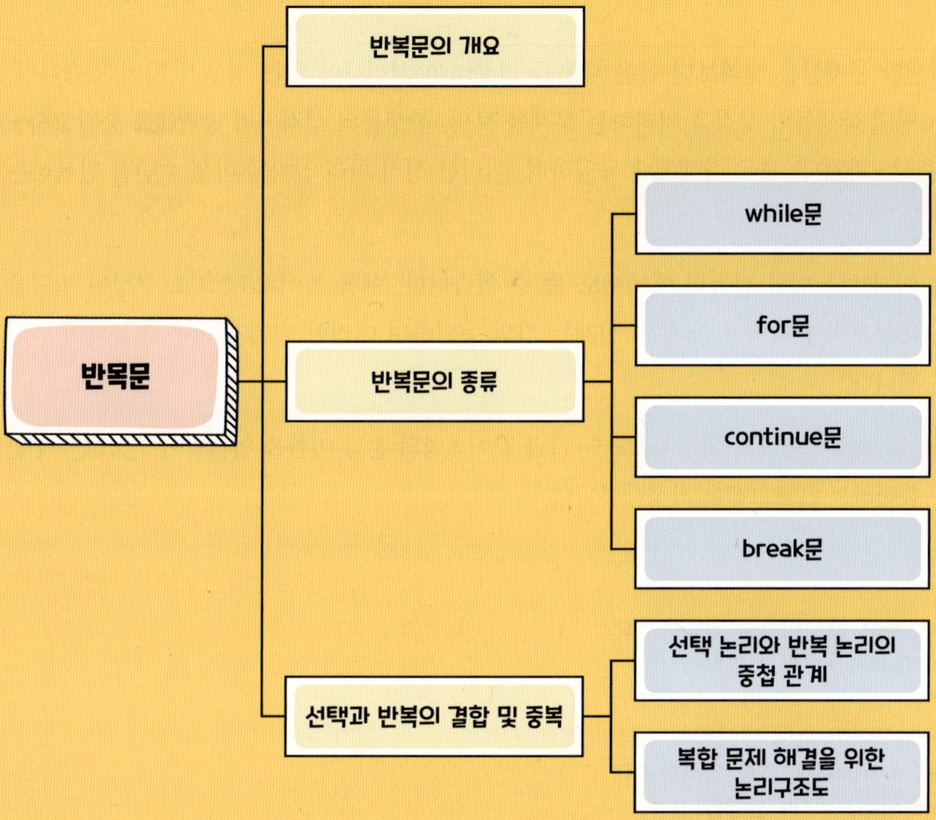

Section 01

반복문의 개요

우리들의 실생활 문제들을 살펴보면 같은 내용을 반복하여 처리해야 하는 경우가 많이 있습니다. 예를 들어 40명의 학생들의 성적을 처리하는 문제를 보면, 학생들의 성적처리 방법(예 중간고사+기말고사+출석+과제)은 모든 학생에게 동일하며, 이러한 성적 처리 절차를 학생 수만큼 반복하는 것입니다.

반복 처리는 아파트나 빌딩 건축의 예에서도 볼 수 있습니다. 예를 들어 20층으로 구성된 빌딩을 건축한다면, 대부분의 건축에서 각 층의 설계는 거의 동일하며 이러한 설계가 반복 적용되어 빌딩을 신축하게 됩니다.

프로그램에서 반복을 설명하기 위해 [코드 5-1]과 같이 5명의 손님 이름을 입력받아 '○○○씨 환영합니다'를 출력하는 프로그램을 작성해봅니다.

코드 5-1 ex05-01.py

```
name1 = input("이름을 입력하세요 : ")      # 첫 번째 사람의 이름 입력
print(name1 + "씨 환영합니다")             # 첫 번째 사람의 이름 출력

# 두 번째부터 다섯 번째까지 입력과 출력 반복
name2 = input("이름을 입력하세요 : ")
print(name2 + "씨 환영합니다")

name3 = input("이름을 입력하세요 : ")
print(name3 + "씨 환영합니다")

name4 = input("이름을 입력하세요 : ")
print(name4 + "씨 환영합니다")

name5 = input("이름을 입력하세요 : ")
print(name5 + "씨 환영합니다")
```

```
이름을 입력하세요 : 홍길동
홍길동씨 환영합니다
이름을 입력하세요 : 이길동
이길동씨 환영합니다
이름을 입력하세요 : 김길동
김길동씨 환영합니다
이름을 입력하세요 : 정길동
정길동씨 환영합니다
이름을 입력하세요 : 박길동
박길동씨 환영합니다
```

위 프로그램에서는 손님의 이름을 입력받기 위해 5개의 변수, 입력문, 출력문을 사용하였습니다. 만약 500명의 손님을 입력받아 출력하려면 어떻게 해야 할까요? 500개의 변수, 입력문, 출력문을 사용해서 프로그램을 작성해야 할까요? 5만 명이면 어떻게 해야 할까요?

빌딩을 건축할 때도 한 층을 짓기 위해 사용된 시설과 기자재(예 거푸집 등)가 상위 층을 짓는 데 다시 사용됩니다. 프로그램에서도 마찬가지입니다. 같은 내용으로 반복되는 내용은 프로그램에서 제공하는 반복 논리를 이용하여 표현할 수 있습니다. 예를 들어 [코드 5-1]을 반복문을 사용하면 [코드 5-2]와 같이 작성할 수 있습니다.

코드 5-2 ex05-02.py

```
i = 1
while i <= 5 :
        name = input("이름을 입력하세요 : ")
        print(name + "씨 환영합니다")
        i = i + 1
```

```
이름을 입력하세요 : 홍길동
홍길동씨 환영합니다
이름을 입력하세요 : 이길동
이길동씨 환영합니다
이름을 입력하세요 : 김길동
김길동씨 환영합니다
이름을 입력하세요 : 정길동
정길동씨 환영합니다
이름을 입력하세요 : 박길동
박길동씨 환영합니다
```

[코드 5-2]를 살펴보면, 5명의 손님에 대해 반복문 내에서 이름을 입력받아 출력하고 있습니다. 그러면 500명의 손님들에 대한 프로그램을 작성하기 위해서는 어떻게 해야 할까요? 또는 5만 명에 대해서 어떻게 해야 할까요? 이 문제는 반복문을 사용함으로써 간단하게 해결할 수 있습니다.

선택 논리에서와 마찬가지로, 반복 논리에서도 핵심은 조건입니다. 반복 논리에서도 조건이 만족하는 경우에 반복을 수행하는 것입니다. 주어진 문제를 프로그램으로 해결하기 위해서는 문제에 선택 논리가 있는지, 반복 논리가 있는지, 모두 다 존재하는지 잘 파악하여 논리에 적용할 조건을 추출하는 것이 핵심입니다. 결론적으로 프로그램은 순서 논리, 선택 논리, 반복 논리를 이용하여 주어진 문제를 해결하는 과정으로 볼 수 있습니다.

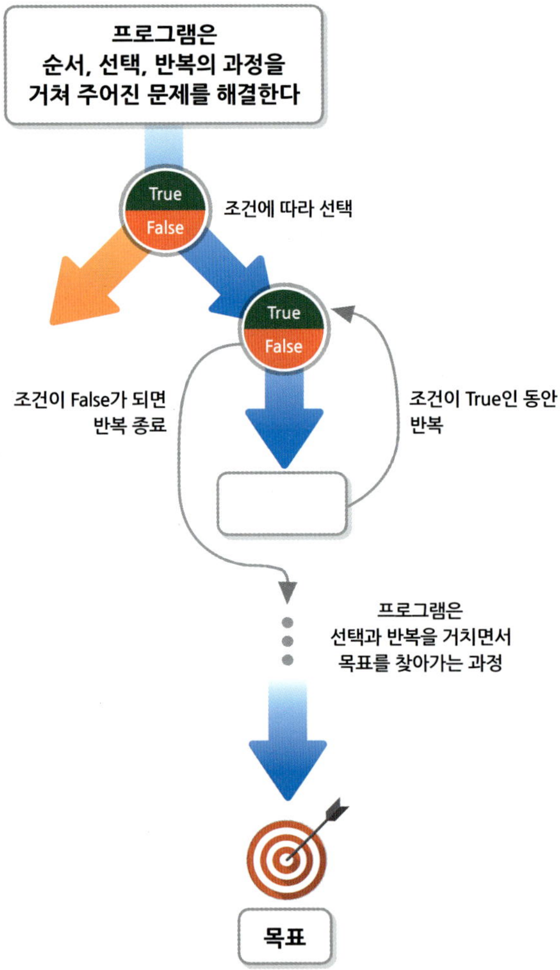

그림 5-1 조건에 따른 선택과 반복

Section

02 반복문의 종류

1 while문

특정 조건이 만족되는 동안 지정된 영역을 반복할 수 있는 기능으로 while문이 있습니다. while문은 다음과 같은 제어 구조를 가지고 있습니다.

while문의 동작은 [그림 5-2]의 구조에서 보듯이 우선 조건식을 검사하여 그 결과가 참인 동안 반복될 블록(문장들2)의 문장들을 반복 수행합니다. 그리고 조건이 거짓이 되면 아래의 문장(문장들3)을 수행하게 됩니다.

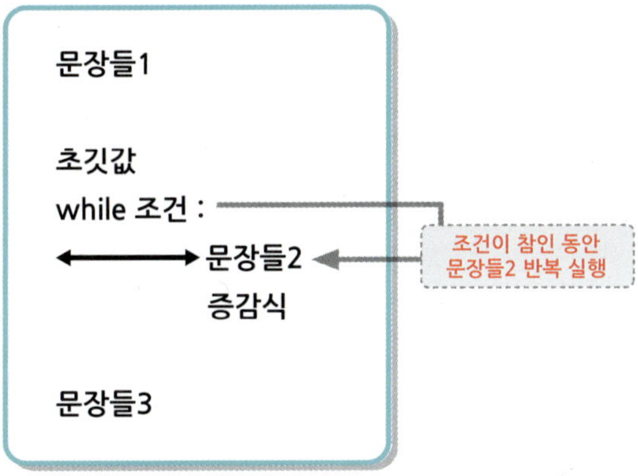

그림 5-2 while문의 구조

while문에서는 조건식이 참일 동안 반복 부분을 계속해서 수행하기 때문에 대부분의 while문의 사용에서는 반복 부분 내의 조건식의 조건을 거짓으로 만들 수 있는 부분이 포함되는 것이 일반적입니다. 그렇지 않을 경우 조건이 참으로 계속 유지되기 때문에 프로그램이 무한 반복에 빠질 수 있습니다. 반복문의 조건식도 선택문과 동일하게 수식연산자, 관계연산자, 논리연산자로 구성됩니다.

실습예제 5-1

1부터 시작해서 사용자로부터 입력받은 숫자까지의 합을 구하는 프로그램을 작성하시오.

실행 결과

```
합계를 원하는 숫자 입력 : 100
1부터 100까지의 합은 : 5050

합계를 원하는 숫자 입력 : 9999
1부터 9999까지의 합은 : 49995000
```

이 프로그램은 1부터 시작해서 숫자를 1씩 증가시키면서 값을 더하는 일을 반복하는 프로그램입니다. 사용자로부터 입력받은 숫자까지 반복합니다. 반복문의 조건식은 1부터 시작해서 입력받은 숫자와 같아질 때까지를 지정하는 조건식이 되어야 합니다.

코드 5-3 ex05-03.py

```
n = int(input("합계를 원하는 숫자 입력 : "))  # 정수 입력

i = 1                                          # 변수 초기화
hap = 0

while i <= n :                                 # 1부터 입력받은 숫자까지 반복
        hap = hap + i
        i = i + 1

print("1부터 {}까지의 합은 : {}".format(n,hap))
# format()을 이용하여 결과 출력
```

실습예제 5-2

두 개의 숫자를 입력받아 두 수 사이의 모든 정수값을 더하여 출력하는 프로그램을 작성하시오. 입력받은 두 개의 수를 포함하여 덧셈하시오.

실행 결과

```
첫 번째 숫자 입력 : 27
두 번째 숫자 입력 : 9
9 부터 27 까지의 합은 : 342
```

이 문제는 작은 수에서 시작해서 큰 수까지의 합을 구하는 문제입니다. 우선 입력받은 두 개의 숫자 중에서 큰 수를 구하기 위해 선택문을 사용하여야 하고, 작은 수부터 큰 수까지의 합을 구하기 위해 반복문을 사용해야 합니다.

코드 5-4 ex05-04.py

```
first = int(input("첫 번째 숫자 입력 : "))   # 두 개의 숫자 입력
second = int(input("두 번째 숫자 입력 : "))

if first > second :   # 크기 비교하여 작은 수는 first, 큰 수는 second에 저장

    temp = first      # 두 수 교환
    first = second
    second = temp

print(first,"부터",second,"까지의 합은 :",end=' ')
# end를 사용하여 인쇄 후에 줄을 바꾸지 않는다
sum = 0
while first <= second :   # first가 second보다 작거나 같을 때까지 반복

        sum = sum + first
        first = first + 1

print(sum)
```

2 for문

반복 논리를 제공하는 또 다른 반복문으로 for문이 있습니다. 반복문 중에서 가장 많이 사용되는 반복문입니다. for문은 [그림 5-3]과 같은 제어 구조를 가지고 있습니다.

for문은 지정된 변수에 순차적 범위의 값들이 차례대로 배정되면서 반복 부분(문장들2)이 수행됩니다. 순차적 범위는 파이썬에서 다양한 형태로 지정 가능합니다. 일반적으로 range() 함수를 사용하여 반복 횟수를 지정하는 방법을 많이 사용합니다. 순차적 범위의 반복이 정상적으로 수행되면 아래의 문장(문장들3)을 수행합니다. 파이썬에서 else 블록을 두는 이유는 while문과 마찬가지로 break문과 관련이 있습니다.

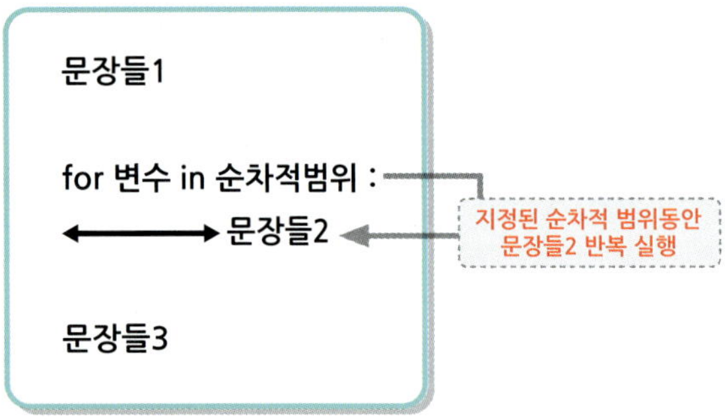

그림 5-3 for문의 구조

[코드 5-5]는 전형적인 for문을 사용하는 예(1부터 100까지 덧셈 결과 출력)입니다.

코드 5-5 ex05-05.py

```
total = 0

for i in range(1,101) :
        total = total + i

print('1부터 100까지의 합은 :',total)
```

```
1부터 100까지의 합은 : 5050
```

range( ) 함수

파이썬에서 순차적인 정수의 범위를 나타내기 위해서 range() 함수를 제공하고 있으며, 이 함수는 for문에서 많이 사용됩니다. range() 함수는 [표 5-1]과 같은 형태로 사용합니다.

표 5-1 range() 함수의 개념사용

함수	설명
range(x)	0부터 x−1까지 정수의 순차적 범위
range(x,y)	x부터 y−1까지 정수의 순차적 범위
range(x,y,z)	x부터 y−1까지 z씩 증가하는 정수의 순차적 범위
range(x,y,-z)	x부터 y+1까지 z씩 감소하는 정수의 순차적 범위

다음은 range() 함수를 사용한 예시 코드입니다. IDLE에서 작성하였습니다.

```
>>> for i in range(10) :
...     print(i, end=' ')        # 출력결과 : 0 1 2 3 4 5 6 7 8 9

>>> for i in range(1,10) :
...     print(i, end=' ')        # 출력결과 : 1 2 3 4 5 6 7 8 9

>>> for i in range(1,10,2) :
...     print(i, end=' ')        # 출력결과 : 1 3 5 7 9

>>> for i in range(10,1):
...     print(i, end=' ')        # 출력결과 : 없음

>>> for i in range(10,1,-1):     # 증가분이 음수일 경우 1보다 하나 큰 값까지 반복
...     print(i, end=' ')        # 출력결과 : 10 9 8 7 6 5 4 3 2

>>> for i in range(10,0,-1):
...     print(i, end=' ')        # 출력결과 : 10 9 8 7 6 5 4 3 2 1

>>> for i in range(10,0,-2):
...     print(i, end=' ')        # 출력결과 : 10 8 6 4 2
```

실습예제 5-3

사용자로부터 입력받은 숫자에 해당하는 구구단을 출력하는 프로그램을 for문을 사용하여 작성하시오. 또한 같은 문제를 while문으로도 작성하여 비교하시오.

실행 결과

```
출력을 원하는 단을 입력 : 13
*** 13 단 ***
13 * 1 = 13
13 * 2 = 26
13 * 3 = 39
13 * 4 = 52
13 * 5 = 65
13 * 6 = 78
13 * 7 = 91
13 * 8 = 104
13 * 9 = 117
```

구구단을 출력하기 위해서는 1부터 9까지를 반복하는 조건을 추출해야 합니다. while문에서는 관계연산자를 이용한 조건문을, for문에서는 range() 함수를 이용하여 조건을 제시합니다.

코드 5-6 ex05-06.py

```
# for문을 이용한 구구단 출력
dan = int(input("출력을 원하는 단을 입력 : "))

print("***",dan,"단 ***")            # 단 제목을 출력

for i in range(1,10) :               # 1부터 9까지 반복

        print(dan,"*", i,"=",dan*i)  # 구구단 출력
```

코드 5-7 **while문 사용** ex05-07.py

```
# while문을 이용한 구구단 출력
dan = int(input("출력을 원하는 단을 입력 : "))

i = 1                                   # 변수 초기화
print("***",dan,"단 ***")               # 단 제목 출력

while i <= 9 :                          # 9보다 작거나 같을 때까지 반복
        print(dan,"*", i,"=",dan * i)   # 구구단 출력
        i = i + 1                       # 변수값 증가
```

실습예제 5-4

1부터 1000까지의 정수 중에서 사용자가 입력한 숫자의 배수만을 더하여 출력하는 프로그램을 for문을 사용하여 작성하시오.

실행 결과

```
합을 원하는 배수 입력 : 13
1부터 1000까지 13의 배수의 합은 : 38038
```

for문에서 range() 함수를 사용하여 조건을 제시합니다.

코드 5-8 ex05-08.py

```
multi = int(input("합을 원하는 배수 입력 : "))
hap = 0

for i in range(multi,1001,multi) :

        # range() 함수를 사용하여 배수로부터 배수만큼씩 증가시키면서 반복
        hap = hap + i

print("1부터 1000까지 {}의 배수의 합은 : {}".format(multi,hap))
```

실습예제 5-5

하나의 숫자를 입력받아 팩토리얼(factorial)을 구하는 프로그램을 for문을 사용하여 작성하시오.

```
n! = n * (n-1) * (n-2)....... * 1
```

실행 결과

```
팩토리얼 숫자 입력 : 19
19의 팩토리얼 값은 :  121645100408832000
```

for문에서 range() 함수를 사용하여 조건을 제시합니다.

코드 5-9 ex05-09.py

```
num = int(input("팩토리얼 숫자 입력 : "))

fac = 1                         # 1로 초기화

for i in range(num,0,-1) :
# range() 함수를 사용하여 입력된 숫자부터 1까지 1씩 감소시키며 반복 수행
        fac = fac * i

print("%d의 팩토리얼 값은 : "%num, fac)
```

3 continue문과 break문

반복문 내에서 제어를 이동시키기 위해 continue문과 break문을 사용할 수 있습니다. continue문은 제어를 반복문의 처음으로 이동시켜 다음 반복을 수행하게 합니다. break문은 제어를 반복문 밖으로 이동시켜 반복문의 다음 문장들을 수행합니다. 일반적으로 continue문과 break문은 특정 조건이 만족하였을 경우 사용되기 때문에 if문 과 같이 사용되는 것이 일반적입니다.

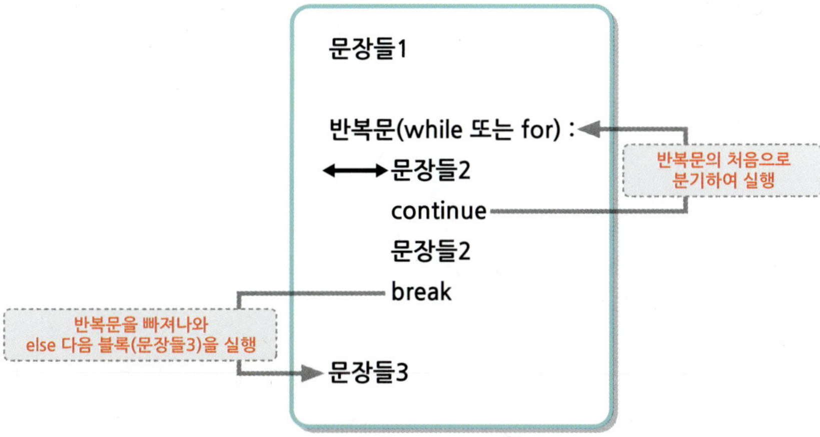

그림 5-4 **반복문 내에서 continue문과 break문의 사용**

실습예제 5-6

1부터 100까지의 숫자 중에서 사용자로부터 입력받은 숫자의 배수 합을 구하는 프로그램을 while문과 continue문을 사용하여 작성하시오.

실행 결과

```
배수 숫자 입력 : 1
1부터 100까지 1의 배수의 합은 : 5050
```

```
배수 숫자 입력 : 11
1부터 100까지 11의 배수의 합은 : 495
```

반복문 내에서 continue문을 사용하는 예입니다. while 반복문 내에서 if문을 사용하여 조건에 적합할 경우 continue를 수행하도록 프로그램을 작성합니다. continue문이 실행되면 제어가 continue문을 둘러싸고 있는 반복문의 처음으로 이동합니다.

코드 5-10 ex05-10.py

```
num = int(input("배수 숫자 입력 : "))

i = 0                          # 변수 초기화
hap = 0

while i < 100 :
        i = i + 1
        if (i % num) != 0 :
            continue  # 입력된 수의 배수가 아니면 반복문 처음으로 제어 이동
        hap = hap + i  # 배수만 합계에 더함

print("1부터 100까지 {}의 배수의 합은 : {}".format(num,hap))
```

실습예제 5-7

하나의 숫자를 입력받아 입력받은 숫자가 소수(prime number)인지 여부를 출력하는 프로그램을 작성하시오. break문을 사용하시오.

실행 결과

```
소수 검증 숫자 입력 : 8
소수가 아닙니다
소수 판별 프로그램을 이용해주셔서 감사합니다

소수 검증 숫자 입력 : 7
소수입니다
소수 판별 프로그램을 이용해주셔서 감사합니다

소수 검증 숫자 입력 : 5323
소수입니다
소수 판별 프로그램을 이용해주셔서 감사합니다
```

반복문 내에서 break문을 사용하는 예입니다. 숫자로 나누어지는 경우 더 이상 반복을 수행하지 않고 반복문 밖으로 제어를 이동시킵니다.

코드 5-11 ex05-11.py

```
num = int(input("소수 검증 숫자 입력 : "))
for i in range(2, num + 1) :    # 2부터 시작해서 입력된 숫자까지 반복
    if num % i == 0 :
        break                   # 나머지가 0이면 반복을 종료
if num == i :                   # 나머지가 0일 때 수와 입력받은 수가 같으면
    print("소수입니다")          # "소수입니다" 출력
else :
    print("소수가 아닙니다")     # "소수가 아닙니다" 출력
print("소수 판별 프로그램을 이용해주셔서 감사합니다")
```

Section 03

선택과 반복의 결합 및 중복

1 선택 논리와 반복 논리의 중첩 관계

프로그램으로 해결하려는 문제들은 선택과 반복이 결합되고, 중복된 형태로 나타나는 것이 대부분입니다. 예를 들어 학생 40명 중에서 키가 180이 넘는 학생의 명단을 출력하는 문제 또는 남학생인 경우에만 3과목의 성적을 입력하는 문제 등은 하나의 논리만 가지고는 해결할 수 없는 문제들입니다. 이러한 문제들은 선택 논리 내에 반복 논리가 중첩되기도 하고, 그 반대의 경우가 될 수 있습니다. 대부분 프로그래밍 언어에서는 선택과 반복의 논리가 결합되고 중첩될 수 있는 구조를 허용하고 있습니다.

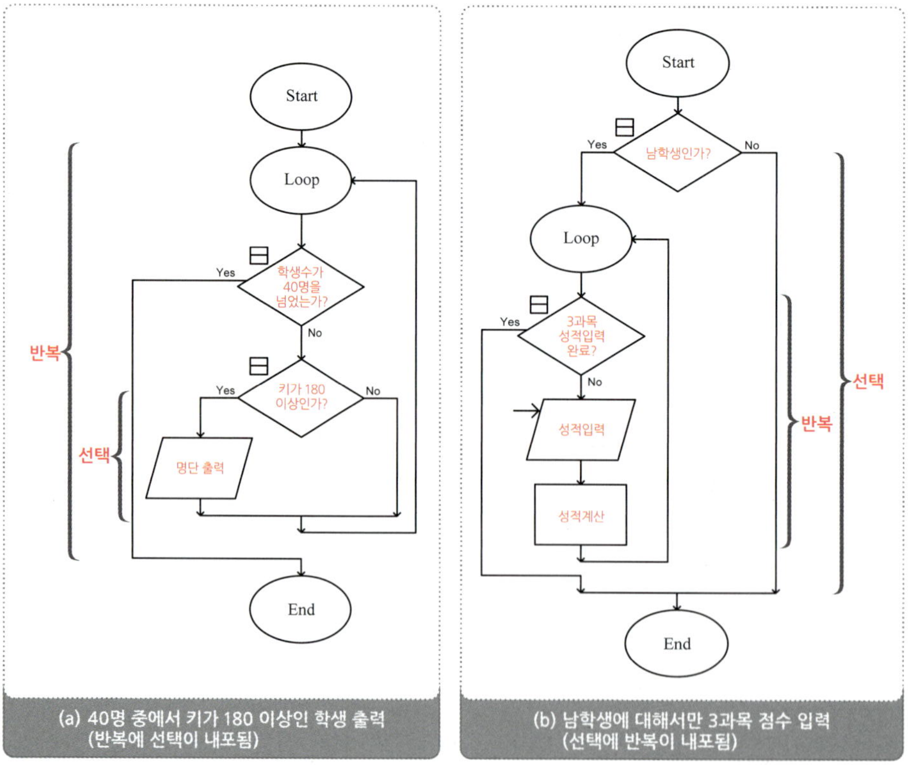

그림 5-5 선택과 반복의 중첩 관계를 나타내는 순서도

2 복합 문제 해결을 위한 논리구조도

앞의 많은 예제에서도 언급하였듯이, 주어진 문제를 해결하기 위해서는 가장 먼저 할 일은 조건을 추출하는 것입니다. 지금까지는 주로 하나의 선택 또는 반복 구조만을 가진 문제들을 다루었기 때문에 조건 추출이 비교적 쉬운 편이었습니다.

복합 문제에서는 이러한 조건을 추출하는 것이 좀 더 복잡한 과정을 거치게 됩니다. 다음은 복합 문제에서 조건을 추출하기 위한 과정을 나타낸 것입니다.

❶ 문제로부터 추출될 수 있는 조건은 모두 추출

❷ 조건과 연계된 논리(선택 또는 반복)를 결정

❸ 각각의 논리의 중첩 관계를 논리구조로 표현

❹ 논리구조도에 따라 프로그램 작성

각각의 논리구조도는 다음과 같은 그림으로 표현합니다.

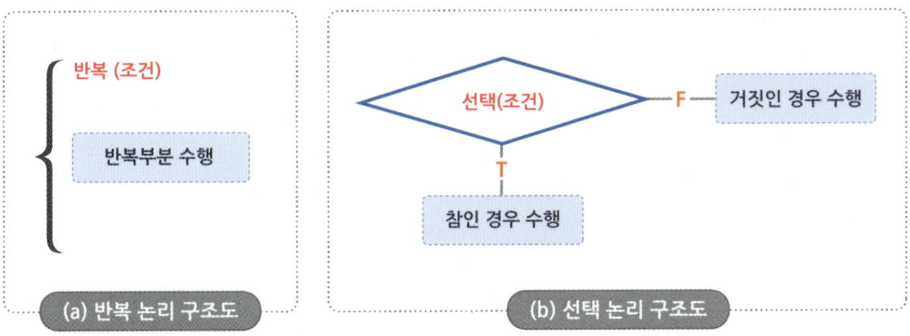

(a) 반복 논리 구조도 (b) 선택 논리 구조도

그림 5-6 **반복과 선택의 논리구조도**

[그림 5-5]에서 만든 예제를 [그림 5-7]에서 논리구조도로 나타내었습니다.

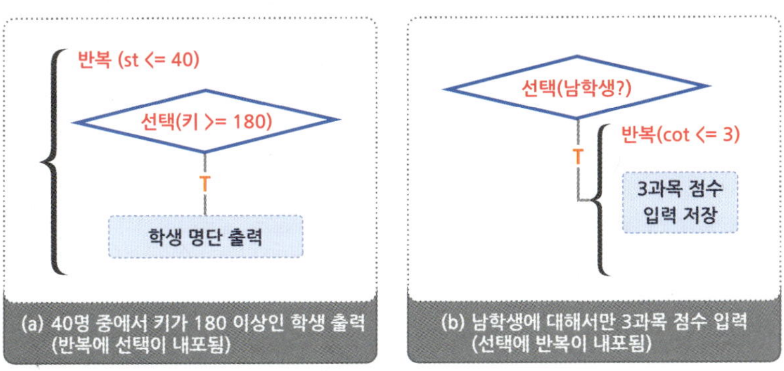

(a) 40명 중에서 키가 180 이상인 학생 출력 (반복에 선택이 내포됨)

(b) 남학생에 대해서만 3과목 점수 입력 (선택에 반복이 내포됨)

그림 5-7 **논리구조도의 예**

실습예제 5-8

1부터 100 사이의 수 중에서 2의 배수이면서 3의 배수가 아닌 수를 모두 출력하는 프로그램을 선택문과 반복문을 하나씩 사용하여 작성하시오.

실행 결과

```
1~100사이의 수 중에서 2의 배수이면서 3의 배수가 아닌 수 : 2,4,8,10,14,16,20,22,26,28,
32,34,38,40,44,46,50,52,56,58,62,64,68,70,74,76,80,82,86,88,92,94,98,100,
```

이 문제에서는 선택문과 반복문의 사용을 요구합니다.

① 조건 추출
- 1부터 100까지 반복하는 조건 : i <= 100
- 2의 배수이면서 3의 배수가 아닌 조건 : (i % 2 == 0) and (i % 3 != 0)

② 연계된 논리 결정
- 1부터 100까지 반복 : 반복 논리
- 배수 조건 : 선택 논리

③ 논리구조도 : 반복 논리 내에 선택 논리가 중첩됩니다.

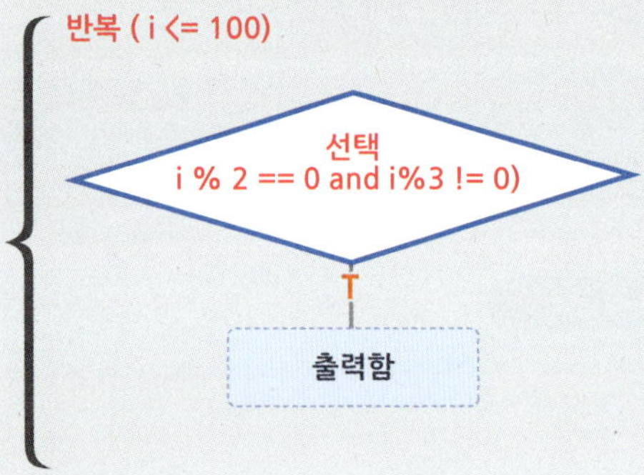

코드 5-12 ex05-12.py

```
i = 1
print("1~100 사이의 수 중에서 2의 배수이면서 3의 배수가 아닌 수 :",end=" ")

while i <= 100 :

        if ((i % 2 == 0) and (i % 3 != 0)) :   # 반복문 내 선택문 사용
            print(i,end=",")
        i = i + 1
```

실습예제 5-9

5과목의 성적을 입력받아 각 과목의 점수, 총점, 평균을 출력하는 프로그램을 반복문을 이용하여 작성하시오. 입력된 각 과목의 성적이 0부터 100 사이의 점수가 아닌 경우에는 '유효한 성적이 아닙니다'를 출력하고 다음 과목을 입력받으시오.

실행 결과

```
1 번째 성적 입력 : 88
1 번째 성적 : 88
2 번째 성적 입력 : 99
2 번째 성적 : 99
3 번째 성적 입력 : 89
3 번째 성적 : 89
4 번째 성적 입력 : 98
4 번째 성적 : 98
5 번째 성적 입력 : 100
5 번째 성적 : 100
총점 : 474
평균 : 94.8
```

이 문제는 유효한 성적이 5개가 될 때까지 반복을 계속 수행해야 하므로 while문으로 작성하는 것이 좋습니다. 문제를 단계별로 분석하여 볼 수 있습니다.

① 조건 추출
- 5과목의 성적을(sub <= 5) 입력받는 조건
- 각 과목의 성적이 0~100 사이에 해당하는지 나타내는 조건
  (score >= 0 and score <= 100)

② 연계된 논리 결정 :
- 성적 입력 조건 : 반복 논리
- 0-100 사이 조건 : 선택 논리

③ 논리구조도 : 각 입력에 대해 0부터 100까지 검사하므로 반복에 선택 중첩

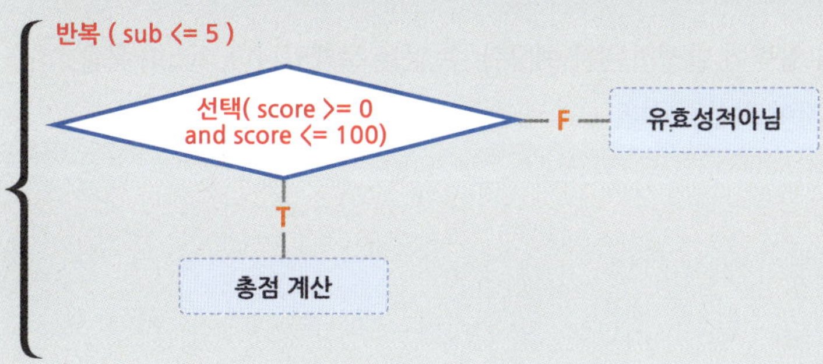

코드 5-13 ex05-13.py

```python
subject = 1
total = 0
while subject <= 5 :                          # 반복문 사용
    score = int(input(str(subject) + " 번째 성적 입력 : "))

    # 정수를 문자열로 변환하여 사용
    if(score >=0 and score <= 100) :          # 반복문 내 선택문 사용
        total = total + score
        print(subject,"번째 성적 :",score)
        subject = subject + 1                 # 유효한 성적일 경우에만 증가
    else :
        print("유효한 성적이 아닙니다")
print("총점 :", total)

print("평균 :", total / 5)
```

실습예제 5-10

사용자로부터 정수를 반복적으로 입력받아 정수의 합이 1000 이상이 되었을 때의 결과값과 평균을 구하여 다음과 같이 출력하는 프로그램을 작성하시오.

실행 결과

```
숫자를 입력 : 300
숫자를 입력 : 200
숫자를 입력 : 300
숫자를 입력 : 201
1000을 넘은 수 : 1001, 평균은 : 250.25
```

위 문제는 사용자로부터 몇 개의 입력이 발생하는지 예상할 수 없는 문제입니다. while문을 사용하여 프로그램을 작성하는 것이 적합합니다.

① 조건 추출 :

- 숫자의 입력(True) : 무한 반복
- 합계가 1000 이상인 경우(hap >= 1000)

② 연계된 논리 결정 :

- 숫자의 입력 : 반복논리
- 1000 이상인 경우 : 선택논리

③ 논리구조도 : 반복 논리 내에 선택 논리가 중첩됩니다.

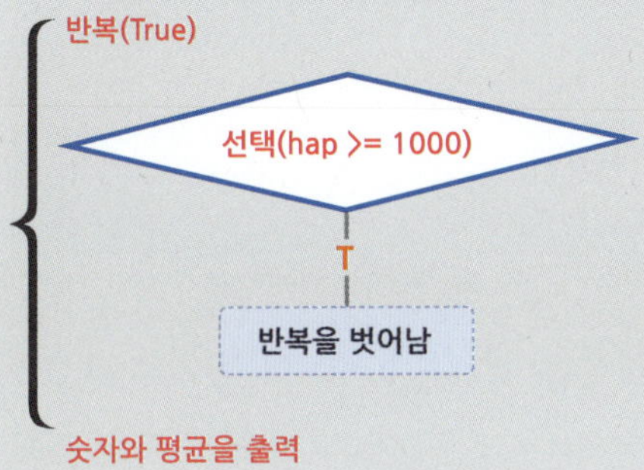

코드 5-14 ex05-14.py

```
hap = 0
count = 0

while True :                    # 무한 반복 수행
        num = int(input("숫자를 입력 : "))
        hap = hap + num
        count = count + 1
        if hap >= 1000 :
            break               # 반복 벗어남

print("1000을 넘은 수 :",hap,end='')
print(", 평균은 :", hap/count)
```

실습예제 5-11

사용자로부터 하나의 숫자를 입력받아 다음과 같이 '*'을 출력하는 프로그램을 작성하시오. 사용자가 7을 입력한 경우 7줄에 '*'을 하나씩 증가시켜 출력하도록 작성하시오.

실행 결과

```
숫자 입력 : 7
*
**
***
****
*****
******
*******
```

위 문제를 분석하면 사용자가 입력한 숫자만큼 줄을 반복하며, 각 줄에는 별 하나부터 시작하여 하나씩 증가하는 특성을 가지게 됩니다.

① 조건 추출 :
- 사용자가 입력한 숫자만큼 반복(i <= num)
- 한 줄에서 '*'을 출력(j <= i)

② 연계된 논리 결정 :
- 입력된 숫자만큼 반복 : 반복 논리
- 한 줄에 '*' 출력 : 반복 논리

③ 논리구조도 : 반복 논리 내에 반복 논리가 중첩됩니다.

중첩된 반복문의 조건에서 바깥쪽 반복문의 변수를 사용하여 표시할 수 있습니다. 이 조건은 각 줄이 반복될 때 마다 즉 i 값이 1씩 증가될 때마다 "*"을 하나씩 더 찍을 수 있게 됩니다.

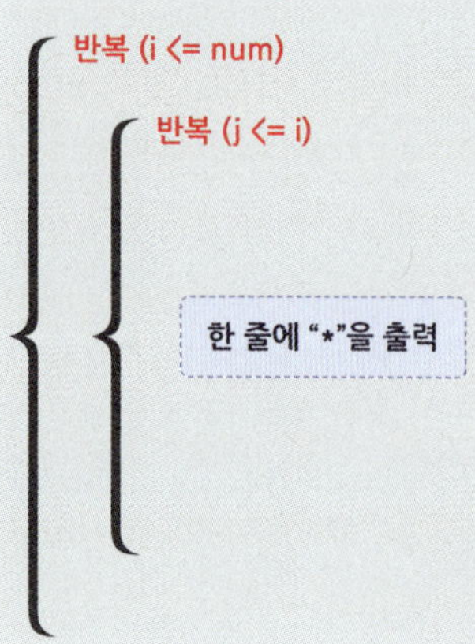

코드 5-15 ex05-15.py

```
num = int(input("숫자 입력 : "))
i = 1

while i <= num :    # 입력받은 숫자까지 반복
    j = 1
    while j <= i :  # 첫 번째 줄부터 '*'를 반복 출력. i 변수를 이용
        print("*",end='')
        j = j + 1
    print()         # 줄 바꿈
    i = i + 1       # 변수 값 증가
```

실습예제 5-12

2단부터 9단까지의 구구단을 출력하되, 구구단의 결과가 짝수인 경우만 출력하는 프로그램을 while문만 사용하여 작성하시오. 같은 기능을 하는 프로그램을 for문만 사용하여 작성하시오. 두 개의 프로그램을 비교하고 어떤 프로그램이 더 적합한지 판단하시오.

실행 결과

```
== 2 단 ==
2 * 1 = 2
2 * 2 = 4
2 * 3 = 6
2 * 4 = 8
2 * 5 = 10

(... 중략)

== 9 단 ==
9 * 2 = 18
9 * 4 = 36
9 * 6 = 54
9 * 8 = 72
```

위 문제를 분석하면 2단부터 9단까지를 반복하고, 각 단에서 다시 1에서 9까지를 반복합니다. 또한 구구단의 결과가 짝수인 경우만 출력해야 합니다.

① 조건 추출 :

- 각 단을 반복(dan <= 9)하고, 각 단에서 9까지 반복(i <= 9)
- 구구단의 결과가 짝수인 경우만 출력(dan*i % 2 == 0)

② 연계된 논리 결정 :

- 각 단을 반복하고, 각 단에서 9까지 반복 : 반복 논리
- 결과가 짝수인 경우만 출력 : 선택 논리

③ 논리구조도 : 반복 논리 내에 반복 논리 중첩, 중첩된 반복에 선택이 포함되는 형태

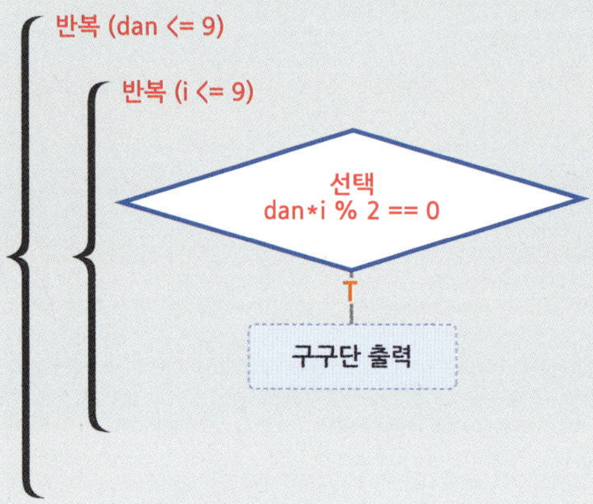

코드 5-16 while문 사용 ex05-16.py

```
dan=2

while dan <= 9 :                    # 9단까지 반복
        print("==",dan,"단 ==")
        i=1
        while(i <= 9) :             # 각 단에서 1에서 9까지 반복
            if dan*i % 2 == 0 :     # 구구단 결과가 짝수인 경우만 출력
                print(dan,"*",i,"=",dan*i)
            i=i+1

        dan=dan+1
```

코드 5-17 for문 사용 ex05-17.py

```
for dan in range(2,10) :            # 9단까지 반복
        print("==",dan,"단 ==")

        for i in range(1,10) :      # 각 단에서 9까지 반복
                if dan*i % 2 == 0 : # 결과가 짝수인 경우만 출력
                    print(dan,"*",i,"=",dan*i)
```

연습문제

01 10개의 숫자를 입력받아 0보다 큰 수에 대해서만 전체 합과 평균을 출력하는 프로그램을 while 반복문을 이용하여 작성하시오.

① 조건 추출 :

② 연계된 논리 결정 :

③ 논리구조도 :

02 1부터 100까지의 합을 구하여 다음과 같이 출력하는 프로그램을 while 반복문을 이용하여 작성하시오.(10을 기준으로 합계를 출력한다.)

[실행 결과]

```
1-10 : 0000
1-20 : 0000
1-30 : 0000
......
1-100 : 5050
```

① 조건 추출 :

② 연계된 논리 결정 :

③ 논리구조도 :

03 ① 3+6+9+12+....+N 형태로 3의 배수를 더한다.

② 하나의 숫자를 입력받는다.

③ 3의 배수의 총합이 입력된 숫자를 넘었을 때의 N 값과 총합계, N 값이 몇 번째인지를 while 반복문을 사용해 프로그램을 작성하시오.

[실행 결과]

```
사용자 입력 : 10
10을 넘었을 때의 값 : 12
10을 넘었을 때까지의 총합계 : 18
10을 넘었을 때까지 몇 번째 3의 배수인가 : 4
```

① 조건 추출 :

② 연계된 논리 결정 :

③ 논리구조도 :

04 10개의 정수를 입력받아 합을 구하는 프로그램을 while문을 사용하여 작성하시오. 단, 짝수 번째에 입력되는 숫자는 양수를 음수로, 음수는 양수로 바꾸어 합을 구하시오.

① 조건 추출 :

② 연계된 논리 결정 :

③ 논리구조도 :

05 사용자로부터 가장 좋아하는 월을 입력받아 그 월에 해당되는 계절을 출력하는 프로그램을 메뉴 형태로 while문을 사용하여 작성하시오.

[실행 결과]

```
==============================
가장 좋아하는 월은?(종료:0)
==============================
****** 5월 ******
5월은 봄에 해당됩니다
```

① 조건 추출 :

② 연계된 논리 결정 :

③ 논리구조도 :

06 사용자로부터 하나의 숫자를 입력받아 1부터 입력받은 숫자 사이의 소수를 구하여 출력하는 프로그램을 작성하시오.

소수 : 1과 자신의 수 이외에는 나뉘지 않는 수(1 제외)

① 조건 추출 :

② 연계된 논리 결정 :

③ 논리구조도 :

CHAPTER 06

시퀀스 자료형

학습목표

- 시퀀스 자료형에 대해 학습합니다.
- 시퀀스 자료형에 공통적으로 적용되는 연산에 대해 학습합니다.
- 문자열에서 사용되는 서식과 메소드에 대해 학습합니다.
- 리스트에서 사용되는 서식과 메소드에 대해 학습합니다.
- 튜플에서 사용되는 서식과 메소드에 대해 학습합니다.

Preview

Chapter 06에서는 시퀀스 자료형의 개념과 연산에 대해 알아봅니다. 또한 문자열, 리스트, 튜플에 대해 학습합니다.

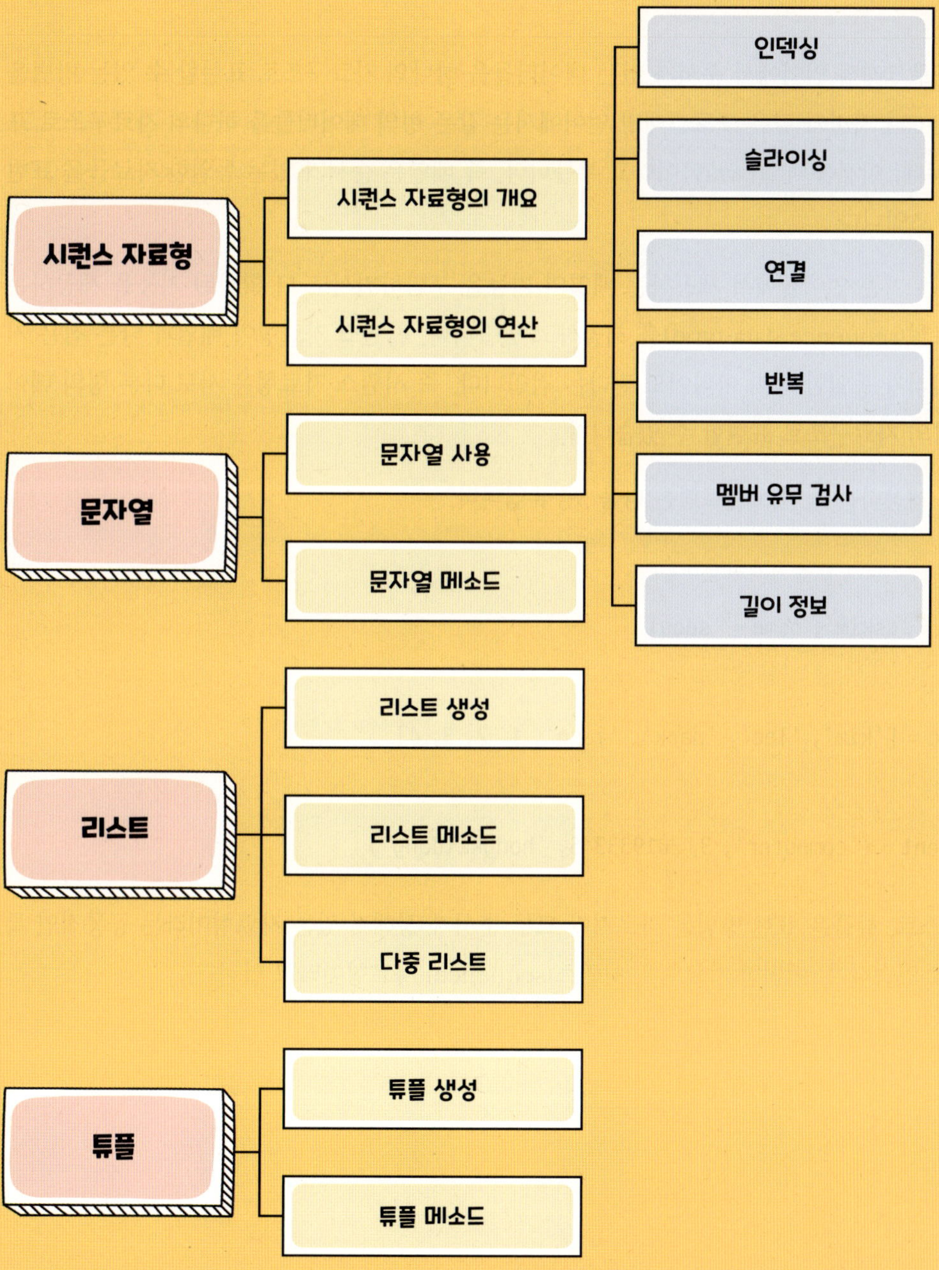

Section 01

시퀀스 자료형의 개요

대부분의 프로그래밍 언어에서 순서가 있는 데이터들을 하나의 자료구조로 표현할 수 있는 방법을 제공합니다. C나 자바와 같은 프로그래밍 언어에서는 같은 형의 데이터들을 하나의 자료구조로 표현할 수 있는데, 이것을 배열(array)이라고 부릅니다. 즉 배열은 순서가 있는 동일한 자료들을 표현하는 자료구조입니다.

파이썬에서는 기존 언어들에서 제공하는 배열의 기능을 포함하면서도 더 확장된 기능을 제공하는 시퀀스 자료형(sequence data type)을 제공하고 있습니다. 시퀀스 자료형이 배열과 다른 점은 저장되는 데이터가 동일한 형이 아니어도 된다는 점입니다. 즉 시퀀스 자료형은 서로 다른 형의 데이터들을 하나의 자료구조로 표현할 수 있습니다.

파이썬에서 제공하는 시퀀스 자료형은 다음 3종류입니다.

- **문자열**

  예 `name = 'cskim', home = 'seoul'`

- **리스트**

  예 `fname = ['kim', 'lee', 'park', 'jung', 1, 2, 3, 4]`

- **튜플**

  예 `student = ('computer', 3, 201933345, 'hongkildong')`

문자열, 리스트, 튜플은 표현 방법은 다르지만 모두 순서가 정해져 있는 자료형이라는 공통적인 특성을 가지고 있습니다. 이러한 자료형을 시퀀스(sequence) 자료형이라고 합니다.

Section

02 시퀀스 자료형의 연산

이 절에서는 순서를 가진 시퀀스 자료형에 공통적으로 적용할 수 있는 연산에 대해 알아보고, 시퀀스 자료형의 연산 기능을 예제로 설명합니다.

1 인덱싱

인덱싱(Indexing)은 순차적인 자료구조에 인덱스(첨자) 값을 가지고 접근할 수 있는 기능입니다. 시퀀스 자료의 인덱스는 양수 또는 음수의 사용이 가능합니다.

형식

```
[i]   # i번째 값을 의미
```

파이썬에서 시퀀스 자료형의 인덱스로 양수뿐만 아니라 음수도 사용이 가능합니다. 양수 인덱스는 0부터 시작하고, 음수 인덱스는 자료형의 뒤에서부터 시작합니다.

그림 6-1 시퀀스 자료형의 인덱싱

```
>>> name = '홍길동'                # 시퀀스 자료형인 문자열을 변수에 저장
>>> surname = name[0]             # 문자열에서 첫 번째 문자를 변수에 저장
>>> surname                       # surname의 값은?
'홍'
```

```
>>> city = ['서울시', 800, '부산시', 400]  # 시퀀스 자료형인 리스트 생성
>>> city[-2]                            # 리스트의 마지막에서 두 번째 요소
'부산시'
>>> city[-4] = '서울특별시'                # 리스트의 마지막에서 네 번째 요소의 값을 변경
>>> city
['서울특별시', 800, '부산시', 400]
>>> a = (100,200,300,400,500)           # 시퀀스 자료형인 튜플 생성
>>> a[5]                                # 6번째 요소의 값은?
Traceback (most recent call last):      # 튜플 크기를 벗어난 값이므로 오류 발생
  File "<pyshell#9>", line 1, in <module>
    a[5]
IndexError: tuple index out of range
```

2 슬라이싱

슬라이싱(Slicing)은 시퀀스 자료형에서 일부분을 잘라내어 동일한 자료형으로 반환하는 기능입니다. 인덱스를 사용하여 자료형의 특정 부분을 지정합니다.

형식

```
[start:stop:step]  # start부터 시작해서 stop 이전까지 step 간격으로 추출
```

```
>>> name = '홍길동'
>>> givenname = name[1:3]               # 특정 부분을 문자열로 저장
>>> givenname
'길동'
>>> city = ['서울시', 800, '부산시', 400]
>>> city[2:]                            # 세 번째 요소부터 끝까지
['부산시', 400]
>>> a = (100,200,300,400,500)
>>> a[1:4]                              # 두 번째 요소부터 다섯 번째 요소 이전(네 번째)까지
(200, 300, 400)
>>> a[::2]                              # 처음부터 끝까지 2씩 증가시켜가며 슬라이싱
(100, 300, 500)
>>> a[-10:10]                           # 인덱스가 범위를 벗어나도 가능한 값만 자동 슬라이싱
(100, 200, 300, 400, 500)
```

3 연결

연결(Concatenation)은 '+' 연산자를 사용하여 두 개의 자료를 연결하여 새로운 시퀀스 자료형을 만듭니다.

형식

```
자료형 + 자료형
```

```
>>> a = (100,200,300,400,500)
>>> b = (600,700,800,900)
>>> c = a + b                          # 두 개의 자료를 합쳐 새로운 자료를 생성
>>> c
(100, 200, 300, 400, 500, 600, 700, 800, 900)
>>> city = ['서울시', 800, '부산시', 400]
>>> tot = a + city                     # 서로 다른 자료형은 합쳐질 수 없음. 오류 발생
Traceback (most recent call last):
  File "<pyshell#27>", line 1, in <module>
    tot = a+city
TypeError: can only concatenate tuple (not "list") to tuple
>>> s1 = 'I like '
>>> s2 = s1 + "Python language"       # 문자열 자료형을 연결
>>> s2
'I like Python language'
```

4 반복

반복(Repetition)은 '*'연산자를 사용하여 시퀀스 자료형을 원하는 만큼 반복시킬 수 있는 기능입니다.

형식

```
자료형 * 반복횟수
```

```
>>> lang = ("C", "Java", " Python")   # 튜플 자료형 생성
>>> langs = lang * 3                   # lang를 3번 반복하여 langs에 저장
```

```
>>> langs
('C', 'Java', ' Python', 'C', 'Java', ' Python', 'C', 'Java', ' Python')
>>> nat = '대한민국' * 50           # 문자열을 50번 반복하여 저장
>>> nat
'대한민국대한민국대한민국대한민국대한민국대한민국대한민국대한민국대한민국대한민국대한민국대한
민국대한민국대한민국대한민국대한민국대한민국대한민국대한민국대한민국대한민국대한민국대한민국
대한민국대한민국대한민국대한민국대한민국대한민국대한민국대한민국대한민국대한민국대한민국대한
민국대한민국대한민국대한민국대한민국대한민국대한민국대한민국대한민국대한민국대한민국대한민국
대한민국대한민국대한민국대한민국'
>>> nat = ['대한민국'] * 50         # 리스트를 50번 반복하여 저장
>>> nat
['대한민국', '대한민국', '대한민국', '대한민국', '대한민국', '대한민국', '대한민국', '대한민
국', '대한민국', '대한민국', '대한민국', '대한민국', '대한민국', '대한민국', '대한민국', '대
한민국', '대한민국', '대한민국', '대한민국', '대한민국', '대한민국', '대한민국', '대한민국',
'대한민국', '대한민국', '대한민국', '대한민국', '대한민국', '대한민국', '대한민국', '대한민
국', '대한민국', '대한민국', '대한민국', '대한민국', '대한민국', '대한민국', '대한민국', '대
한민국', '대한민국', '대한민국', '대한민국', '대한민국', '대한민국', '대한민국', '대한민국',
'대한민국', '대한민국', '대한민국', '대한민국']
```

5 멤버 유무 검사

멤버 유무 검사는 시퀀스 자료형에 특정 자료가 있는지를 알려주는 기능입니다. in 연산자를 사용하여 시퀀스 자료형에 특정 자료가 있는지 True 또는 False로 알려줍니다. 또한 in 연산자는 for 반복문에 효율적으로 사용될 수 있습니다.

형식

```
자료 in 자료형
```

```
>>> color = ['red','green','blue','white']
>>> 'black' in color                # black이 리스트에 있는가?
False
>>> s1 = 'Python'
>>> 't' in s1                       # t가 문자열에 있는가?
True
```

```
>>> for i in s1 :
...     print(i)                    # 문자열을 반복하면서 출력
...
...
P
y
t
h
o
n
```

6 길이 정보

파이썬에서는 내장 함수인 len() 함수를 이용하여 시퀀스 자료형의 길이를 알 수 있습니다.

형식

```
len(자료형)
```

```
>>> s1 = 'I like Python language'
>>> len(s1)
22
>>> city = ['서울시', 800, '부산시', 400]
>>> len(city)
4
```

Section 03 문자열

시퀀스 자료형인 문자열은 파이썬에서 가장 많이 사용되는 자료형입니다. 문자열은 앞 절에서 설명한 '시퀀스 자료형의 연산'과 3장에서 설명한 '내장 함수' 대부분이 적용될 수 있습니다. 이 절에서는 문자열을 생성하는 다양한 방법과 문자열에서 사용 가능한 메소드를 중심으로 설명합니다.

1 문자열 생성

파이썬에서는 다음과 같이 다양한 방법으로 문자열을 생성할 수 있습니다.

```
>>> s1 = 'I like Python'              # 작은따옴표로 생성
>>> s2 = "I love Python"              # 큰따옴표로 생성
>>> s3 = ''' I really love Python'''  # 3개의 작은따옴표로 생성
>>> s4 = '''I like Python
... I love Python
... l really love Python'''  # 3개의 작은따옴표를 사용하여 여러 줄의 문자열 생성
>>> print(s1,s2,s3)
I like Python I love Python  I really love Python
>>> print(s4)
I like Python
I love Python
l really love Python
>>> s5 = ''                           # 작은따옴표로 빈 문자열 생성
>>> s6 = str()                        # str() 함수를 사용하여 빈 문자열 생성
>>> len(s5)                           # 빈 문자열의 길이
0
```

또한 문자열 자체에 따옴표를 표현하기 위한 다양한 방법을 제공합니다.

```
>>> s1 = "I like 'Python' language"        # 큰따옴표 내에 작은따옴표를 사용
>>> print(s1)
I like 'Python' language
>>> s2 = 'I like \'Python\' language'      # 작은따옴표 내에 \'를 사용
>>> print(s2)
I like 'Python' language
>>> s3 = 'I like "Python" language'        # 작은따옴표 내에 큰따옴표를 사용
>>> print(s3)
I like "Python" language
>>> s4 = '''I 'like' "Python" language'''  # 3개의 작은따옴표 내에 각 따옴표 사용
>>> print(s4)
I 'like' "Python" language
```

파이썬에서는 str() 함수를 사용하여 다른 자료형을 문자열 변환하여 새로운 문자열을 생성할 수 있습니다.

```
>>> s1 = str(1234)       # 정수로 문자열 생성
>>> s1
'1234'
>>> type(s1)             # s1의 형?
<class 'str'>
>>> s2 = str(123.456)    # 실수로 문자열 생성
>>> s3 = str([1,2,3])    # 리스트로 문자열 생성. 리스트 자체를 문자열로 인식
>>> s3[0]                # 문자열의 첫 번째 문자는?
'['
>>> s4 = str({1,2,3})    # 튜플로 문자열 생성. 튜플 자체를 문자열로 인식
>>> s4[2]                # 문자열의 세 번째 문자는?
','
```

2 문자열 메소드

함수(function)와 메소드(method) 사용 방법의 차이는 이전에 설명하였습니다. 파이썬의 내장 함수는 파이썬 언어 자체에서 제공되는 함수를 의미하며, 메소드는 해당되는 객체에서 제공하는 기능을 의미합니다.

문자열 메소드는 파이썬의 문자열 객체에서 제공하는 유용한 기능들을 모아놓은 것입니다. 즉 문자열 메소드는 문자열 객체에만 적용되는 메소드입니다. 많이 사용하는 메소드를 중심으로 예제를 통하여 설명하겠습니다.

표 6-1 문자열 메소드의 종류

capitalize()	format_map()	isnumeric()	maketrans()	split()
casefold()	index()	isprintable()	partition()	splitlines()
center()	isalnum()	isspace()	replace()	startswith()
count()	isalpha()	istitle()	rfind()	strip()
encode()	isascii()	isupper()	rindex()	swapcase()
endswith()	isdecimal()	join()	rjust()	title()
expandtabs()	isdigit()	ljust()	rpartition()	translate()
find()	isidentifier()	lower()	rsplit()	upper()
format()	islower()	lstrip()	rstrip()	zfill()

대소문자 변환

문자열의 대소문자 변환과 연관된 메소드의 사용 예입니다. capitalize(), title(), upper(), lower() 메소드를 사용합니다.

```
>>> s1 = 'i like python language'       # 소문자로 문자열 생성
>>> s2 = s1.capitalize()                # 문자열의 첫 문자만 대문자로 만듦
>>> s2
'I like python language'
>>> s3 = s1.title()                     # 모든 단어의 첫 문자를 대문자로 만듦
>>> s3
'I Like Python Language'
>>> s4 = s1.upper()                     # 모두 대문자로 만듦
>>> s5 = s4.lower()                     # 모두 소문자로 만듦
>>> print(s4,s5)
I LIKE PYTHON LANGUAGE i like python language
```

문자열 정렬

문자열에서 정렬을 위한 함수로 center(), ljust(), rjust() 메소드가 제공되며, 문자열에서 특정 문자(또는 문자열)의 개수를 알려주는 count() 메소드가 있습니다.

```
>>> s1 = 'I like Python'                # 문자열 생성
>>> s2 = s1.center(30)                  # 30칸 공간에 가운데 정렬
>>> s2
'        I like Python         '
>>> s3 = s1.center(30,'*')              # 30칸 공간에 가운데 정렬. 빈 공간에 '*' 출력
>>> s3
'********I like Python*********'
>>> s4 = s1.ljust(30)                   # 30칸 공간에 왼쪽 정렬
>>> s4
'I like Python                 '
>>> s4 = s1.rjust(30,'@')               # 30칸 공간에 오른쪽 정렬. 빈 공간에 '@'출력
>>> s4
'@@@@@@@@@@@@@@@@@I like Python'
>>> s5 = 'I like Python language'       # 문자열 생성
>>> s5.count('a')                       # 문자열에 'a'가 몇 개 있는가?
2
>>> s5.count('a',0,12)                  # 문자열 인덱스 0부터 12사이에 'a'가 몇 개 있는가?
0
>>> s5.count('a',12)                    # 문자열 인덱스 12이후에 'a'가 몇 개 있는가?
2
```

문자열 내의 위치

파이썬에서는 문자열에 특정 문자가 있는 위치를 찾아주는 메소드와 문자열의 시작과 끝을 확인할 수 있는 메소드가 제공됩니다. index(), rindex(), find(), rfind(), startswith(), endswith() 메소드가 있습니다.

```
>>> s1 = 'I like Python language'       # 문자열 생성
>>> s1.index("l")                       # 문자열 내에서 'l'의 인덱스
2
>>> s1.find("l")                        # 문자열 내에서 'l'의 인덱스
2
>>> s1.rindex("l")                      # 문자열 내에서 'l'의 오른쪽부터 검색
14
```

```
>>> s1.rfind("l")              # 문자열 내에서 'l'의 오른쪽부터 검색
14
>>> s1.index('python')         # 문자열 내 'python' 인덱스로, 없을 경우 오류 발생
Traceback (most recent call last):
  File "<pyshell#121>", line 1, in <module>
    s1.index('python')
ValueError: substring not found
>>> s1.find('python')          # 문자열 내에서 'python'의 인덱스. 없을 경우 -1 반환
-1
>>> s1.startswith('I like')    # 문자열이 'I like'로 시작하는가?
True
>>> s1.endswith('aga')         # 문자열이 'aga'로 끝나는가?
False
```

문자열의 결합, 분리

파이썬에서는 문자열을 결합하고 분리하기 위한 메소드로 join(), split(), rsplit(), splitlines()를 제공하고 있습니다.

```
>>> list1 = ['1','2','3','4','5']  # 문자열 리스트 생성
>>> s1 = '-'.join(list1)           # '-' 문자와 리스트를 조인
>>> s1
'1-2-3-4-5'
>>> type(s1)                       # 반환된 값의 형은 문자열
<class 'str'>
# 문자열의 join 메소드는 리스트, 튜플, 집합, 딕셔너리, 문자열에 적용
>>> dict1 = {'apple':'사과','grape':'포도','peach':'복숭아'} # 딕셔너리 생성
>>> '-'.join(dict1)                # 딕셔너리의 키에 해당되는 문자열에 조인하여 반환
'apple-grape-peach'
>>> list2 = [1,2,3,4,5]            # 정수 리스트 생성
>>> '-'.join(list2)                # 정수 리스트와 조인 & 오류 발생
Traceback (most recent call last): # join 되는 대상은 반드시 문자열이어야 함
  File "<pyshell#130>", line 1, in <module>
    '-'.join(list2)
TypeError: sequence item 0: expected str instance, int found
```

```
>>> s1 = 'I like Python language'  # 문자열 생성
>>> list1 = s1.split()             # 문자열을 스페이스로 분리하여 리스트로 반환
```

```
>>> list1
['I', 'like', 'Python', 'language']
>>> type(list1)                        # 반환되는 형은 리스트
<class 'list'>
>>> s2 = 'I-like-Python-language'      # 문자열 생성
>>> s2.split('-')                      # 문자열을 '-'로 분리하여 리스트로 반환
['I', 'like', 'Python', 'language']
>>> s2.split('-',1)                    # 문자열을 '-'로 한 번만 분리
['I', 'like-Python-language']
>>> s2.split('-',2)                    # 문자열을 '-'로 두 번만 분리
['I', 'like', 'Python-language']
>>> s2.rsplit('-',1)                   # 문자열을 오른쪽부터 '-'로 한 번만 분리
['I-like-Python', 'language']
>>> s2.rsplit('-',2)                   # 문자열을 오른쪽부터 '-'로 두 번만 분리
['I-like', 'Python', 'language']
>>> s3 = 'I\nlike\nPython\nlanguage'   # 각 단어마다 줄을 바꾸는 문자열 생성
>>> s3.splitlines()                    # '\n'을 기준으로 분리하여 리스트로 반환
['I', 'like', 'Python', 'language']
```

문자열에서 특정 문자 제거, 변환

문자열에서 불필요한 스페이스를 제거하는 데 유용한 strip(), rstrip(), lstrip() 메소드를 제공합니다. 문자열을 분할하여 튜플로 반환해주는 partition(), rpartition() 메소드, 문자열을 대체해주는 replace(), 문자열에 0을 채워주는 fizfill() 메소드를 제공합니다.

```
>>> s1 = '   I like Python language   '   # 문자열 양 옆 공란 포함한 문자열 생성
>>> s1.strip()                         # 문자열 양 옆 공란 제거
'I like Python language'
>>> s1.rstrip()                        # 문자열 오른쪽 공란만 제거
'   I like Python language'
>>> s1.lstrip()                        # 문자열 왼쪽 공란만 제거
'I like Python language   '
>>> s2 = 'I like    Python language'   # 문자열 중간에 공란 포함한 문자열 생성
>>> s2.strip()                         # 중간의 공란은 제거하지 않음
'I like    Python language'
>>> s3 = 'I like Python language'      # 문자열 생성
>>> tup1 = s3.partition('Python')      # 'Python'을 기준으로 문자열 3개 요소로
>>> tup1                                 나누어 튜플로 반환
('I like ', 'Python', ' language')
```

```
>>> type(tup1)                          # 반환된 타입?
<class 'tuple'>
>>> s3.replace('like','love')           # 특정 문자열을 지정된 문자열로 대체
'I love Python language'
>>> s3.zfill(30)                        # 30칸에 문자열을 넣고 남는 공간 '0'으로 채움
'00000000I like Python language'
```

문자열 검사

문자열 객체에서는 문자열을 검사하여 참 또는 거짓을 반환하는 다양한 메소드를 제공합니다. istitle(), isalnum(), isalpha(), isdight(), isidentifier(), islower(), isupper(), isspace() 등의 메소드를 제공합니다.

```
>>> s1 = 'I  Like Python Language'     # 문자열 생성
>>> s1.istitle()                        # 모든 단어의 첫 문자가 대문자?
True
>>> s2 = 'abc123'                       # 문자열 생성
>>> s2.isalnum()                        # 모든 문자열이 숫자와 문자로만 구성?
True
>>> s3 = '1234567890'                   # 문자열 생성
>>> s3.isdigit()                        # 모든 문자열이 숫자로만 구성?
True
>>> s4 = 'ILikePythonLanguage'          # 문자열 생성
>>> s4.isalpha()                        # 모든 문자열이 문자로만 구성?
True
>>> s5 = s1.upper()                     # 문자열의 모든 문자를 대문자로 변환
>>> s5
'I LIKE PYTHON LANGUAGE'
>>> s5.isupper()                        # 문자열의 모든 문자가 대문자?
True
>>> s6 = s1.lower()                     # 문자열의 모든 문자를 소문자로 변환
>>> s6.islower()                        # 문자열의 모든 문자가 소문자?
True
```

실습예제 6-1

사용자로부터 입력받은 문장을 다음과 같이 출력하는 프로그램을 작성하시오.

실행 결과

```
영어 문장을 입력 : I love python
입력된 문장의 길이 : 13
각 단어의 첫 문자를 대문자로 변환 : I Love Python
모든 글자를 대문자로 변환 : I LOVE PYTHON
문자열에 a가 몇번 나타났는가 : 0
입력된 문자열이 모두 문자로만 구성되었는가? : False
입력된 문자열이 모두 숫자로만 구성되었는가? : False
입력된 문자열이 모두 대문자 구성되었는가? : False
```

문자열에 적용될 수 있는 함수와 메소드를 사용합니다.

코드 6-1 ex06-01.py

```
st = input("영어 문장을 입력 : ")

print("입력된 문장의 길이는 :",len(st))
print("각 단어의 첫 문자를 대문자로 변환 :",st.title())
print("모든 글자를 대문자로 변환 :",st.upper())
print("문자열에 a가 몇번 나타났는가 :", st.count('a'))
print("입력된 문자열이 모두 문자로만 구성되었는가? :", st.isalpha())
print("입력된 문자열이 모두 숫자로만 구성되었는가? :", st.isdigit())
print("입력된 문자열이 모두 대문자 구성되었는가? :", st.isupper())
```

실습예제 6-2

사용자로부터 입력받은 문장에서 스페이스가 몇 개인지 출력하고, 스페이스를 없앤 문장을 출력하는 프로그램을 작성하시오.

실행 결과

```
문장을 입력하세요 : I like python I love python
문장에서 스페이스 개수 : 5
스페이스가 삭제된 문장 : IlikepythonIlovepython
```

문자열에 적용될 수 있는 count(), replace() 메소드를 사용합니다.

코드 6-2 ex06-02.py

```
st = input("문장을 입력하세요 : ")

print("문장에서 스페이스 개수 :", st.count(' '))      # 스페이스 개수 출력

print("스페이스가 삭제된 문장 :", st.replace(' ','')) # 스페이스 삭제
```

Section 04

리스트

시퀀스 자료형인 리스트는 생성된 후에 변경이 가능한 자료형입니다. 리스트는 3장에서 설명한 내장 함수 대부분이 적용될 수 있으며, 앞의 2절에서 기술한 시퀀스 자료형 연산이 적용될 수 있습니다.

리스트(list)는 동일한 형의 데이터는 물론 파이썬에서 제공하는 모든 자료형의 데이터를 요소로 가질 수 있습니다. 또한 리스트의 중간에 새로운 요소를 삽입하거나 삭제할 수 있는 자료구조입니다.

이 절에서는 리스트를 생성하는 다양한 방법과 리스트에서 사용 가능한 메소드를 중심으로 설명합니다.

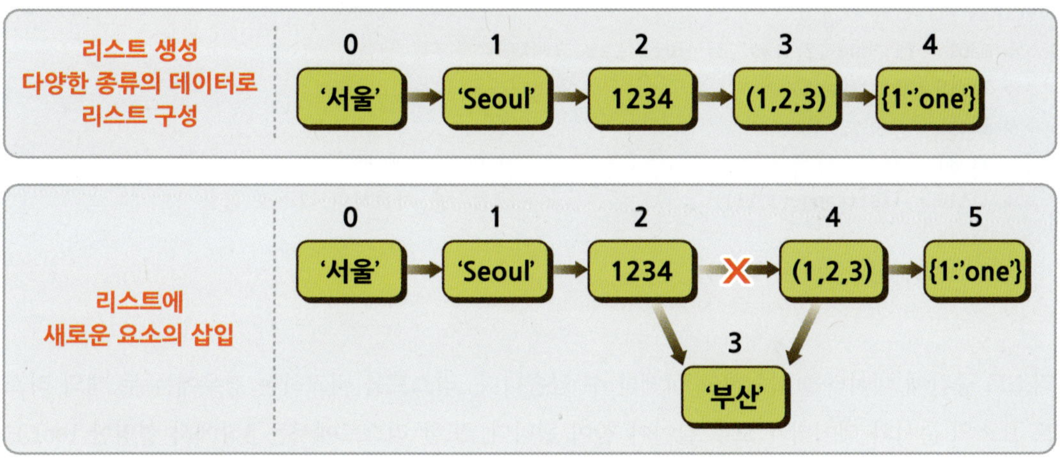

그림 6-2 리스트의 생성과 요소의 삽입

1 리스트 생성

리스트는 프로그램에서 대괄호를 사용하여 직접 생성할 수도 있고, 자료형 변환 함수인 list()를 사용하여 다른 자료형의 데이터를 리스트로 생성할 수 있습니다. 예제를 통하여 리스트를 생성하는 예를 설명합니다.

```
>>> list1 = [1,2,3,4,5]                    # 리스트 생성
>>> list2 = [1,'one',(1,2,3),"Seoul"]      # 다양한 자료를 가진 리스트 생성
>>> lang = 'Python'                        # 문자열 생성
>>> list3 = list(lang)                     # 문자열을 리스트로 생성
>>> list3
['P', 'y', 't', 'h', 'o', 'n']
>>> type(list3)                            # list3의 형?
<class 'list'>
>>> tup1 = {1,2,3,4,5}                     # 튜플 생성
>>> list4 = list(tup1)                     # 튜플을 리스트로 생성
>>> list4                                  # list4의 형?
[1, 2, 3, 4, 5]
>>> type(list4)
<class 'list'>
>>> map1 = {1:'one',2:'two',3:'three'}     # 딕셔너리 자료형 생성
>>> list5 = list(map1)                     # 딕셔너리를 리스트로 생성
>>> list5
[1, 2, 3]
>>> list6 = list(range(1,11))              # range()함수를 사용하여 리스트 생성
>>> list6
[1, 2, 3, 4, 5, 6, 7, 8, 9, 10]
```

리스트 중간에 데이터를 삽입하고 삭제할 수 있습니다. 리스트를 비교하는 경우에는 두 개의 리스트 요소의 순서와 데이터가 모두 같아야 참이 됩니다. 또한 리스트에서는 3장에서 설명한 len(), max(), min(), sum(), sorted(), reversed() 함수들을 적용할 수 있습니다.

```
>>> list1 = [1,2,3,4,5]                    # 리스트 생성
>>> list1[2] = (1,2,3)                     # 리스트의 3번째 요소에 튜플 삽입
```

```
>>> list1
[1, 2, (1, 2, 3), 4, 5]
>>> del list1[0]                        # del 연산자를 사용하여 첫 번째 요소를 삭제
>>> list1
[2, (1, 2, 3), 4, 5]
>>> list2 = [1,2,3]
>>> list3 = [3,2,1]
>>> list4 = [1,2,3]
>>> list2 == list3, list2 == list4      # 두 개의 리스트가 같은가?
(False, True)
>>> sum(list2)                          # sum() 함수를 사용한 리스트 요소의 합
6
>>> sum(list1)                          # 리스트 요소의 데이터 타입이 달라 오류 발생
Traceback (most recent call last):
  File "<pyshell#25>", line 1, in <module>
    sum(list1)
TypeError: unsupported operand type(s) for +: 'int' and 'tuple'
>>> max(list2), min(list2)              # 최댓값, 최솟값
(3, 1)
```

2 리스트 메소드

리스트 메소드는 파이썬의 리스트 객체에서 제공하는 유용한 기능들을 모아놓은 것입니다. 즉 리스트 메소드는 리스트에만 적용되는 메소드입니다. 많이 사용하는 메소드를 중심으로 예제를 통하여 설명합니다.

표 6-2 리스트 메소드의 종류

append()	count()
insert()	reverse()
clear()	extend()
pop()	sort()
copy()	index()
remove()	

리스트에 요소 삽입, 확장

리스트에 데이터를 추가하는 다양한 방법과 확장하는 방법을 제공하는 append(), insert(), extend() 메소드가 있습니다. 예제를 통하여 설명합니다.

```
>>> list1 = [1,2,3,4,5]
>>> list1.append((1,2,3))              # 리스트 마지막에 튜플 삽입
>>> list1
[1, 2, 3, 4, 5, (1, 2, 3)]
>>> list1.insert(2,'Korea')            # 리스트의 특정 위치에 삽입
>>> list1
[1, 2, 'Korea', 3, 4, 5, (1, 2, 3)]
>>> list1 = [1,2,3]
>>> list1.extend('Python')             # 리스트를 문자열과 연결하여 확장
>>> list1
[1, 2, 3, 'P', 'y', 't', 'h', 'o', 'n']
>>> list1.extend([1,2,3])              # 리스트를 리스트와 연결하여 확장
>>> list1
[1, 2, 3, 'P', 'y', 't', 'h', 'o', 'n', 1, 2, 3]
>>> list1 = [1,2,3]
>>> list1.extend({2,3,4,5})            # 리스트를 집합과 연결하여 확장
>>> list1
[1, 2, 3, 2, 3, 4, 5]
>>> list1.extend(range(100,105))       # range() 함수를 사용하여 리스트 확장
>>> list1
[1, 2, 3, 2, 3, 4, 5, 100, 101, 102, 103, 104]
```

리스트에서 요소 삭제 및 개수

리스트에 있는 요소를 삭제하는 메소드로 pop(), remove(), clear() 등의 메소드가 제공되고, 리스트 요소의 개수를 반환하는 count() 메소드가 있습니다.

```
>>> cities = ['seoul','daejeon','daegu','busan']  # 리스트 생성
>>> last_city = cities.pop()          # pop() 메소드를 사용하여 마지막 요소를 삭제
>>> last_city
'busan'
>>> cities
['seoul', 'daejeon', 'daegu']
```

```
>>> first_city = cities.pop(0)          # 리스트의 첫 번째 요소를 삭제하고 반환
>>> first_city
'seoul'
>>> cities
['daejeon', 'daegu']
>>> cities.remove('daejeon')            # 지정된 요소 삭제
>>> cities
['daegu']
>>> cities.clear()                      # 리스트의 모든 요소를 삭제하고 빈 리스트로 만들기
>>> cities
[]
>>> num = [1,2,3,2,3,4,2,1,1,3]
>>> num.count(3)                        # 리스트에 지정된 요소가 몇 개?
3
```

리스트의 대입과 복사

리스트를 복사하기 위해서는 copy() 메소드를 사용합니다. 리스트를 직접 대입하는 경우 객체의 주소가 대입되기 때문에 대입의 경우에는 두 개의 리스트가 동일한 리스트를 가리키게 됩니다. 이 경우 하나의 리스트 요소 값이 변경되면 대입된 다른 리스트의 요소 값도 변경되는 부작용(side effect)이 발생합니다.

```
>>> num1 = [1,2,3]
>>> num2 = num1                         # 리스트를 대입
>>> id(num1),id(num2)                   # 객체의 주소로, 동일한 값을 가짐
(1686979516480, 1686979516480)
>>> num1.insert(1,100)                  # insert() 메소드를 이용하여 num1에 요소 삽입
>>> num1,num2                           # 두 개의 리스트에 모두 삽입
([1, 100, 2, 3], [1, 100, 2, 3])
>>> num3 = [1,2,3]
>>> num4 = num3.copy()                  # copy() 메소드를 사용하여 복사
>>> id(num3),id(num4)                   # 객체의 주소로, 서로 다른 값을 가짐
(1686979717120, 1686979717888)
>>> num3.insert(1,100)                  # insert() 메소드를 이용하여 num3에 요소 삽입
>>> num3,num4                           # num3에만 요소 삽입
([1, 100, 2, 3], [1, 2, 3])
```

리스트의 인덱스, 정렬

리스트 내에서의 특정 요소의 위치를 반환하는 index() 메소드와 리스트를 정렬하는 sort() 메소드, 리스트를 역순으로 만들어주는 reversed() 메소드가 있습니다.

```
>>> num1 = [33,22,11,77,88,33,99,66,55,22] # 리스트생성
>>> num1.index(22)                         # 지정된 요소의 위치로, 처음부터 검색
1
>>> num1.index(22,2)                       # 지정된 요소의 위치로, 세 번째부터 검색
9
>>> num1.index(33,2,9)                     # 인덱스 2~9 사이에서 33을 검색
5
>>> num1.sort()                            # 오름차순으로 정렬
>>> num1
[11, 22, 22, 33, 33, 55, 66, 77, 88, 99]
>>> langs = ['C','Java','Python','C#']     # 리스트 생성
>>> langs.sort()                           # 문자의 코드 값으로 정렬
>>> langs
['C', 'C#', 'Java', 'Python']
>>> langs = ['C','Java','Python','C#']     # 리스트 생성
>>> langs.sort(reverse=True)               # 문자의 코드 값을 기준으로 내림차순 정렬
>>> langs
['Python', 'Java', 'C#', 'C']
>>> langs.reverse()                        # 리스트를 역순으로
>>> langs
['C', 'C#', 'Java', 'Python']
```

3 다중 리스트

리스트의 요소로 또 다른 리스트를 가질 수 있으며, 이러한 리스트를 다중 리스트라고 합니다. 다중 리스트의 인덱스는 2차원 형태로 사용됩니다.

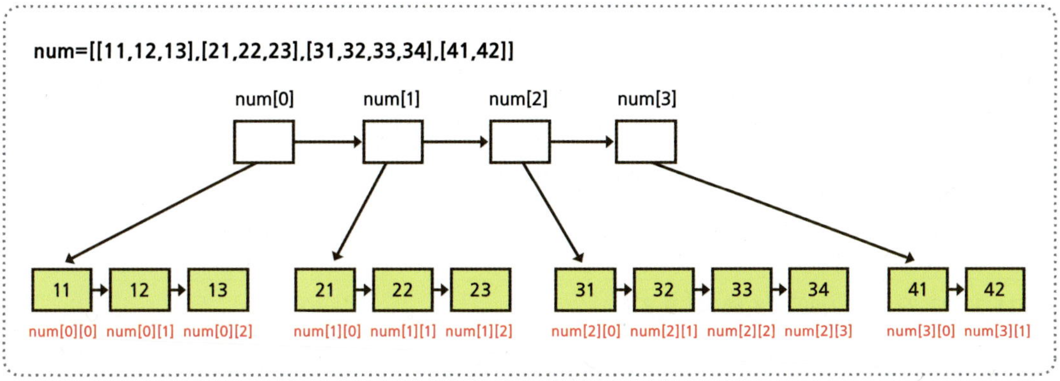

그림 6-3 **다중 리스트의 구성과 인덱스**

다음은 다중 리스트를 구성하고, 리스트 요소의 합을 구하는 예를 나타내었습니다.

```
>>> num = [[11,12,13],[21,22,23],[31,32,33,34],[41,42]]  # 다중 리스트 생성
>>> for j in range(len(num)) :                 # 리스트 길이만큼 반복
...     sum=0
...     for i in range(len(num[j])) :          # 리스트의 각 요소의 길이만큼 반복
...         sum = sum + num[j][i]              # 각 요소의 합
...     print(j + 1,'번째 줄의 합 :', sum)  # 합을 출력
...
...
1 번째 줄의 합 : 36
2 번째 줄의 합 : 66
3 번째 줄의 합 : 130
4 번째 줄의 합 : 83
>>> comp = [1,2,['a','b','c',['A','B']]]       # 다중 리스트 생성
>>> comp[2]                                    # 세 번째 요소
['a', 'b', 'c', ['A', 'B']]
>>> comp[2][3]                                 # 세 번째 요소의 네 번째 요소
['A', 'B']
>>> comp[2][3][1]      # 세 번째 요소의 네 번째 요소의 세 번째 요소의 두 번째 요소
'B'
>>> comp[2][3][2]      # 세 번째 요소의 네 번째 요소의 세 번째 요소. 오류 발생
Traceback (most recent call last):
  File "<pyshell#125>", line 1, in <module>
    comp[2][3][2]
IndexError: list index out of range
```

실습예제 6-3

다음과 같은 2차원 다중리스트가 있을 때, 각 줄의 합을 출력하고, 모든 요소 중에서 가장 작은 값을 구하는 프로그램을 작성하시오. 최솟값을 구하는 min() 함수와 합을 구하는 sum() 함수를 사용하시오.

```
[[11,33,22,7],[77,2,90],[3,66,44,9,8]]
```

실행 결과

```
1 번째 줄의 합 : 73
2 번째 줄의 합 : 169
3 번째 줄의 합 : 130
리스트에서 가장 작은 값 : 2
```

코드 6-3 ex06-03.py

```
list1 = [[11,33,22,7],[77,2,90],[3,66,44,9,8]]   # 리스트 생성

minvalue = min(list1[0])
# min() 함수를 이용하여 첫 번째 요소에서 가장 작은 값을  변수에 저장

for i in range(len(list1)) :                     # list1의 길이만큼 반복

        print((i + 1),"번째 줄의 합 :", sum(list1[i]))
        # sum() 함수를 사용하여 각 줄의 합 출력
        if minvalue > min(list1[i]) :            # 각 줄의 가장 작은 값 비교
            minvalue = min(list1[i])

print("리스트에서 가장 작은 값 :", minvalue)      # 가장 작은 값 출력
```

실습예제 6-4

1부터 사용자가 입력한 숫자 사이의 소수(prime number)의 리스트와 개수가 몇 개인지를 출력하는 프로그램을 작성하시오.

소수는 1이 아닌 자연수 중에서 1과 자기 자신 이외의 약수를 갖지 않는 수

실행 결과

```
숫자 입력 : 31
1부터 31 까지 소수의 리스트 : [2, 3, 5, 7, 11, 13, 17, 19, 23, 29, 31]
1부터 31 까지 소수의 개수 : 11
```

소수를 구하기 위해 중첩된 반복문을 사용하고, 리스트에 요소를 추가하기 위해 append() 메소드를 사용합니다. 소수의 개수를 구하기 위해 len() 함수를 사용합니다.

코드 6-4 ex06-04.py

```
num = int(input("숫자 입력 : "))            # 숫자를 정수로 입력
pnum = []                                   # 비어있는 리스트 생성

for i in range(1, num + 1) :               # 1부터 지정된 숫자까지 반복
        dcount = 0   # 약수의 개수를 저장하기 위한 변수

        for j in range(1, i + 1) :         # 1부터 각 숫자까지 반복

                if i % j == 0 :             # 숫자로 나누어지면?
                        dcount = dcount + 1 # 약수의 개수를 증가

        if dcount == 2 :                    # 약수의 개수가 2개이면?
            pnum.append(i)                  # 리스트에 추가

print("1부터",num,"까지 소수의 리스트 :", pnum)
print("1부터",num,"까지 소수의 개수 :", len(pnum))
```

실습예제 6-5

1부터 100사이의 정수 난수(random number) 10개를 발생시켜 리스트에 저장하고, 리스트에서 가장 큰 값과 가장 작은 값을 출력한 뒤, 리스트 값의 합계와 오름차순으로 정렬된 리스트를 출력하는 프로그램을 작성하시오.

파이썬에서 난수를 발생시키기 위해서는 랜덤 모듈을 사용해야하며, 랜덤 모듈을 사용하기 위해서 프로그램의 처음에 `import random`을 포함시켜야 합니다. 또한 1부터 100사이의 정수 난수를 구하는 메소드로는 `random.randint(1,100)`를 사용합니다.

실행 결과

```
생성된 리스트 : [91, 15, 76, 54, 8, 99, 62, 46, 72, 100]
가장 큰 값 : 100
가장 작은 값 : 8
전체 요소의 합 : 623
정렬된 리스트 : [8, 15, 46, 54, 62, 72, 76, 91, 99, 100]
```

시퀀스 자료형에서 사용되는 다양한 함수와 리스트 객체에서 제공되는 메소드를 이용합니다.

코드 6-5 ex06-05.py

```python
import random                          # random 모듈 사용 선언
num = []                               # 비어있는 리스트 num 선언
for i in range(10) :                   # 10번 반복
    num.append(random.randint(1,100))  # 리스트에 10개의 난수 추가
print("생성된 리스트 :", num)
print("가장 큰 값 :", max(num))        # max() 함수 이용
print("가장 작은 값 :", min(num))      # min() 함수 이용
print("전체 요소의 합 :", sum(num))    # sum() 함수 이용
num.sort()                             # sort() 함수 이용
print("정렬된 리스트 :", num)
```

실습예제 6-6

다음과 같이 학번과 점수로 구성된 다중 이차원 리스트를 구성하고, 학 학생의 총점을 출력하는 프로그램을 작성하시오. 각 학생의 총점은 학번과 같은 열에 있는 점수 3개의 합을 구하여 출력하시오.

```
num = [[2020001,2019002,2019003,2019004,2020005],
       [89,74,88,99,95],[91,75,68,98,88],[79,94,68,94,92]]
```

실행 결과

```
2020001 학생의 총점은 : 259
2019002 학생의 총점은 : 243
2019003 학생의 총점은 : 224
2019004 학생의 총점은 : 291
2020005 학생의 총점은 : 275
```

2차원 리스트에 접근하기 위한 인덱스를 활용하여 각 학생의 총점을 출력합니다.

코드 6-6 ex06-06.py

```
# 중첩 리스트를 이용하여 2차원 리스트 구성
num = [[2020001,2019002,2019003,2019004,2020005],
       [89,74,88,99,95],[91,75,68,98,88],[79,94,68,94,92]]

j = 0

for s in range(len(num[0])):   # 학생 수 만큼 반복하면서 총점 출력

    print(num[j][s],"학생의 총점은 :", num[j+1][s]+num[j+2][s]+num[j+3][s])
```

Section

05 튜플

시퀀스 자료형인 튜플(tuple)은 생성된 후에 변경이 불가능하다는 점을 제외하고는 리스트와 유사합니다. 사용자는 한 번 생성된 후에 변경의 필요성이 있는 경우에는 리스트를, 변경이 불필요한 경우에는 튜플을 사용하면 됩니다.

1 튜플 생성

튜플은 괄호를 사용하여 프로그램에서 직접 생성할 수 있습니다. 또한 자료형 변환 함수인 tuple()을 사용하여 다른 자료형의 데이터를 튜플로 생성할 수 있습니다.

```
>>> t1 = (1,2,3,4,5)                # 튜플 생성
>>> t2 = 11,22,33,44,55             # 괄호 없이 튜플 생성 가능하며, 콤마로 구분
>>> type(t1),type(t2)               # 타입은?
(<class 'tuple'>, <class 'tuple'>)
>>> t1[2]                           # 인덱스를 이용한 세 번째 요소의 값?
3
>>> t1[2] = 20                      # 값의 변경을 시도하지만, 오류 발생
Traceback (most recent call last):
  File "<pyshell#144>", line 1, in <module>
    t1[2]=20
TypeError: 'tuple' object does not support item assignment
>>> lang = 'Python'
>>> t3 = tuple(lang)                # 문자열로 튜플 생성
>>> t3
('P', 'y', 't', 'h', 'o', 'n')
>>> t4 = tuple(range(1,10,2))       # range() 함수 이용
>>> t4
(1, 3, 5, 7, 9)
```

튜플 자료형 자체는 변경할 수 없습니다. 하지만 튜플의 요소가 리스트, 집합, 딕셔너리일 경우 각 요소들은 변경이 가능합니다. 예제를 통해 설명합니다.

```
>>> t1 = (1,2,[10,20,30])     # 리스트를 튜플의 요소로 생성
>>> t1
(1, 2, [10, 20, 30])
>>> t1[2][1] = 100            # 튜플의 리스트 요소의 값 변경
>>> t1
(1, 2, [10, 100, 30])
>>> t1[2].append(40)          # 리스트의 append() 메소드 사용
>>> t1
(1, 2, [10, 100, 30, 40])
```

2 튜플 메소드

튜플은 생성된 후에 변경할 수 없는 자료형이므로 제공되는 메소드는 두 개입니다. 지정한 요소의 개수를 반환하는 count() 메소드와 지정한 요소의 위치를 반환하는 index() 메소드가 있습니다.

```
>>> # 튜플 생성
>>> color = ('white','red','green','blue','white','yellow','red','white')
>>>
>>> color.count('white')      # 'white'의 개수
3
>>> color.index('green')      # 'green'의 인덱스
2
>>> color.index('white',2)    # 인덱스 2 이후에서 'white'의 인덱스
4
>>> color.index('black')      # 요소에 없는 값의 인덱스 확인하지만, 오류 발생
Traceback (most recent call last):
  File "<pyshell#160>", line 1, in <module>
    color.index('black')
ValueError: tuple.index(x): x not in tuple
```

실습예제 6-7

다음과 같은 두 개의 튜플을 생성하고, 튜플로부터 하나의 리스트를 생성하는 프로그램을 작성하시오.

```
fruit = ('사과','배','파인애플','포도')
price = (5000,7000,4500,6000)
```

실행 결과

```
과일 튜플 : ('사과', '배', '파인애플', '포도')
가격 튜플 : (5000, 7000, 4500, 6000)
튜플로부터 생성된 과일+가격 리스트 : ['사과', 5000, '배', 7000, '파인애플', 4500, '포
도', 6000]
```

튜플은 한번 생성된 후에는 변경할 수 없는 특성을 가진 자료구조입니다. 반복문을 이용하여 튜플의 요소를 리스트에 추가합니다.

코드 6-7 ex06-07.py

```
fruit = ('사과','배','파인애플','포도')  # 튜플 생성
price = (5000,7000,4500,6000)

fp_list = []                       # 빈 리스트 생성
# fp_tuple=()                      # 빈 튜플 생성

for i in range(len(fruit)) :       # 튜플의 길이만큼 반복
        fp_list.append(fruit[i])   # 리스트에 추가
        fp_list.append(price[i])
        # fp_tuple.append(fruit[i]) # 튜플 추가? 오류 발생 & 튜플 변경 불가

print("과일 튜플 :",fruit)
print("가격 튜플 :",price)
print("튜플로부터 생성된 과일+가격 리스트 :", fp_list)
```

실습예제 6-8

다음과 같은 튜플을 생성하고, 각 요소가 튜플에 몇 번 나타났는지를 출력하는 프로그램을 작성하시오.

```
num = (1,4,6,5,4,3,2,0,1,2,4,6,7,9,4,0)
```

실행 결과

```
생성된 튜플 : (1, 4, 6, 5, 4, 3, 2, 0, 1, 2, 4, 6, 7, 9, 4, 0)
1 개수 : 2
4 개수 : 4
6 개수 : 2
5 개수 : 1
3 개수 : 1
2 개수 : 2
0 개수 : 2
7 개수 : 1
9 개수 : 1
```

튜플에 나타난 숫자의 개수를 한번만 출력하기 위해 리스트를 이용합니다. 시퀀스 자료형의 멤버 유무 검사 연산자인 'in'을 사용합니다.

코드 6-8 ex06-08.py

```
num = (1,4,6,5,4,3,2,0,1,2,4,6,7,9,4,0)   # 튜플 생성
print("생성된 튜플 :", num)

a_list = []                        # 중복 출력 하지 않기 위한 빈 리스트 생성

for i in range(len(num)) :         # 튜플의 길이만큼 반복

        if num[i] not in a_list :  # 리스트에 없는 경우만 출력

            print(num[i],"개수 :",num.count(num[i]))   # 개수 출력
            a_list.append(num[i])                      # 리스트에 추가
```

연습문제

01 입력된 문자가 회문(앞뒤에서 읽어도 같은 문자)인지를 판별하는 프로그램을 작성하시오. 단 대소문자를 같은 문자로 취급하고, 문자열에 공백이 있을 경우 공백을 제거하고 판단하시오.

[실행 결과]

```
문자열을 입력 : Madam
회문입니다
문자열을 입력 : Nurses Run
회문입니다
문자열을 입력 : cskim run
회문이 아닙니다
```

02 1부터 1000 사이의 소수를 구하여 리스트에 저장한 후, 소수와 소수의 개수를 출력하는 프로그램을 작성하시오.

03 다음과 같은 리스트를 생성하고, 회전 횟수를 입력받아 입력된 횟수만큼 회전된 리스트를 출력하는 프로그램을 작성 하시오.

```
최초의 리스트 : [1,2,3,4,5,6,7,8,9,10]
회전 횟수 : 3
3회전된 리스트 : [8,9,10,1,2,3,4,5,6,7]
```

04 다음과 같은 튜플에서 중복된 숫자와 중복 횟수를 출력하고, 중복이 제거된 요소를 리스트로 출력하는 프로그램을 작성하시오.

```
최초의 튜플 : (1,2,4,4,2,3,7,7,9,3)
중복된 숫자 : 2, 2회
중복된 숫자 : 4, 2회
중복된 숫자 : 3, 2회
중복된 숫자 : 7, 2회
중복이 제거된 리스트 : [1,2,3,4,7,9]
```

05 실행 결과를 참조하여 학생들의 답안을 채점하는 파이썬 프로그램을 작성하시오. 5명의 학생들이 제출한 답안지의 답을 아래와 같이 내포된 리스트(2차원)를 생성한 뒤, 문제의 정답을 프로그램에서 입력받아 학생들의 점수를 출력하시오.

```
학생1 1,3,2,4,3,1,4,2,2,1
학생2 3,2,4,2,2,1,1,3,4,1
학생3 2,4,3,2,1,2,1,3,3,4
학생4 2,3,3,1,1,3,2,2,4,4
학생5 3,1,1,2,4,1,2,3,1,3
```

[실행 결과]

```
정답을 입력하세요
1번 : 1
2번 : 2
3번 : 3
4번 : 4
5번 : 4
6번 : 3
7번 : 2
8번 : 1
9번 : 1
10번 : 2
학생 1의 점수 : 2점
학생 2의 점수 : 1점
학생 3의 점수 : 1점
학생 4의 점수 : 3점
학생 5의 점수 : 3점
```

CHAPTER 07

세트와 딕셔너리

학습목표

- 세트의 생성에 대해 알아봅니다.
- 세트에서 사용하는 서식과 메소드에 대해 학습합니다.
- 딕셔너리의 생성과 사용에 대해 알아봅니다.
- 딕셔너리에서 사용하는 서식과 메소드에 대해 학습합니다.

Preview

Chapter 07에서는 세트와 딕셔너리에 대해 알아봅니다. 먼저 세트의 생성과 메소드에 대해 배우고, 딕셔너리의 생성과 사용, 그리고 딕셔너리 메소드에 대해 학습합니다.

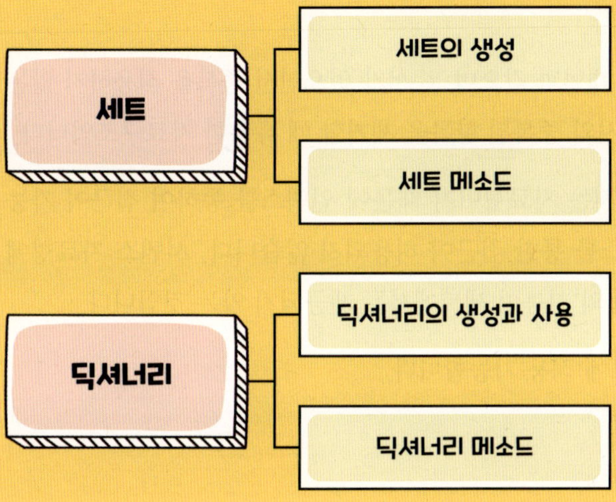

Section

01 세트

파이썬에서 세트(set)는 수학에서의 집합의 개념과 같으며, 순서가 없으면서 중복을 허용하지 않는 자료구조를 의미합니다. 세트는 주로 멤버 검사와 중복된 항목을 제거할 때 유용한 자료구조입니다.

6장에서 학습한 시퀀스 자료형은 순서를 가지는 자료형이기 때문에 인덱스를 통하여 접근이 가능하였지만, 세트는 순서가 없기 때문에 인덱스를 통한 접근이 허용되지 않습니다. 시퀀스 자료형에서 허용되는 인덱싱, 슬라이싱, 연결, 반복 등의 기능이 세트에서는 제공되지 않는 것입니다.

3장에서 학습한 대부분의 내장함수들은 세트에 적용 가능합니다.

```
set1 = set([1, 2, 3, 4])
set2 = set([3, 4, 5, 6])
```

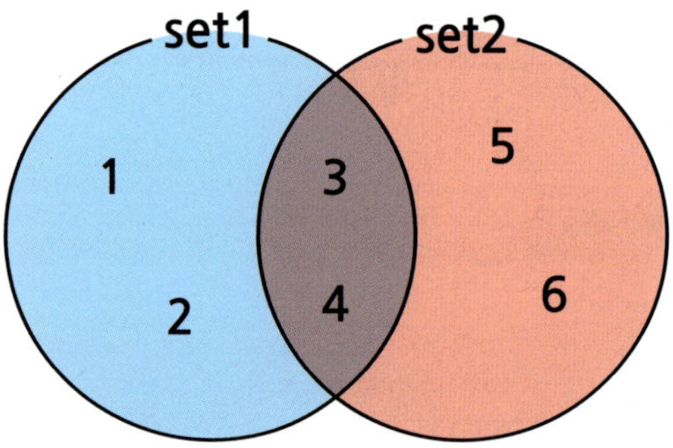

그림 7-1 **세트**

1 세트의 생성

세트는 수학에서의 집합 기호인 '{}'을 사용하여 생성할 수 있습니다. 또한 다른 자료형의 데이터를 `set()` 함수를 사용하여 세트를 생성할 수 있습니다. 그리고 세트는 중복을 허용하지 않기 때문에 생성 시 중복된 데이터가 입력되어도 하나의 데이터로 간주합니다.

세트는 다른 자료형의 데이터를 변환하여 생성할 수 있지만, 세트로 생성할 수 있는 자료형은 변하지 않는(immutable) 자료형만 가능합니다. 즉 정수, 실수, 복소수, 부울형, 문자열, 튜플 자료형만 가능하며, 리스트, 세트, 딕셔너리 자료형은 불가능합니다.

```
>>> num = {'one','two','three'}       # 3개의 요소로 세트 생성
>>> num                               # 순서가 없이 출력
{'two', 'three', 'one'}
>>> num = {3,2,1,3,4,2,1}             # 중복된 숫자로 세트 생성
>>> num                               # 중복이 제거된 세트로 생성
{1, 2, 3, 4}
>>> type(num)                         # num의 자료형
<class 'set'>
>>> len(num)                          # num의 길이
4
>>> set1 = set()                      # 비어 있는 세트 생성
>>> set1                              # 공세트
set()
>>> len(set1)                         # 공세트의 길이?
0
```

set() 함수를 사용하면 리스트, 문자열, 튜플을 세트로 생성할 수 있습니다.

```
>>> s1 = {1,2,3,(1,2,3),4}            # 세트의 요소로 튜플을 사용 가능
>>> s1
{1, 2, 3, 4, (1, 2, 3)}
>>> len(s1)                           # s1의 길이 확인(튜플도 하나의 요소로 취급)
5
>>> s2 = {1,2,3,(2,2,2),4}            # 튜플 요소에 같은 값? 가능
>>> s2
{1, 2, 3, 4, (2, 2, 2)}
>>>
>>> s3 = {1,2,3,[2,2,2],4}            # 튜플 요소로 리스트 가능? 오류 발생
Traceback (most recent call last):
  File "<pyshell#21>", line 1, in <module>
    s3={1,2,3,[2,2,2],4}
TypeError: unhashable type: 'list'
```

2 세트 메소드

세트는 생성된 후에 변경될 수 있는(mutable) 자료형입니다. 다양한 메소드를 사용하여 세트에 요소를 추가하고 삭제할 수 있습니다. 많이 사용되는 세트 메소드를 예제를 통하여 설명합니다.

표 7-1 세트 메소드의 종류

add(x)	discard()	issuperset()
union()	clear()	intersection()
pop()	update()	copy()
intersection_update()	remove()	difference()
isdisjoint()	symmetric_difference()	difference_update()
issubset()	symmetric_difference_update()	

세트 원소의 추가, 삭제

생성된 세트에 새로운 원소를 추가하고, 기존의 원소를 삭제할 수 있습니다. discard() 함수와 remove() 함수는 요소를 삭제하는 기능을 수행하지만, 삭제하고자 하는 요소가 세트에 없을 경우 remove() 함수는 오류를 발생시킵니다.

```
>>> s1 = {1,2,3,4,5}
>>> s1.add(6)             # 6을 추가
>>> s1
{1, 2, 3, 4, 5, 6}
>>> s1.discard(1)         # 1을 삭제
>>> s1.remove(3)          # 3을 삭제
>>> s1
{2, 4, 5, 6}
>>> s1.discard(8)         # 없는 요소 8을 삭제
>>> s1.remove(8)          # 없는 요소 8을 삭제하면 Key error 발생
Traceback (most recent call last):
  File "<pyshell#31>", line 1, in <module>
    s1.remove(8)
KeyError: 8
>>> num = s1.pop()        # 세트에서 임의의 요소 1개를 삭제하고 반환
>>> num
2
```

세트를 복사하기 위해 copy() 메소드를 사용합니다. copy() 메소드를 사용하지 않고, 배정 연산자를 사용하는 경우 객체의 주소가 복사되어 같은 객체를 가리키게 됩니다. 세트의 내용을 지우기 위한 메소드로 clear() 메소드가 제공됩니다.

```
>>> set1 = {100,200,300,400}
>>> set2 = set1.copy()             # 세트를 복사하여 새로운 세트를 만들어 반환
>>> id(set1),id(set2)              # 두 개의 객체는 서로 다른 객체
(2513007652960, 2513012667808)
>>> set2.add(500)                  # set2에만 500을 추가
>>> set1,set2
({400, 100, 300, 200}, {100, 200, 300, 400, 500})
>>>
>>> s1 = {1,2,3}
>>> s2 = s1                        # s2에 s1을 대입(두 개의 객체는 같은 객체)
>>> id(s1),id(s2)
(2513012941632, 2513012941632)
>>> s1.add(4)                      # s1에만 4를 추가(동일한 객체이므로 s2에도 추가)
>>> s1,s2
({1, 2, 3, 4}, {1, 2, 3, 4})
>>>
>>> s1.clear()                     # s1의 모든 요소를 삭제
>>> s1,s2
(set(), set())
>>> set1.clear()                   # set1의 모든 요소를 삭제(set는 삭제되지 않음)
>>> set1,set2
(set(), {100, 200, 300, 400, 500})
```

세트 연산 메소드

세트 연산과 연관된 다양한 메소드를 제공합니다. 부분세트, 상위세트, 하위세트 등과 연관된 메소드를 제공합니다.

```
>>> s1 = {1,2,3}
>>> s2 = {3,2,1,}
>>> s1 == s2                       # s1과 s2가 같은지 비교
True
```

```
>>> s3 = {1,2,3,4,5}
>>> s1 < s3                    # s1이 s3의 부분 세트?(issubset() 메소드로 사용 가능)
True
>>> s1.issubset(s3)
True
>>> s3 > s1                    # s3가 s1의 상위 세트?(issuperset()메소드로 사용 가능)
True
>>> s3.issuperset(s1)
True
>>> 5 in s3                    # in 연산자를 사용하여 세트의 요소인지 구별
True
```

또한 수학의 합집합, 차집합, 교집합에 해당하는 다양한 기능을 제공합니다. 이러한 세트 연산 기능은 메소드 또는 관계연산자로 사용이 가능합니다.

```
>>> s1 = {1,2,3}
>>> s2 = {3,4,5}
>>> s1 | s2                    # s1, s2의 합집합
{1,2,3,4,5}
>>> s1.union(s2)
{1,2,3,4,5}
>>> s1 & s2                    # s1, s2의 교집합
{3}
>>> s1.intersection(s2)
{3}
>>> s1 - s2                    # s1, s2의 차집합
{1, 2}
>>> s1.difference(s2)
{1, 2}
```

실습예제 7-1

세트를 이용하여 1부터 100사이 10개의 랜덤 세트 2개를 생성하고, 두 세트의 합집합, 교집합, 차집합을 구하는 프로그램을 작성하시오. 난수를 발생시키기 위해 랜덤 모듈을 사용해야 하며, 랜덤 모듈을 사용하기 위해서 프로그램의 처음에 import random을 포함시켜 작성하시오. 또한 1부터 100사이의 정수 난수를 구하는 메소드로는 `random.randint(1,100)`를 사용하시오.

실행 결과

```
발생된 10개의 난수 num1 : {33, 99, 69, 38, 75, 77, 81, 19, 91, 93}
발생된 10개의 난수 num2 : {73, 42, 43, 79, 24, 56, 57, 27, 93, 25}
num1, num2의 합세트 : {69, 73, 75, 77, 79, 81, 19, 24, 25, 91, 27, 93, 33, 99, 38,
42, 43, 56, 57}
num1, num2의 교세트 : {93}
num1, num2의 차세트 : {33, 99, 69, 38, 75, 77, 81, 19, 91}
```

코드 7-1 ex07-01.py

```python
import random   # 난수 발생을 위한 random 모듈 포함

num1 = set()    # 비어있는 세트 선언
num2 = set()

while True :    # 무한 반복

        if len(num1) < 10 :
            num1.add(random.randint(1,100))   # 세트에 추가
        if len(num2) < 10 :
            num2.add(random.randint(1,100))
        # 10개의 난수가 완성되면 반복 탈출
        if len(num1) == 10 and len(num2) == 10 :
            break
print("발생된 10개의 난수 num1 :",num1)
print("발생된 10개의 난수 num2 :",num2)

print("num1, num2의 합세트 :",num1 | num2)
print("num1, num2의 교세트 :",num1 & num2)
print("num1, num2의 차세트 :",num1 - num2)
```

실습예제 7-2

중복을 허용하지 않는 세트를 이용하여 로또넘버(1~45 사이의 정수) 6개를 오름차순으로 정렬하여 출력하는 프로그램을 작성하시오. 난수를 사용하고, 1부터 45사이의 정수 난수를 구하는 메소드로는 random.randint(1,45)를 사용하시오.

실행 결과

```
이번주 로또 넘버 : [1, 2, 3, 4, 8, 28]
중복된 난수의 발생 횟수 : 1
```

중복을 허용하지 않는 세트를 이용하여 요소의 개수가 6개가 될 때까지 무한 반복하면서 로또넘버를 구합니다.

코드 7-2 ex07-02.py

```
import random                    # 난수 발생을 위한 random 모듈 포함

lotto = set()                    # 비어있는 세트 lotto 선언
i = 0                            # 난수 발생 횟수를 저장
while True :                     # 무한 반복
        lotto.add(random.randint(1,45))
                                 # 난수를 발생시켜 세트에 추가
                                 # 세트는 중복된 난수의 추가를 허용하지 않는다
        i = i + 1                # 난수 발생 횟수 저장
        if len(lotto) == 6 :     # 난수가 6개가 되는 경우 반복 종료
            break
print("이번주 로또 넘버 :",sorted(lotto))
# sorted() 함수를 이용하여 오름차순으로 정렬된 숫자 출력

print("중복된 난수의 발생 횟수 : ",i-6) # 중복 횟수 출력
```

Section

02 딕셔너리

딕셔너리(dictionary)는 키(key)와 값(value)을 하나의 요소로 묶어 표현한 자료구조입니다. 다양한 요소들이 키와 값으로 지정될 수 있지만, 키와 값이 다른 점은 키는 중복을 허용하지 않고, 값은 중복을 허용한다는 점입니다.

딕셔너리는 학번과 성적, 주민번호와 이름 등과 같이 키와 값으로 이루어진 자료 처리에 적합합니다. 딕셔너리는 세트처럼 순서가 없는 자료형이기 때문에 인덱스를 통한 접근이 되지 않습니다. 시퀀스 자료형에서 허용되는 인덱싱, 슬라이싱, 연결, 반복 등의 기능이 딕셔너리에서는 제공되지 않습니다.

딕셔너리에서의 자료에 대한 접근은 대부분 키에 의해서 이루어집니다.

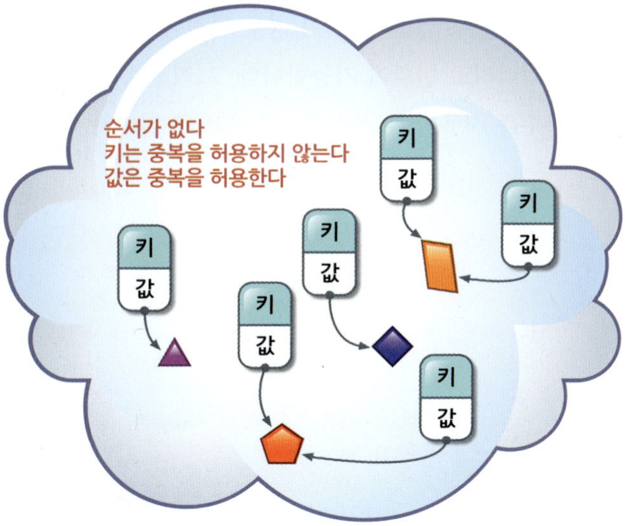

그림 7-2 **딕셔너리 자료구조**

1 딕셔너리의 생성과 사용

딕셔너리는 '{}' 기호를 사용하여 생성할 수 있으며, 각 요소에서 키와 값은 ':'으로 구분합니다. 또한 다른 자료형의 데이터를 dict() 함수를 사용하여 딕셔너리 자료형을 생성할 수 있습니다. 딕셔너리의 키 값은 중복을 허용하지 않기 때문에 생성 시 중복된 키 값이 입력되는 경우 뒤에 입력된 키 값으로 설정됩니다.

```
>>> sungjuk = {2195111:98, 2195113:88, 2195098:100}  # 3 요소를 가진 딕셔너리 생성
>>> sungjuk
{2195111: 98, 2195113: 88, 2195098: 100}
>>> type(sungjuk)                                    # 타입 확인
<class 'dict'>
>>> len(sungjuk)                                     # 길이 확인
3
>>> num = {1:"a",2:"b",1:"c",2:"d"}                  # 중복된 키 값으로 생성
>>> num                        # 중복될 수 없으므로 뒤에 입력된 값으로 생성
{1: 'c', 2: 'd'}
>>> empty = dict()             # dict() 함수를 사용하여 빈 딕셔너리 생성
>>> empty
{}
```

딕셔너리는 다른 자료형의 데이터를 변환해서 생성할 수 있습니다. 이 경우 딕셔너리는 키와 값으로 구성되므로, 2개의 요소를 가진 자료형만 딕셔너리로 변환이 가능합니다. 그리고 두 개의 리스트를 하나의 딕셔너리로 만들기 위해 zip() 함수를 사용할 수 있는데, 두 리스트 길이가 다른 경우, 짧은 길이 크기의 딕셔너리가 생성됩니다.

```
>>> list1 = [[1,'하나'],[2,'둘'],[3,'셋']]           # 2 요소를 가진 2차원 리스트 생성
>>> dict1 = dict(list1)
>>> dict1
{1: '하나', 2: '둘', 3: '셋'}
>>> list2 = [[1,2,3],[4,5,6],[7,8,9]]                # 3 요소를 가진 2차원 리스트 생성
>>> dict2 = dict(list2)                              # 오류 발생
Traceback (most recent call last):
  File "<pyshell#92>", line 1, in <module>
    dict2=dict(list2)
ValueError: dictionary update sequence element       #0 has length 3; 2 is required
>>> list3 = [2019111,2019112,2019113]                # 리스트 생성
```

```
>>> list4 = [99,88,100]                    # 리스트 생성
>>> dict3 = dict(zip(list3,list4))         # zip()함수로 2개의 리스트로 딕셔너리 생성
>>> dict3
{2019111: 99, 2019112: 88, 2019113: 100}
```

딕셔너리에 있는 요소를 검색하고, 새로운 요소를 추가 및 삭제할 수 있습니다.

```
>>> dict1 = {1:'one',2:'two',3:'three'}    # 딕셔너리 생성
>>> dict1[1]                               # 키가 1인 요소의 값
'one'
>>> dict1[4] = 'four'                      # 새로운 요소의 삽입
>>> dict1
{1: 'one', 2: 'two', 3: 'three', 4: 'four'}
>>> del dict1[1]                           # 키 값이 1인 요소 삭제
>>> dict1
{2: 'two', 3: 'three', 4: 'four'}
>>> del dict1                              # 딕셔너리 자체 삭제
```

in 연산자와 함수를 사용할 수 있습니다. 단 딕셔너리에서는 모든 함수들이 키 값에 적용됩니다.

```
>>> dict1 = {1:'one',2:'two',3:'three'}    # 딕셔너리 생성
>>> 1 in dict1                             # 딕셔너리에 키 값 1이 존재하는지 확인
True
>>> 'one' in dict1                         # 키 값만 사용 가능
False
>>> for i in dict1 :
...     print(dict1[i])                    # 키 값을 기준으로 반복 처리
...
...
one
two
three
>>> max(dict1)                             # 키 값 중에서 가장 큰 값
3
>>> sum(dict1)                             # 키 값의 합
6
```

2 딕셔너리 메소드

딕셔너리는 생성된 후에 변경될 수 있는(mutable) 자료형입니다. 다양한 메소드를 사용하여 딕셔너리의 값을 가져오고, 키와 값을 리스트로 반환하고, 복사하는 등의 기능을 사용할 수 있습니다.

표 7-2 딕셔너리 메소드의 종류

clear()	get()	pop()	update()
copy()	items()	popitem()	values()
fromkeys()	keys()	setdefault()	

딕셔너리의 값을 검색, 복사, 삭제

생성된 딕셔너리에 값을 검색하고, 딕셔너리의 내용을 다른 딕셔너리로 복사하고, 딕셔너리의 요소들을 삭제할 수 있습니다. 배정 연산자를 사용하여 복사하는 경우에는 같은 객체를 가리키게 됩니다.

```
>>> dict1 = {1:'one',2:'two',3:'three'}      # 딕셔너리 생성
>>> dict1.get(3)                             # 키 값을 지정하여 값을 검색
'three'
>>> dict1.get(4)                             # 없는 키 값 지정(None 반환)
>>>
>>> dict1 = {1:'one',2:'two',3:'three'}      # 딕셔너리 생성
>>> dict1.get(3)                             # 키 값 지정하여 값을 검색
'three'
>>> dict1.get(4)                             # 없는 키 값 지정(반환 값 없음)
>>> dict1.get(4,'four')                      # 키 값이 없을 경우 지정된 값 반환
'four'
>>> dict2 = dict1.copy()                     # copy() 메소드 이용하여 복사
>>> dict2
{1: 'one', 2: 'two', 3: 'three'}
>>> dict3 = dict1                            # =를 사용하여 대입(같은 객체 의미)
>>> dict2.clear()                            # 딕셔너리의 모든 요소 삭제
>>> dict2
{}
```

딕셔너리에 값을 추가, 요소 삭제, 딕셔너리 합치기

딕셔너리에 값을 추가하고, 삭제하고, 두 개의 딕셔너리를 합칠 수 있습니다. setdefault(), pop(), popitem(), update() 메소드를 제공합니다.

```
>>> dict1={1:'one', 2:'two', 3:'three'}     # 사전 생성
>>> dict1.setdefault(3)                     # 사전에 키 값이 있는 경우 값을 반환
'three'
>>> dict1.setdefault(4,'four')              # 사전에 키 값이 없는 경우 요소를 추가
'four'
>>> dict1
{1: 'one', 2: 'two', 3: 'three', 4: 'four'}
>>>
>>> dict1.pop(4)                            # 키에 해당되는 값을 반환하고, 사전에서 삭제
'four'
>>> dict1
{1: 'one', 2: 'two', 3: 'three'}
>>> dict1.popitem()                         # 사전에서 임의의 요소를 삭제
(3, 'three')
>>> dict1
{1: 'one', 2: 'two'}
>>>
>>> dict2={7:'seven',8:'eight'}             # 사전 생성
>>> dict1.update(dict2)                     # dict1에 dict2를 합침
>>> dict1
{1: 'one', 2: 'two', 7: 'seven', 8: 'eight'}
```

for문에서 딕셔너리 사용하기

for문에서 효율적으로 사용할 수 있는 keys(), values(), items() 메소드가 있습니다. 딕셔너리의 다양한 정보를 반복적으로 사용할 수 있습니다.

```
>>> dict1 = {1:'one',2:'two',3:'three'}     # 딕셔너리 생성
>>> for num in dict1.keys() :               # key() 메소드로 딕셔너리의 모든 키 값 반복 처리
...     print(num, end = ' ')
...
...
1 2 3
>>> for alpanum in dict1.values() :         # values() 메소드로 딕셔너리의 값 반복 처리
```

```
...     print(alpanum, end=' ')
...
...
one two three
>>> for num, alpanum in dict1.items() :    # item() 메소드로 딕셔너리의 값 반복 처리
...     print(num,'은 영어로 :', alpanum,' ',end = ' ')
...
...
1 은 영어로 : one   2 은 영어로 : two   3 은 영어로 : three
```

실습예제 7-3

5명 학생의 학번과 전화번호를 딕셔너리에 저장하고, 학번을 입력받아 해당 학생의 전화번호를 출력하는 프로그램을 작성하시오. 학생의 학번이 없는 경우 학생이 없다는 메시지를 출력하시오.

실행 결과

```
1번째 학생 학번 입력 : 9095001
1번째 학생 전화번호 : 010-9999-9999
2번째 학생 학번 입력 : 2095031
2번째 학생 전화번호 : 010-8888-8888
3번째 학생 학번 입력 : 2098004
3번째 학생 전화번호 : 010-7777-7777
4번째 학생 학번 입력 : 2099089
4번째 학생 전화번호 : 010-6666-6666
5번째 학생 학번 입력 : 2089001
5번째 학생 전화번호 : 010-5555-5555
학생 전화번호부가 완성되었습니다.
검색을 원하는 학생의 학번 입력 : 9095001
입력한 학생의 전화번호 : 010-9999-9999
```

코드 7-3 ex07-03.py

```
phone = {}            # 전화번호 딕셔너리 선언

for i in range(5) :    # 5번 반복

    id = (int(input(str(i+1)+"번째 학생 학번 입력 : ")))
    # 학번을 정수로 입력받아 저장
    pnum=(input(str(i+1)+"번째 학생 전화번호 : "))
    # 전화번호는 문자열로 입력받아 저장
    phone[id] = pnum   # 학번과 전화번호를 딕셔너리에 추가

print("학생 전화번호부가 완성되었습니다.")

id = (int(input("검색을 원하는 학생의 학번 입력 : ")))
# 검색을 원하는 학생의 학번 입력

if id in phone :        # phone 딕셔너리에 id가 있으면 출력
        print("입력한 학생의 전화번호 :"+phone[id])
        # 학번에 해당하는 전화번호 출력

else :  # 없는 경우 메시지 출력
        print("입력한 학생의 전화번호가 없습니다.")
```

연습문제

01 1부터 100사이의 정수 난수 10개를 발생시켜 중복을 허용하지 않은 세트에 저장하고, 세트에서 가장 큰 수와 작은 수를 구하는 프로그램을 작성하시오. 단, 파이썬의 `max()`, `min()` 함수를 사용하지 말고 작성하시오.

[실행 결과]

```
생성된 세트 : 3,89,23,34,8,98,45,78,20,75
세트에서 가장 큰 수 : 98
세트에서 가장 작은 수 : 3
```

02 사용자로부터 하나의 자연수를 입력받아 각각 2, 3, 7의 배수를 세트로 출력하고, 2, 3, 7 모두의 배수를 세트로 출력하는 프로그램을 작성하시오.

[실행 결과]

```
숫자를 입력하시오 : 100
2의 배수 : 2,4,6,8.....100
3의 배수 : 3,6,9,12.....99
7의 배수 : 7,14,21,28...98
2,3,7의 배수 : 42....
```

03 1부터 100사이의 정수 난수 10개를 발생시켜 리스트에 저장하고, 각 숫자의 자리수를 키 값으로 하는 딕셔너리를 생성하는 프로그램을 작성하시오.

[실행 결과]

```
생성된 리스트 : [33,5,2,98,33,24,56,100,3,100]
생성된 딕셔너리 : 1:[5,2,3], 2:[33,98,33,24,56], 3:[100,100]
```

04 다음과 같은 두 개의 리스트를 합쳐 딕셔너리를 생성하는 프로그램을 작성하시오. 단 `zip()` 함수를 사용하지 말고 작성하시오.

[실행 결과]

```
list1 = [20200911, 20200913, 20200988, 20209872]
list2 = ['홍길동','정길동','이길동','김길동']
생성된 딕셔너리 : 20200911: '홍길동', 20200913: '정길동', 20200988: '이길동',
20209872: '김길동'
```

CHAPTER 08

파일 입출력

학습목표

- 입출력의 개념을 학습합니다.
- 표준 입출력에 대해 학습합니다.
- 파일 입출력을 위한 방법을 학습합니다.
- 파일에 텍스트 입출력, 줄 단위 입출력에 대해 학습합니다.

Preview

Chapter 08에서는 파일 입출력에 대해 학습합니다. 표준 입출력과 파일 입출력에 대해 중점적으로 알아봅니다.

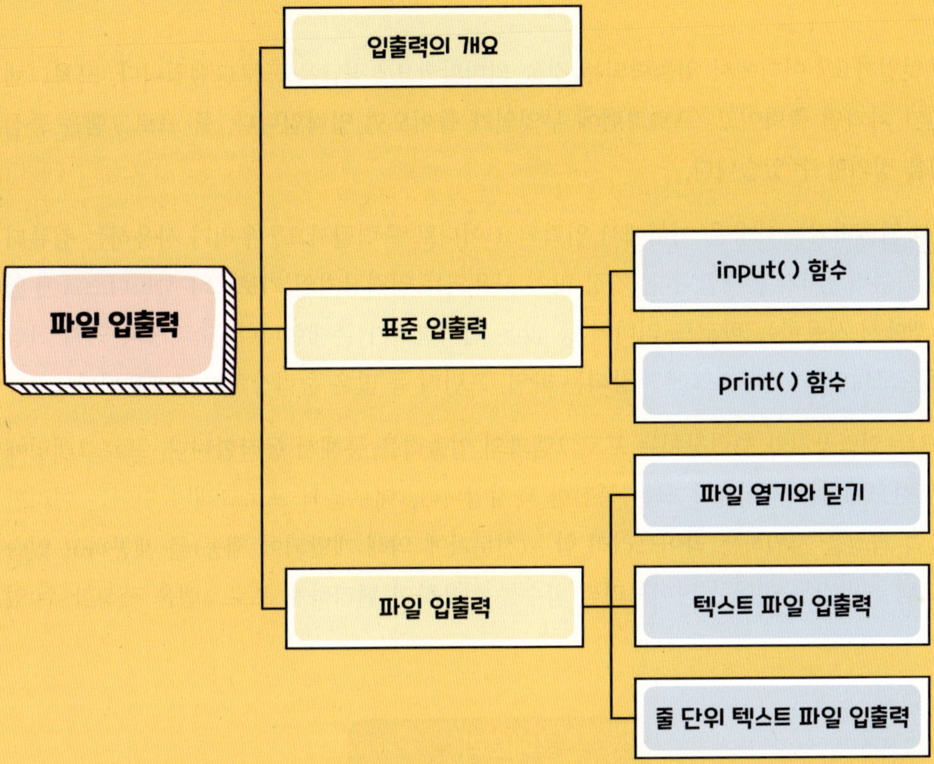

Section 01

입출력의 개요

입출력이 무엇일까요? 어디에서 입출력되는 것을 의미할까요? 정답은 프로그램입니다. 프로그램에서 무엇인가 나가면 출력이고, 프로그램에 무엇인가 들어오면 입력입니다. 즉 프로그램을 중심으로 입출력을 정의할 수 있습니다.

프로그램에서 입출력되는 내용은 어디에서 입력되고 어디로 출력될까요? 우리가 사용하는 컴퓨터에는 다양한 입출력장치가 존재합니다. 가장 많이 사용되는 입력장치인 키보드나 하드디스크에 있는 파일, 마켓에서 사용하는 바코드 리더기 등 많은 입력장치가 존재합니다. 출력장치 역시 가장 많이 사용하는 모니터, 하드디스크에 저장되는 파일, 프린터 등 많은 출력장치가 존재합니다.

이와 같이 모든 입력장치와 출력장치는 프로그램과의 입출력을 통해서 동작합니다. 프로그래밍에서 입출력은 하드웨어를 제어해야 하는 복잡한 과정입니다. 대부분의 프로그래밍 언어는 이러한 복잡한 입출력 과정을 지원하는 라이브러리 함수(전문가에 의해 개발되어 제공)를 제공하고 있습니다. 프로그램 개발자는 이러한 라이브러리 함수를 이용하여 편리하게 프로그램을 작성할 수 있습니다.

그림 8-1 프로그램의 입출력

Section

02 표준 입출력

파이썬은 입출력과 연관된 다양한 라이브러리 함수를 제공하고 있습니다. 파이썬은 다양한 입출력 장치 중에서 키보드와 모니터를 표준 입출력장치로 정의하고 있습니다. 당연히 파이썬은 표준 입출력을 위한 함수를 제공하고 있습니다.

표준 입출력 함수에 대해서는 지금까지의 많은 예제 프로그램에서 사용하였습니다. 지금까지 작성한 많은 프로그램에서는 표준 입력장치인 키보드로부터 입력받고, 처리를 거쳐 결과를 표준 출력 장치인 모니터를 통해 나타내었습니다. 이러한 프로그램의 경우 프로그램이 종료되면, 표준 출력 장치인 모니터에 나타낸 결과는 사라집니다.

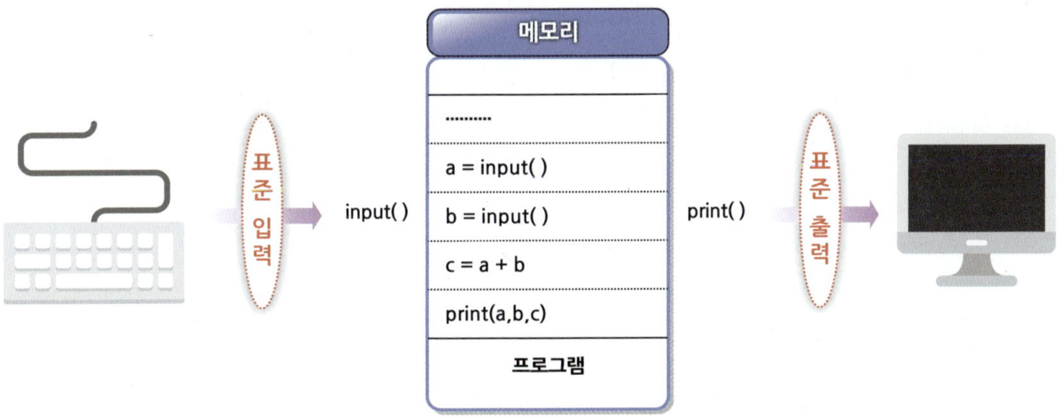

그림 8-2 **파이썬의 표준 입출력 함수**

다음은 표준 출력 함수의 사용 예입니다.

```
>>> print('python')                          # 문자열 출력
python
>>> print("python",'version',3.11)           # 여러 문자열과 실수 출력
python version 3.11
```

```
>>> print("python",'version',3.11,sep='-')          # 여러 문자열과 실수 출력(구분자 지정)
python-version-3.11
>>> print("python",end=' '); print('version',3.11) # 다음 줄을 연결하여 출력
python version 3.11
>>> # 다음 줄 연결하고 구분자를 지정하여 출력
>>> print("python",end=':'); print('version',3.11)
python:version 3.11
```

다음은 표준 입력 함수와 출력 함수를 사용하는 예입니다.

```
>>> dept = input("학과 입력 : ")                    # 표준 입력을 사용하여 문자열로 입력받음
학과 입력 : 컴퓨터공학과
>>> grade = input("학년 입력 : ")
학년 입력 : 1
>>> print("당신은", dept,grade,"학년입니다.")        # 표준 출력으로 입력받은 내용 출력
당신은 컴퓨터공학과 1 학년입니다.
>>> print(type(dept),type(grade))                  # 표준 입력은 모두 문자열로 취급
<class 'str'> <class 'str'>
>>> # num1, num2 값 입력
>>> num1, num2 = input('num1 입력 : '), input('num2 입력 : ')
num1 입력 : 10
num2 입력 : 20
>>> print(num1 + num2)                             # 문자열이므로 연결하여 출력
1020
>>> # 문자열을 정수로 변환하여 입력
>>> num1,num2 = int(input('num1 입력 : ')), int(input('num2 입력 : '))
num1 입력 : 10
num2 입력 : 20
>>> print(num1 + num2)                             # 정수이므로 덧셈 결과 출력
30
```

Section

03 파일 입출력

프로그램에서 처리한 프로그램의 결과를 어딘가에 저장하고, 추후 다시 그 결과를 프로그램에서 입력받아 계속 처리할 수 있는 방법이 있어야 합니다. 파이썬에서는 프로그램의 결과를 파일로 저장할 수 있는 다양한 방법을 제공합니다.

즉 프로그램의 처리 결과를 파일(하드디스크에 저장된 파일)에 저장할 수 있어야 하고, 파일에 있는 내용을 프로그램에서 읽어올 수 있어야 합니다. 파이썬은 파일에 데이터를 저장하고 읽어오는 다양한 파일 입출력 함수를 제공하고 있습니다.

그림 8-3 파이썬의 파일 입출력 함수

1 파일 입출력을 위한 파일 열기와 닫기

파일에 데이터를 저장하고, 파일로부터 데이터를 읽어오기 위해서 우선 파일을 열어야(open) 합니다. 함수를 이용하여 파일을 열면 파일 객체가 반환되고, 반환된 파일 객체 메소드를 이용하여 입출력을 수행합니다.

입출력을 모두 수행한 다음에는 파일을 닫아주는 절차를 수행해야 합니다.

❶ open() 함수를 이용하여 지정된 파일을 열어 파일 객체를 생성합니다.
❷ 생성된 파일 객체로부터 데이터를 읽어 들이거나 출력합니다.
❸ close() 함수로 지정된 파일 객체의 사용을 종료합니다.

open( ) 함수

open() 함수는 파일을 열어 파일 객체를 반환하는 함수입니다. 매개변수로 파일을 지정해야 하며, 지정된 파일이 없을 경우 자동으로 새로운 파일을 생성합니다. 두 번째 방법으로 파일을 사용하는 경우는 파일을 닫는 과정을 생략할 수 있습니다.

형식

```
파일객체 = open(파일이름, 이용형태)
```

형식

```
with open(파일이름, 이용형태) as 파일객체 :
    ................. # 파일 처리 블록
```

이용 형태는 [표 8-1]과 같이 읽기 모드, 쓰기 모드, 추가 모드로 구분합니다.

표 8-1 open() 함수의 이용 형태 모드

지정 값	모드	설명
r	읽기 모드	• 기존 파일로부터 읽어 들임 • 파일이 없는 경우 오류 발생 • 모드를 지정하지 않는 경우 묵시적으로 읽기 모드로 설정됨
w	쓰기 모드	• 파일에 데이터를 저장하기 위한 모드 • 지정된 파일을 생성하여 데이터 저장 • 지정된 파일이 이미 존재하는 경우, 그 파일의 내용을 모두 삭제하고 새로 저장
a	추가 모드	• 지정된 파일의 끝에 데이터를 추가하여 저장 • 지정된 파일이 없는 경우 새로 생성하여 데이터 추가

close( ) 함수

close() 함수를 사용하면 파일을 종료할 수 있습니다.

형식

```
파일객체.close()
```

다음은 입출력을 수행하기 위해 파일을 open() 함수로 열고 close() 함수로 닫는 예입니다.

■ open()을 사용하는 예

```
f = open("test.txt",'w')            # open() 함수를 사용하여 파일 객체 생성
............
............                        # 입출력 수행
............
f.close()                           # 파일 close()
```

■ with open() 함수를 사용하는 예

```
with open("test.txt",'w') as f :    # with open() 함수를 사용하여 파일 객체 생성
    ............
    ............                    # with 블록 내에서 입출력 수행
    ............
                                    # 파일 close() 생략 가능
```

2 텍스트 파일 입출력

파이썬은 파일에 텍스트를 입출력하기 위한 메소드를 제공합니다. 파일 객체의 write() 메소드와 read() 메소드를 제공합니다.

write() 메소드

이 메소드는 매개변수로 문자열만 사용가능하며, 지정된 파일을 생성하여 문자열을 추가합니다. 다음의 예제는 10개의 문장을 test.txt 파일에 추가하는 프로그램입니다.

코드 8-1 ex08-01.py

```
f = open("D:/test.txt","w")   # open()을 사용하여 파일 객체 f 생성
for i in range(1,11):         # 반복문을 사용하여 10개의 문장을 파일에 출력
        f.write("%d번째 줄입니다.\n"%i)
f.close()                     # 파일 종료
```

[그림 8-4]는 [코드 8-1]을 실행하여 생성된 'test.txt' 파일입니다.

그림 8-4 **[코드 8-1]을 실행하여 D 드라이브에 생성된 'test.txt' 파일**

[코드 8-2]는 write() 메소드의 추가 모드를 사용하여 [코드 8-1]에서 생성된 'test.txt' 파일의 끝에 내용을 추가하는 프로그램과 결과입니다. 추가 모드를 사용하여 파일 객체를 생성할 때, 지정된 파일이 없는 경우에는 새로 파일을 생성하여 추가합니다.

코드 8-2 ex08-02.py

```
f = open("D:/test.txt","a")  # 추가 모드로 파일 객체 생성

f.write("마지막 줄입니다")   # 파일의 끝에 문자열을 추가

f.close()                    # 파일 종료
```

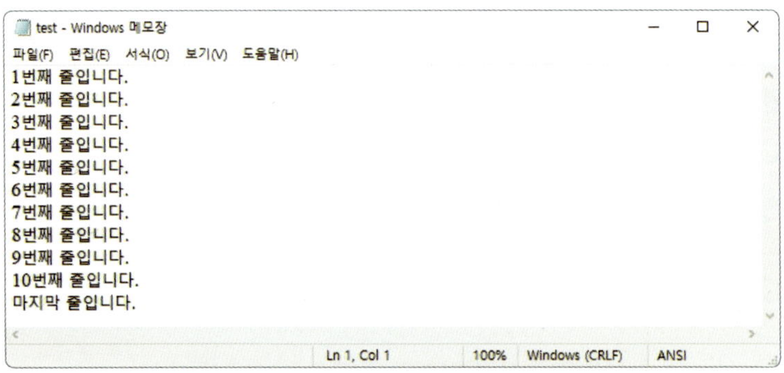

그림 8-5 **[코드 8-2]를 실행하면 'test.txt' 파일에 추가되는 마지막 한 줄**

read( ) 메소드

read() 메소드는 지정된 파일의 전체 내용을 하나의 문자열로 반환하는 메소드입니다.

[코드 8-3]은 앞에서 생성된 'test.txt' 파일로부터 파일을 내용을 읽어들여 출력하는 프로그램입니다.

코드 8-3 ex08-03.py

```
f = open("D:/test.txt","r")   # 읽기 모드로 파일 객체 생성

txts = f.read()               # 파일의 모든 내용을 읽어 txts 변수에 저장

print(txts)                   # 읽은 내용을 출력

f.close()                     # 파일 종료
```

```
1번째 줄입니다.
2번째 줄입니다.
3번째 줄입니다.
4번째 줄입니다.
5번째 줄입니다.
6번째 줄입니다.
7번째 줄입니다.
8번째 줄입니다.
9번째 줄입니다.
10번째 줄입니다.
```

read(int n) 메소드를 이용하여 파일의 일부분을 읽어올 수 있습니다. 매개변수로 지정된 문자만큼 읽어 반환하는 메소드입니다. 지정된 문자만큼 읽어들인 경우, 파일 포인터가 다음 위치로 이동합니다.

파일 객체의 seek(0) 메소드를 이용하여 파일 포인터를 파일의 처음 위치로 이동시킬 수 있습니다.

[코드 8-4]는 앞에서 생성된 'test.txt' 파일로부터 파일을 내용 일부를 읽어들여 출력하는 프로그램입니다.

코드 8-4 ex08-04.py

```
f = open("D:/test.txt","r")  # 읽기 모드로 파일 객체 생성

print(f.read(10),end='')     # 10개의 문자를 읽어 출력(포인터가 이동)
print(f.read(10),end='')     # 다음 10개의 문자를 읽어 출력
print(f.read(10))

f.seek(0)                    # 포인터를 파일의 처음으로 이동

print(f.read(10),end='')
print(f.read(10),end='')
print(f.read(10))

f.close()                    # 파일 종료
```

```
1번째 줄입니다.
2번째 줄입니다.
3번째 줄입니다.

1번째 줄입니다.
2번째 줄입니다.
3번째 줄입니다.
```

3 줄 단위 텍스트 파일 입출력

앞에서 학습한 `write()` 메소드는 문자열만 파일에 출력할 수 있습니다. 파이썬에서는 다양한 자료형을 출력하기 위한 메소드를 제공하고 있습니다.

writelines( ) 메소드

`writelines()` 메소드는 `write()` 메소드와 같은 기능을 수행하지만, 리스트나 튜플과 같은 자료형을 파일로 저장할 수 있습니다.

매개변수로 지정된 자료형의 모든 내용을 파일에 저장합니다. 단 리스트나 튜플 등에 저장된 데이터는 반드시 문자열이어야 합니다.

코드 8-5 ex08-05.py

```
L1 = ['충청남도','충청북도\n','전라남도','전라북도\n','경상남도','경상북도']
# 문자열 리스트 생성
L2 = [1,2,3,4,5] # 정수 리스트 생성

with open("D:/LineTest.txt","w") as f :
# with를 이용하여 쓰기 모드로 파일 객체 생성

        f.writelines(L1)   # writelines() 메소드로 리스트의 내용(문자열) 저장

# f.writelines(L2) # 리스트의 내용이 정수인 경우 오류 발생
# with문을 사용하여 파일 객체를 생성하는 경우 f.close()를 할 필요가 없다
```

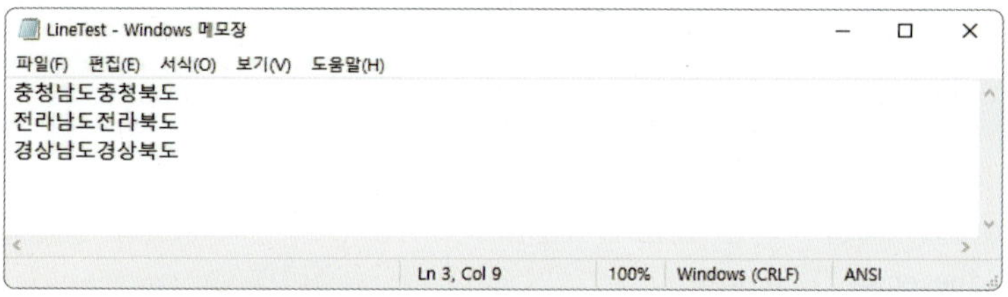

그림 8-6 [코드 8-5]를 실행하면 D 드라이브에 생성되는 'LineTest.txt' 파일

for문을 이용하여 읽기

파이썬은 for문에 파일 객체를 지정하여 지정된 파일로부터 줄 단위로 읽어 들일 수 있는 기능을 제공합니다.

[코드 8-6]은 [코드 8-5]에서 생성된 'LineTest.txt' 파일로부터 반복자를 이용하여 한 줄씩 읽어 들여 출력하는 프로그램입니다. 원래의 문자열에 줄바꿈 문자가 포함되어 있어 줄바꿈이 반영되어 출력됩니다.

코드 8-6 ex08-06.py

```
with open("D:/LineTest.txt","r") as f :
# with를 이용하여 읽기 모드로 파일 객체 생성

        for line in f :  # for문에 파일 객체를 지정하면 한 줄씩 반복하며 읽기

                print(line,end='')  # 줄 바꿈 하지 않고 연결하여 출력
```

```
충청남도충청북도
전라남도전라북도
경상남도경상북도
```

readline( ) 메소드

`readline()` 메소드는 파일로부터 한 줄씩 읽어 들이는 메소드입니다. 주로 while문과 같이 사용됩니다. [코드 8-7]은 [코드 8-6]의 예제를 `readline()` 메소드를 사용하여 작성한 예입니다.

코드 8-7 ex08-07.py

```
with open("D:/LineTest.txt","r") as f :
# with를 이용하여 읽기 모드로 파일 객체 생성
        while True :                # while문을 사용하여 무한 반복
                line=f.readline()   # 한 줄을 읽어들임
                print(line,end='')  # 출력
                if line=='' :       # 읽어 들인 값이 없는 경우 반복문을 벗어남
                    break
```

```
충청남도충청북도
전라남도전라북도
경상남도경상북도
```

readlines( ) 메소드

`readlines()` 메소드는 파일로부터 모든 내용을 읽어 들입니다. `read()` 메소드와 다른 점은 각각의 줄을 읽어 리스트로 반환한다는 점입니다. `readlines()` 메소드는 파일로부터 읽어 들인 한 줄을 리스트의 한 항목으로 만듭니다.

[코드 8-8]은 `readlines()` 메소드를 사용하는 예입니다.

코드 8-8 ex08-08.py

```
with open("D:/LineTest.txt","r") as f :
# with를 이용하여 읽기 모드로 파일 객체 생성

        textLists = f.readlines()
# 파일에 있는 모든 줄을 하나의 리스트 항목으로 만들어 반환

        print(type(textLists)) # textLists의 형 추가
        print(textLists)       # 리스트 출력
```

```
<class 'list'>
['충청남도충청북도\n', '전라남도전라북도\n', '경상남도경상북도']
```

파일로부터 readlines( ) 메소드를 이용하여 읽어들인 데이터의 형은 리스트이고, 파일에 있는 각각의 줄을 리스트의 한 항목으로 출력합니다.

[코드 8-9]는 readlines( ) 메소드에 의해 반환된 리스트를 반복문을 사용하여 처리하는 예입니다.

코드 8-9 ex08-09.py

```
with open("D:/LineTest.txt","r") as f :
 # with를 이용하여 읽기 모드로 파일 객체 생성

        textLists = f.readlines()
 # 파일에 있는 모든 줄을 하나의 리스트 항목으로 만들어 반환

        for line in textLists :    # for문을 이용하여 리스트의 항목을 반복 처리

                print(line,end='') # 리스트의 각 항목을 출력
```

```
충청남도충청북도
전라남도전라북도
경상남도경상북도
```

print( ) 함수로 파일에 출력

print() 함수를 사용하여 파일에 데이터를 출력할 수 있습니다. print() 함수의 매개변수 file의 값으로 파일 객체를 지정하여 print() 함수의 결과를 파일에 저장할 수 있습니다.

[코드 8-10]의 코드를 작성하고 실행해봅니다.

코드 8-10 ex08-10.py

```
f = open("D:/ptest.txt","w")  # 쓰기 모드로 파일 객체 생성

print("aaaaaaaa",file=f)
# 매개변수 file을 이용하여 파일객체를 지정하여 파일에 출력
print("bbbbbbb",file=f)       # 파일의 다음 위치에(파일 포인터)에 출력
print("cccccccc",file=f)

f.close()                     # 파일 종료
```

[그림 8-7]은 [코드 8-10]을 실행하여 생성된 'ptest.txt' 파일입니다.

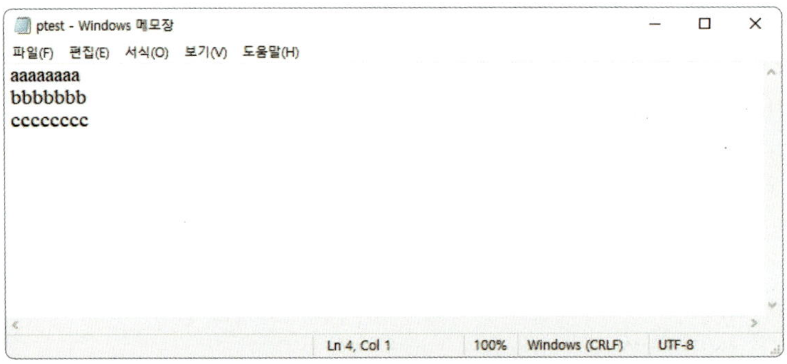

그림 8-7 [코드 8-10]을 실행하면 D 드라이브에 생성되는 'ptest.txt' 파일

실습예제 8-1

기존 파일을 복사하는 프로그램을 작성하시오. 사용자로부터 기존 파일의 이름과 새로운 파일의 이름을 입력받아 기존 파일의 내용을 새로운 파일로 복사하는 프로그램을 작성하시오. 기존 파일은 앞에서 사용한 'LineTest.txt'를 사용하시오.

실행 결과

```
source 파일 입력 : D:/LineTest.txt
target 파일 입력 : D:/copyLineTest.txt
D:/copyLineTest.txt 파일이 생성되었습니다.
```

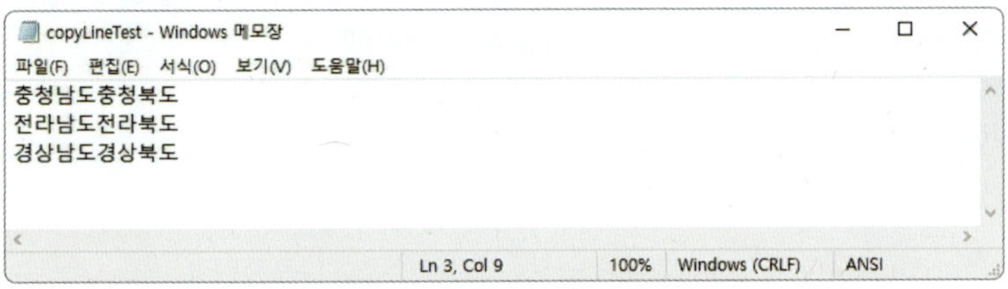

그림 8-8 [코드 8-11]을 실행하면 D 드라이브에 생성되는 'LineTest.txt' 파일

코드 8-11 ex08-11.py

```
source=input("source 파일 입력 : ")   # source 파일명을 입력
target=input("target 파일 입력 : ")   # target 파일명을 입력
with open(source,"r") as f :   # with로 source 파일을 읽기 모드로 설정
        txts = f.read()        # 파일의 모든 내용을 txts에 저장
with open(target,'w') as f :   # with로 target 파일을 쓰기 모드로 설정
        f.write(txts)          # txts 변수에 저장된 내용을 파일에 저장
        print(target+" 파일이 생성되었습니다.")   # 메시지 출력
```

실습예제 8-2

2개의 프로그램을 각각 작성하시오.

① 학생의 이름과 성적으로 'stu.txt' 파일에 저장하는 프로그램

사용자로부터 5명의 학생의 이름과 성적을 입력받아 'stu.txt' 파일에 저장하는 프로그램을 작성하시오. `write()` 메소드와 `readline()` 메소드를 이용하시오. 한 줄의 문자열을 리스트로 만들기 위해 문자열의 `split()` 메소드를 사용하시오.

실행 결과

```
1번째 학생 이름과 3과목 성적 입력(예: 홍길동 80 90 70) : 홍길동 88 77 56
2번째 학생 이름과 3과목 성적 입력(예: 홍길동 80 90 70) : 김길동 99 80 90
3번째 학생 이름과 3과목 성적 입력(예: 홍길동 80 90 70) : 이길동 98 76 59
4번째 학생 이름과 3과목 성적 입력(예: 홍길동 80 90 70) : 박길동 90 99 89
5번째 학생 이름과 3과목 성적 입력(예: 홍길동 80 90 70) : 정길동 67 99 100
```

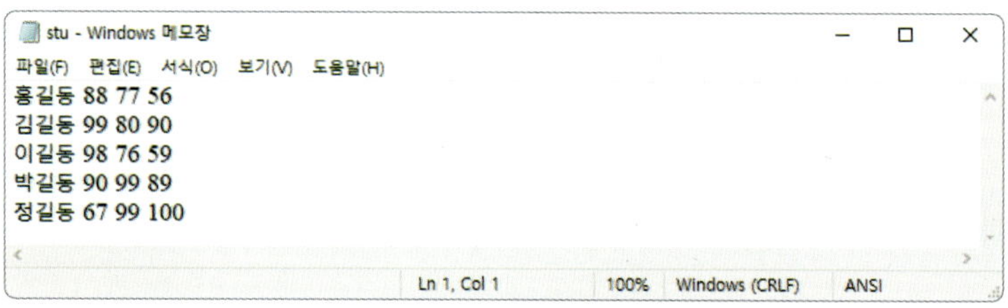

그림 8-9 [코드 8-12]를 실행하면 D 드라이브에 생성되는 'stu.txt' 파일

코드 8-12 ex08-12.py

```
f = open("D:/stu.txt","w")  # stu.txt 파일을 쓰기 모드로 설정

i = 1
while i <= 5 :  # 5번 반복

    score = input("%d번째 학생 이름과 3과목 성적 입력(예: 홍길동 80 90 70) : "%i)
    # 학생의 이름과 성적으로 공간으로 구분하여 입력

    f.write(score+"\n") # 줄 바꿈 문자를 포함하여 파일에 저장
    i += 1

f.close()                  # 파일 종료
```

② 'stu.txt' 파일의 성적 평균을 출력하는 프로그램

앞에서 만든 'stu.txt' 파일을 읽어들여 각 학생의 평균 성적을 계산하여 출력하는 프로그램을 작성하시오.

실행 결과

```
홍길동의 평균 성적은 : 73.66666666666667
김길동의 평균 성적은 : 89.66666666666667
이길동의 평균 성적은 : 77.66666666666667
박길동의 평균 성적은 : 92.66666666666667
정길동의 평균 성적은 : 88.66666666666667
```

코드 8-13 ex08-13.py

```
f = open("D:/stu.txt","r")          # stu.txt 파일을 읽기 모드로 설정

while True :                        # 무한 반복

        score = f.readline()        # 파일로부터 하나의 줄을 읽기

        if score=='' :              # 읽은 줄에 내용이 없으면 반복을 벗어남
            break

        scorelist = score.split()   # 문자열의 split() 메소드 이용
                                    # 공간을 기준으로 리스트 객체로 반환
        name = scorelist[0]         # 첫 번째 항목을 이름으로 설정

        sum = 0
        for i in range(1,4) :       # 리스트의 성적 부분 반복

            sum = sum + int(scorelist[i])
            # 리스트의 성적을 정수로 변환하여 총점에 더하기

        print(name+"의 평균 성적은 :", sum/3)  # 이름과 평균 출력

f.close()                           # 파일 종료
```

실습예제 8-3

[실습예제 8-2]에서 생성한 'stu.txt' 파일을 읽어들여 각 학생의 평균 성적을 계산하여 출력하는 프로그램을 readlines() 메소드를 사용하여 작성하시오.

실행 결과

```
홍길동의 평균 성적은 : 73.66666666666667
김길동의 평균 성적은 : 89.66666666666667
이길동의 평균 성적은 : 77.66666666666667
박길동의 평균 성적은 : 92.66666666666667
정길동의 평균 성적은 : 88.66666666666667
```

readline() 메소드는 파일의 각 줄을 하나의 항목으로 만들어 리스트 객체를 반환합니다.

코드 8-14 ex08-14.py

```python
f=open("D:/stu.txt","r")          # stu.txt 파일을 읽기 모드로 설정
lines=f.readlines()               # 파일로부터 모든 줄을 읽어 리스트 객체를 반환
for score in lines :              # 리스트 객체의 각 항목을 반복(score는 문자열)
        scorelist=score.split()
        # 문자열의 split() 메소드를 이용(스페이스 기준 리스트 객체로 반환)
        name=scorelist[0]         # 첫 번째 항목을 이름으로 설정
        sum=0
        for i in range(1,4) :     # 리스트의 성적부분을 반복
                sum=sum+int(scorelist[i])
                # 리스트의 성적을 정수로 변환하여 총점에 더한다
        print(name+"의 평균 성적은 :", sum/3)  # 이름과 평균을 출력
f.close()                         # 파일 종료
```

실습예제 8-4

사용자로부터 여러 문장을 입력받아 'out.txt' 파일에 저장하는 프로그램을 작성하시오. 더 이상 입력이 없을 경우 Enter를 눌러 종료하는 프로그램을 실행결과를 참조하여 작성하시오.

실행 결과

```
저장할 문장입력(끝:엔터키) : 안녕하세요
저장할 문장입력(끝:엔터키) : 파이썬을 열심히 공부합시다
저장할 문장입력(끝:엔터키) : 감사합니다
저장할 문장입력(끝:엔터키) :
입력될 리스트 :  ['안녕하세요\n', '파이썬을 열심히 공부합시다\n', '감사합니다\n']
out.txt 파일이 생성되었습니다
```

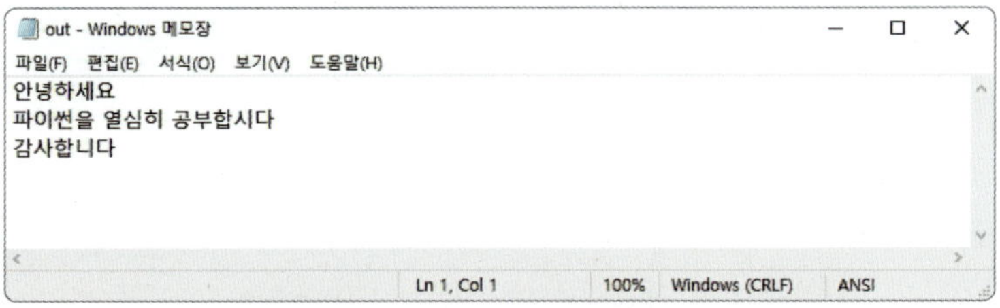

그림 8-10 **[코드 8-15]를 실행하면 D 드라이브에 생성되는 'out.txt' 파일**

반복문을 사용하여 문장을 입력받고, 입력받은 문장을 리스트에 추가합니다. 사용자가 빈 문장을 입력하는 경우 리스트를 출력하고, out.txt 파일을 쓰기 모드로 생성하여 리스트의 내용을 출력합니다.

코드 8-15 ex08-15.py

```
enter=[]                          # 입력된 데이터를 저장할 리스트 선언

while True :                      # 무한 반복

        text = input("저장할 문장입력(끝:엔터키) : ")
        if text == '' :           # 입력된 문장이 없는 경우 반복을 벗어남
            break

```

```
        enter.append(text+'\n') # 줄 바꿈 문자와 함께 리스트에 추가
print("입력될 리스트 : ",enter) # 리스트 출력
f = open("D:/out.txt","w")      # 쓰기 모드로 파일 객체 생성
f.writelines(enter)             # 리스트를 파일에 출력
f.close()                       # 파일 종료
print("out.txt 파일이 생성되었습니다")
```

연습문제

01 1~100사이의 난수를 발생시켜 'num.txt' 파일을 생성하고, 생성된 'num.txt' 파일을 읽어 각 학생의 평균을 'avg.txt' 파일에 출력하는 프로그램을 작성하시오.

[실행 결과] **num.txt 파일(프로그램에서 자동 생성)**

```
99 83 78 55 78
88 79 95 98 99
77 90 81 78 93
87 90 100 83 76
78 90 99 68 98
```

[실행 결과] **avg.txt 파일(프로그램에서 생성)**

```
1번째 학생의 평균 : 00.00000
2번째 학생의 평균 : 00.00000
.......................
5반째 학생의 평균 : 00.00000
```

02 'score.txt' 파일에 있는 4명의 학생의 국어, 수학, 영어 성적 자료를 읽어 학생별 총점과 평균을 구하고 국어, 수학, 영어 과목의 전체 평균을 구한 후에 화면과 'report.txt' 파일에 출력하는 프로그램을 작성하시오.

[실행 결과] **score.txt 파일(텍스트 편집기에서 작성)**

```
김말동 99 83 78
이말동 88 79 95
정말동 77 90 81
한말동 87 90 100
```

[실행 결과] **report.txt 파일(프로그램에서 생성)**

```
김말동 총점:000 평균 00.00000
이말동 .......................
.....................
국어전체평균: 00.00000
수학전체평균: 00.00000
영어전체평균: 00.00000
```

03 'score1.txt' 파일에 있는 10명의 평균 자료를 읽어서 등급을 구한 후, 화면과 'report1.txt' 파일에 출력하시오.

[평균에 따른 등급]

등급	평균
A	90이상
B	80~89
C	70~79
D	60~69

[실행 결과] **score.txt 파일(텍스트 편집기에서 작성)**

```
김말동 99
이말동 88
정말동 77
한말동 87
```

[실행 결과] **report.txt 파일(프로그램에서 생성)**

```
김말동 A
이말동 B
정말동 C
한말동 B
```

04 'members.txt' 파일에 있는 5명의 회원 정보를 읽어서 아래 표를 참고하여 직업과 등록금액을 구하고 결과는 화면과 'report2.txt' 파일로 출력하시오.

> **조건** 'members.txt' 파일은 이름, 직업, 등록 월 순으로 저장되어 있음(콤마로 구분)
> (등록금액 = 직업별 1개월 회비 * 기간(월))

[구분별 직업과 1개월 회비]

구분	직업	1개월 회비
1	학생	15000
2	교수	30000
3	직원	30000
4	일반	50000

[실행 결과] **members.txt 파일(텍스트 편집기에서 작성)**

```
김말동,학생,9
이말동,교수,12
정말동,일반,3
한말동,직원,6
오말동,교수,1
```

[실행 결과] **report2.txt 파일(프로그램에서 생성)**

```
김말동 : 등록금액 000000
이말동 : 등록금액 000000
정말동 : 등록금액 000000
한말동 : 등록금액 000000
오말동 : 등록금액 000000
```

05 냉면 가게에서 테이블 별 매출을 저장하는 프로그램과 저장된 파일로부터 테이블 별 매출과 하루 총 매출을 저장하는 프로그램을 작성하시오.

> **조건** 냉면 한 그릇의 가격 : 7500원
> 테이블 별 매출 저장 파일 : sales.txt
> 총 매출 파일 : total_sales.txt

[실행 결과] **'sales.txt' 파일 생성 프로그램**

```
테이블 번호를 입력하시오(1~5, 끝:0) : 3
그릇 수를 입력하시오 : 4
(...중간 생략)
테이블 번호를 입력하시오(1~5, 끝:0) : 0
영업이 종료되었습니다. 수고하셨습니다.
```

[실행 결과] **'sales.txt'을 읽어 테이블별 매출과 총 매출을 'tatal_sales.txt'에 출력하는 프로그램**

```
1번 테이블 매출 : 000000
2번 테이블 매출 : 000000
3번 테이블 매출 : 000000
..........................
오늘의 총 매출 : 000000
```

CHAPTER 09

함수와 모듈

학습목표

- 함수의 선언과 호출에 대해 알아봅니다.
- 함수의 유효범위에 대해 학습합니다.
- 파이썬의 외장 함수에 대해 살펴봅니다.
- 모듈의 개념과 사용방법에 대해 이해합니다.
- 사용자 정의 모듈, 표준 모듈에 대해 학습합니다.

Preview

Chapter 09에서는 함수와 모듈에 대해 학습합니다. 프로그램과 함수에 대해 알아보고, 다양한 함수 사용 방법에 대해 배웁니다. 또한 모듈의 개념에 대해 살펴봅니다.

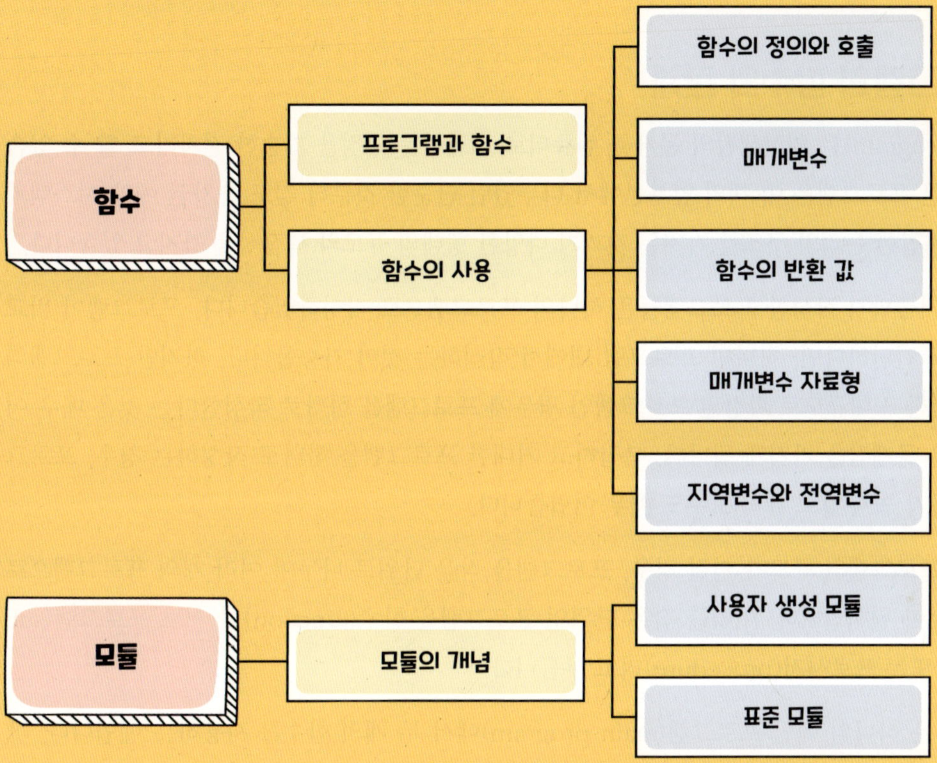

Section 01 프로그램과 함수

1 프로그램과 함수의 관계

프로그램(program)은 일상생활의 문제를 컴퓨터로 해결하는 과정을 기술한 절차라고 할 수 있습니다. 이러한 프로그램은 이 책의 앞부분에서 다루었던 단순한 것부터 철도 승차권 예약 시스템과 같이 매우 복잡한 논리와 구조를 가지는 것까지 다양한 형태의 규모와 복잡성을 가지고 있습니다.

이 책에서 지금까지 작성한 프로그램들은 하나의 프로그램으로 작성하였습니다. 프로그램이 비교적 단순하고 간단하다면, 하나의 프로그램 내에서 작성하는 것이 가능합니다. 하지만 프로그램의 논리가 복잡하고 대규모로 확장된 프로그램인 경우에 프로그램을 하나로 작성한다는 것은 매우 어려우며 많은 문제점을 가지게 됩니다. 복잡하고 거대한 프로그램을 하나로 작성하는 경우, 프로그램을 이해하기 쉽지 않고 유지 보수도 매우 어렵습니다.

이와 같이 프로그램의 규모가 커질 경우, 프로그램을 작은 단위로 나누어 여러 개의 프로그램으로 작성하는 것이 원칙입니다. 이러한 작은 단위의 프로그램을 함수(function)나 서브 프로그램(sub program), 또는 프로시저(procedure)라고 부릅니다.

[그림 9-1]은 하나의 메인 프로그램(main program)에서 두 개의 함수를 사용하는 예입니다. 메인 프로그램에서 함수를 호출하면, 함수의 실행이 시작되고 수행된 후 결과가 반환되어야 다시 메인 프로그램이 실행됩니다.

중요한 점은 하나의 문제를 해결하기 위한 처리 과정(프로그램)이 하나의 메인 프로그램과 다수 개의 함수로 작성되었더라도 동시에 수행되지 못하고, 어느 한 순간을 살펴보면 한 부분만을 수행한다는 점입니다.

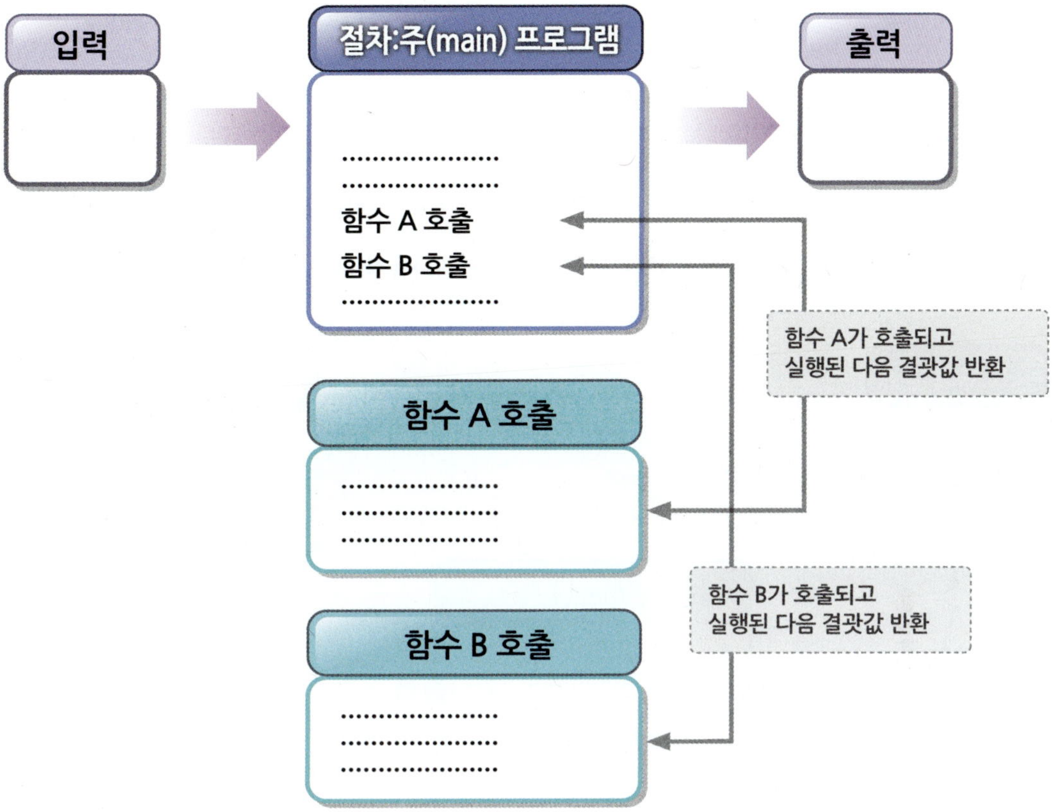

그림 9-1 **프로그램과 함수의 호출**

2 함수의 개념

함수는 서브 루틴(subroutine), 프로시저(procedure), 서브 프로세스(sub process)등으로 부르기도 합니다. 함수는 특정 처리를 실행하여 결과를 반환하는 프로그램입니다. 이를 위해 함수는 함수에 입력 값, 처리 절차, 결과 반환 부분으로 구성할 수 있습니다.

이러한 함수는 일종의 부품(part)이라고 볼 수 있습니다. 자동차의 부품을 생각해 보면, 한 종류의 부품이 서로 다른 종류의 자동차를 만들 때 여러 번 사용될 수 있는 것과 같은 이치입니다.

최종적으로 정리하면, 함수란 하나의 함수를 만들어 놓고 서로 다른 프로그램에서 부품처럼 가져다 사용할 수 있는 형태를 의미합니다.

함수를 사용하면 얻는 장점은 다음과 같습니다.

- 하나의 프로그램에서 반복 사용되는 부분을 함수로 작성함으로써 코드의 크기를 줄이고 재사용할 수 있습니다.
- 프로그램을 기능 중심으로 부품화하여 이해하기 쉽고 유지 보수도 용이합니다.
- 핵심 기능을 부품으로 제공하여 다른 프로그램에서도 재사용할 수 있습니다.

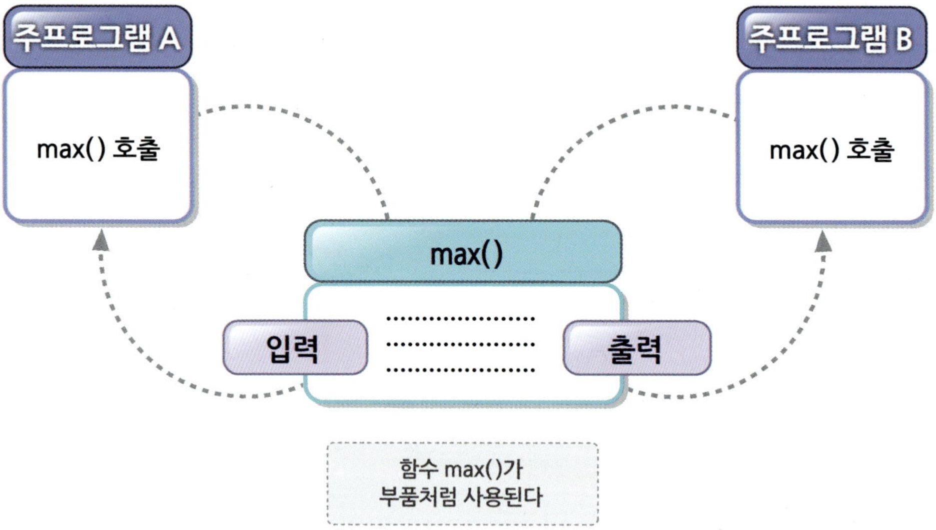

그림 9-2 **함수의 재사용**

파이썬에서의 함수는 3장에서 학습한 내장 함수와 이번 9장에서 설명하는 사용자 정의 함수로 구분할 수 있습니다.

- **내장 함수**(built-in function) : 파이썬에서 많이 사용하는 기능을 함수로 미리 만들어놓은 함수를 의미합니다. 자료형 변환이나 수학 관련 기능들을 함수로 정의한 것입니다. 3장에서 미리 학습하였습니다.

- **사용자 정의 함수**(user-defined function) : 사용자가 프로그램을 작성하면서 필요로 하는 특정 기능을 함수로 작성하여 사용하는 것을 의미합니다. 주로 반복 사용되거나 많은 사용자들이 공통적으로 사용하는 기능들을 사용자 정의 함수로 작성합니다.

Section 02

함수의 사용

1 함수의 정의와 함수 호출

함수는 다음과 같이 정의하여 사용합니다.

형식

```
def 함수이름(매개변수)
```

여기서 def는 예약어입니다. 매개변수는 없을 수도 있지만, 없는 경우에 반드시 괄호는 있어야 합니다. 함수의 기능은 몸체 블록에 지정해야 합니다. 함수가 반환 값이 있을 경우, return문을 사용하여 값을 반환합니다. 파이썬에서는 함수를 [그림 9-3]과 같은 형태로 정의하여 사용합니다.

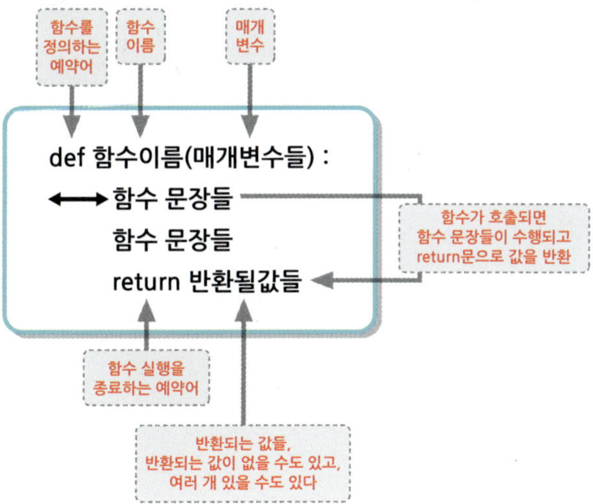

그림 9-3 함수의 정의

파이썬에서는 어떠한 프로그램에서든지 함수를 호출할 수 있으며, 함수 내에서도 다른 함수를 호출할 수 있습니다. [그림 9-4]는 프로그램에서 함수를 호출하는 관계를 나타낸 것입니다.

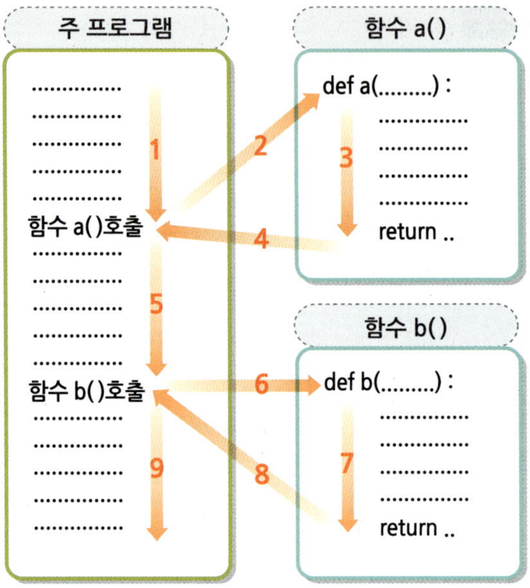

그림 9-4 **함수의 호출과 반환**

[코드 9-1]은 함수를 정의하여 사용하는 예입니다. 함수는 프로그램에서 사용하기 전에 반드시 정의되어야 합니다.

코드 9-1 ex09-01.py

```
def BigSmall(a,b) :         # 함수 정의(함수가 호출되기 전에 정의)
        if a > b :
            big = a         # 함수의 몸체
            small = b
        else :
            big = b
            small = a
        return big,small    # 함수 결과의 반환

a = int(input("첫 번째 숫자 입력 : "))
b = int(input("두 번째 숫자 입력 : "))

x,y = BigSmall(a,b)         # 함수를 호출하고 결과 값을 변수에 저장
print("큰 값 :",x)
print("작은 값 :",y)
```

```
첫 번째 숫자 입력 : 100
두 번째 숫자 입력 : 200
큰 값 : 200
작은 값 : 100
```

2 함수의 매개변수

함수를 호출할 때 값을 넘겨주는 방법으로 매개변수를 사용합니다. 일반적으로 함수는 0개 이상의 매개변수를 가집니다. 함수를 호출할 때 사용하는 변수를 '실제 매개변수(actual parameter)'라 하고, 호출을 당하는 함수의 매개변수를 '형식 매개변수'(formal parameter)라 합니다.

```
def volumeBox(width, height, depth) :   # 함수 정의
        #............        형식 매개변수(formal parameter)
        #............
        #............

w = int(input("가로를 입력 : "))
h = int(input("세로를 입력 : "))
d = int(input("높이를 입력 : "))

volume = volumeBox(w, h, d)              # 함수 호출
                        실제 매개변수(actual parameter)
#................
```

위치에 의한 값 전달

가장 일반적인 방법으로 함수에 값을 전달 할 때, 값의 매칭이 위치에 따라 진행되는 방법입니다.

```
def volumeBox(width, height, depth) :   # 함수 정의
        #............
        #............
        #............

w = int(input("가로를 입력 : "))
```

```
h = int(input("세로를 입력 : "))
d = int(input("높이를 입력 : "))

volume=volumeBox(w, h, d)              # 함수 호출

#.................
```

묵시적 값을 가진 매개변수

함수의 형식 매개변수에 묵시적(default)인 값을 지정하여 다양한 형태로 사용이 가능합니다.

```
# 함수 정의(형식 매개변수 묵시적인 값 지정)
def volumeBox(width=1, height=1, depth=1) :
        #.............            묵시적 값을 지정
        #.............
        #.............

w = int(input("가로를 입력 : "))
h = int(input("세로를 입력 : "))   실제 매개변수와 형식 매개변수의 위치에 따라서 각각 매칭
d = int(input("높이를 입력 : "))

volume1 = volumeBox()     # 묵시적 값으로 함수 호출
volume2 = volumeBox(w)
volume3 = volumeBox(w,d) # 1~3개의 값으로 함수 호출(지정되지 않은 값은 묵시적 값 사용)
volume4 = volumeBox(w,d,h)
#.................                묵시적 값을 이용한 다양한 호출
```

가변 개수의 매개변수

매개변수의 개수가 확정되지 않은 함수를 구현할 때 사용하는 방법입니다. 이 경우 함수에서는 전달 받은 값을 튜플(tuple)로 처리합니다. 즉 함수에서 형식 매개변수로 받은 튜플을 가지고 처리하면 됩니다.

```
def volumeBox(*args) :         # 함수 정의(매개변수의 값을 튜플로 취급)
                   *를 사용하여 매개변수의 개수를 가변으로 지정
        if len(args) == 3 :   # 매개변수가 3개일 때 수행
            return args[0] * args[1] * args[2]
```

```
        if len(args) == 2 :
            return args[0] * args[1]
        #................
        #................

#.................
volume1 = volumeBox()
volume2 = volumeBox(w)
volume3 = volumeBox(w,d)        # 0개 이상의 값으로 함수 호출 가능
volume4 = volumeBox(w,d,h)
print(volume1, volume2, volume3, volume4)
#.................
```

다양한 매개변수의 개수로 호출 가능

이름에 의한 값 전달

함수에 값을 전달할 때 이름 정보를 지정하여 전달 할 수 있습니다. 이 경우 위치와 상관없이 이름으로 전달된 값이 형식 매개변수에 전달됩니다.

```
def volumeBox(width, height, depth) :   # 함수 정의
       #............
       #............
       #............

#............
volume1=volumeBox(depth=20, height=10, width=30) # 순서와 상관없이 이름 지정해 호출
volume2=volumeBox(height=10, width=30, depth=20)
#............
```

3 함수의 반환 값

함수는 호출되면 지정된 기능을 수행하고, 수행된 결과를 반환할 수 있습니다. 파이썬에서는 return문을 사용하여 함수를 종료하고 값을 반환할 수 있습니다.

함수에 return문이 없거나 단순히 return문만 사용되는 경우에는 반환 값이 없는 함수입니다. 함수에서 하나 이상의 반환 값이 있는 경우에는 return문 다음에 변수명을 지정하여 사용합니다.

코드 9-2 ex09-02.py

```
def morning1(name) :     # 함수 정의(반환값 없음)
        print(name,"씨 굿모닝입니다.")

def morning2(name) :     # return 값이 한 개인 경우
        s = name+"씨 굿모닝입니다."
        return s

def morning3(name) :     # return 값이 여러 개인 경우
        s1 = "오늘 날씨가 쾌청합니다."
        s2 = name+"씨 굿모닝입니다."
        return s1,s2

#.............
morning1("파이썬")       # 반환값이 없는 함수 호출
s = morning2("파이썬")   # 반환값이 한 개 있는 함수 호출
print(s)

# 반환값이 두 개 있는 함수 호출(두 개의 반환값이 차례로 s1, s2에 배정)
s1, s2 = morning3("파이썬")
print(s1,s2)
#.............
```

```
파이썬 씨 굿모닝입니다.
파이썬씨 굿모닝입니다.
오늘 날씨가 쾌청합니다. 파이썬씨 굿모닝입니다.
```

4 함수의 매개변수 자료형

함수를 호출할 때 매개변수의 자료형에 따라 결과가 다르게 됩니다. 3장에서 파이썬에는 변경 불가능(immutable)한 자료형과 변경 가능한(mutable) 자료형이 있다고 설명하였습니다. 파이썬에서 변경 가능한 자료는 리스트, 세트, 딕셔너리 자료형입니다. 이러한 자료형을 함수의 매개변수로 사용할 경우, 함수에서 그 값을 변경하는 경우 호출한 프로그램에서도 해당되는 매개변수의 값이 변경되는 부작용(side effect)이 발생합니다.

코드 9-3 ex09-03.py

```
def changeData1(x,y) :    # 정수를 매개변수로 사용
    x = x + y
    print("x 값은 :",x)   # 30 출력

def changeData2(num) :    # 리스트를 매개변수로 사용
    num[1] = 200
    print(num)            # num의 값으로 [10, 200, 30] 출력

a = 10
b = 20
changeData1(a,b)
print(a)                  # a의 값으로 10 출력

list1 = [10, 20, 30]      # 변경 가능한 자료형 객체
changeData2(list1)
print(list1)              # list1의 값으로 [10, 200, 30] 출력(부작용 발생)
```

```
x 값은 : 30
10
[10, 200, 30]
[10, 200, 30]
```

5 함수에서의 지역변수와 전역변수

함수에는 지역변수와 전역변수가 있습니다.

지역변수(Local variable)는 함수에서 사용하는 변수(매개변수 포함)라고 합니다. 함수에서 선언된 지역변수는 함수 내에서만 유효합니다.

전역변수(Global variable)는 메인 프로그램에서 선언되거나 함수에서 global로 선언된 변수를 의미하며, 메인이나 함수에서 자유롭게 사용이 가능합니다.

같은 이름의 변수를 메인 프로그램과 함수에서 같이 사용하는 경우에는 동일 프로그램(함수)에서 선언된 변수가 사용됩니다.

코드 9-4 ex09-04.py

```
def func1(a,b) :                # a,b는 지역변수
        c = a + b               # c 지역변수
        print("x,y의 값 :",x,y)
# 메인에서 선언된 변수는 global 변수(x,y값으로 10과 20 출력)
def func2(x,y) :                # global 변수와 동일한 이름을 사용(x,y는 지역변수)
        x = x * 2
        y = y * 2
        print("x,y의 값 :",x,y) # 지역변수 x,y 값으로 20과 40 출력
        global z                # global 변수 선언
        z = x + y               # 두 값의 합을 global 변수에 저장

x = 10
y = 20
func1(x,y)    # 함수 호출
#print(c)     # 함수에서 지역변수로 선언된 c값 출력?. 오류발생

func2(x,y)    # 함수 호출
print(x,y)    # 메인에서 선언된 변수의 값 10, 20 출력
print(z)      # 함수에서 선언된 global 변수 z 값 60 출력
```

```
x,y의 값 : 10 20
x,y의 값 : 20 40
10 20
60
```

실습예제 9-1

사용자로부터 3개의 숫자를 입력받아 가장 큰 수를 구하는 프로그램을 작성하시오. 3개의 숫자를 매개변수로 받아 가장 큰 수를 반환하는 부분을 findMax(a,b,c) 함수로 작성하시오.

실행 결과

```
첫 번째 숫자 입력 : 200
두 번째 숫자 입력 : 100
세 번째 숫자 입력 : 170
가장 큰 수는 : 200
```

메인 프로그램은 단순히 3개의 숫자를 입력받고, findMax()를 호출하고, 반환된 값을 출력하는 기능을 수행합니다. 서브 프로그램에서는 3개의 값 중에서 가장 큰 값을 찾아 반환하는 기능을 수행합니다.

코드 9-5 ex09-05.py

```
def findMax(a,b,c) :     # 함수 findMax(a,b,c) 정의

        if a > b :       # 가장 큰 수를 구하는 기능을 정의
            biggest = a
        else :
            biggest = b

        if biggest < c :
            biggest = c

        return biggest   # 가장 큰 값을 반환

a = int(input("첫 번째 숫자 입력 : "))
b = int(input("두 번째 숫자 입력 : "))
c = int(input("세 번째 숫자 입력 : "))

# 함수를 호출하고 return문에 의해 반환되는 값을 변수에 저장
biggest=findMax(a,b,c)
print('가장 큰 수는 :',biggest)
```

실습예제 9-2

사용자로부터 두 개의 숫자를 입력받아 두 숫자 사이(두 숫자 포함)의 소수를 출력하는 프로그램을 작성하시오. 두 숫자를 매개변수로 받아서 두 숫자 사이의 소수를 출력하고, 소수의 개수를 반환하는 부분을 findPrime(x,y) 함수로 작성하시오.

실행 결과

```
첫 번째 숫자 입력(작은 수) : 17
두 번째 숫자 입력(큰 수) : 71
17 부터 71 사이의 소수 : 17 19 23 29 31 37 41 43 47 53 59 61 67 71
소수는 모두 14 개입니다.
```

코드 9-6 ex09-06.py

```
def findPrime(x,y) :          # 소수를 구하는 함수 findPrime(x,y) 정의
    print(x,"부터",y,"사이의 소수 :",end=' ')
    count=0
    for i in range(x, y+1) :  # 두 숫자 사이 반복
        for j in range(2, y+1) :
        # 하나의 숫자에 대해 2부터 숫자의 반까지 반복
            if i % j == 0 :
                break         # 나누어지면 중첩 for문을 벗어남
        if i == j :
            print(i,end=' ')  # 나누어지지 않을 경우 소수 출력
            count=count+1     # 소수의 개수 증가
    print()
    return count
num1 = int(input("첫 번째 숫자 입력(작은 수) : "))
num2=int(input("두 번째 숫자 입력(큰 수) : "))
count=findPrime(num1,num2)     # 입력받은 두 개의 변숫값으로 함수 호출
print("소수는 모두", count,"개 입니다")
```

실습예제 9-3

사용자로부터 하나의 숫자를 입력받고, 1부터 입력된 숫자 사이의 약수를 출력하는 프로그램을 작성하시오. 약수를 구하는 부분은 dNumber() 함수로 작성하시오.

실행 결과

```
자연수를 입력하세요 : 200
200 의 약수는 : [1, 2, 4, 5, 8, 10, 20, 25, 40, 50, 100, 200]
```

메인 프로그램에서 자연수를 입력받고 비어 있는 리스트를 생성한 후, 자연수와 리스트를 매개변수로 지정하여 함수를 호출합니다. 함수에서는 매개변수로 지정된 리스트에 약수를 추가하여 리스트를 생성합니다. 함수에서 생성된 리스트는 메인에서 선언된 리스트에 그대로 반영됩니다.

코드 9-7 ex09-07.py

```python
def dNumber(num,dnum_list) :        # 함수 정의(리스트를 매개변수로 지정)

        for i in range(1,num+1) :   # 1부터 자연수까지 반복
            if num % i == 0 :
                dnum_list.append(i)   # 약수인 경우 리스트에 추가

num = int(input("자연수를 입력하세요 : "))
dnum = []                           # 비어 있는 리스트 생성

if num > 0 :
    dNumber(num,dnum)               # 약수를 구하는 함수 호출
    print(num,"의 약수는 :",dnum)   # 리스트를 출력

else :
    print(num,"은 자연수가 아닙니다.")
```

실습예제 9-4

사용자로부터 10개의 정수를 가진 문자열(스페이스로 구분)을 입력받아 입력된 문자열에 있는 10개의 숫자를 리스트로 생성하고, 리스트에 있는 정수를 오름차순으로 정렬하고, 리스트에 있는 정수의 합을 출력하는 프로그램을 작성하시오.

리스트를 매개변수로 받아 정렬을 수행하고, 요소의 합을 구하여 반환하는 부분을 sort_Insertion(subnum) 함수로 작성하시오. 단 정렬을 수행할 때 리스트의 sort() 메소드를 이용하지 말고 작성하시오.

실행 결과

```
10개의 정수를 스페이스로 구분하여 입력 : 13 23 78 91 32 5 97 29 64 38
최초의 리스트 : [13, 23, 78, 91, 32, 5, 97, 29, 64, 38]
오름차순으로 정렬된 리스트 : [5, 13, 23, 29, 32, 38, 64, 78, 91, 97]
리스트에 있는 정수의 합 : 470
```

위 문제에서 메인 프로그램은 10개의 정수(스페이스로 구분)를 가진 문자열을 입력받아 정수 리스트를 생성해야 합니다. 문자열을 스페이스로 구분하는 split() 메소드를 이용하여 문자 리스트를 생성한 후 정수 리스트로 생성해야 합니다.

코드 9-8 ex09-08.py

```
def sort_Insertion(subnum) :   # 함수의 매개변수로 리스트 객체 지정
# 함수에서 리스트 객체가 변경되면 호출한 리스트에 반영됨
        for i in range(1, len(subnum)) :
                for j in range(i, 0, -1) :
# 뒤의 요소를 첫 번째 요소까지 반복하여 검사
                        if subnum[j] < subnum[j-1]:
# 뒤에 있는 요소가 앞의 요소보다 작을 경우 값을 교환
                            temp = subnum[j]
                            subnum[j] = subnum[j-1]
                            subnum[j-1] = temp
                        else : break   # 내포된 for 반복문을 벗어남

        return sum(subnum)     # sum() 함수를 사용하여 리스트 요소의 합 반환

s = input("10개의 정수를 스페이스로 구분하여 입력 : ")   # 문자열 입력

```

```
string_list=s.split()           # 스페이스를 기준으로 문자열 리스트 생성
num_list=[]
for i in string_list :
        num_list.append(int(i))   # 문자열을 정수로 변환하여 정수 리스트 생성

print("최초의 리스트 :", num_list)# 정수 리스트 출력

hap=sort_Insertion(num_list)      # 리스트 객체를 매개변수로 하여 함수 호출

print("오름차순으로 정렬된 리스트 :", num_list) # 정렬된 정수 리스트 출력
print("리스트에 있는 정수의 합 :" , hap) # 반환된 합 출력
```

Section

03 모듈

모듈(module)이란 서로 관련 있는 프로그램들을 모아놓은 것으로, 함수, 클래스, 데이터들이 포함될 수 있습니다. 이러한 파이썬의 모듈은 사용자가 직접 생성하여 사용하는 사용자 생성 모듈, 파이썬 패키지 안에 포함된 표준 모듈, 회사 등에서 특정 기능을 제공하는 서드파티(Third Party) 모듈로 구분될 수 있습니다. 이 절에서는 사용자 생성 모듈과 파이썬에서 제공되는 표준 모듈에 대해서 설명합니다.

1 사용자 생성 모듈

모듈의 생성

사용자는 필요로 되는 함수와 클래스, 데이터들을 하나의 모듈로 작성할 수 있습니다. 예를 들어 [코드 9-9]와 같이 다양한 도형의 넓이와 둘레를 구하는 함수를 모아 하나의 모듈로 생성할 수 있습니다. 이 파일의 이름은 'polyArea.py' 파일로 저장합니다.

코드 9-9 ex09-09.py(polyArea.py)

```
pi = 3.14159                       # 함수에서 사용할 상수 선언

def rectangleArea(width, depth) : # 사각형의 넓이를 계산하는 함수
        return width*depth

def triangleArea(base, height) :  # 삼각형의 넓이를 계산하는 함수
        return base*height/2

def circleArea(r) :                # 원의 넓이를 계산하는 함수
        return pi*r*r

def circumference(r) :             # 원의 둘레를 계산하는 함수
        return 2*pi*r
```

모듈 사용을 위한 선언과 패스 설정

모듈을 사용하기 위해서는 import문으로 모듈의 사용을 정의해야 합니다. 모듈을 정의하기 위해 사용하려는 모듈이 있는 곳의 경로를 패스로 지정해야 합니다. 파이썬에서 모듈의 패스를 지정하기 위해서는 다음과 같이 사용합니다. 모듈의 패스를 설정하기 위해서는 윈도우인 경우 환경변수에 패스를 설정해야 합니다.

```
>>> import polyArea                   # 모듈이 저장된 곳에 패스가 설정되지 않아 오류 발생
Traceback (most recent call last):
  File "<pyshell#9>", line 1, in <module>
    import polyArea
ModuleNotFoundError: No module named 'polyArea'
>>> import sys                        # 시스템 표준 모듈 import
>>> sys.path.append('d:\source\Ch09') # 모듈이 저장된 폴더를 패스 추가
>>> import polyArea                   # 모듈 import
>>> dir(polyArea)                     # 모듈의 속성과 함수를 나타낸다
['__builtins__', '__cached__', '__doc__', '__file__', '__loader__', '__name__', '__package__', '__spec__', 'circleArea', 'circumference', 'pi', 'rectangleArea', 'triangleArea']
```

모듈의 사용

모듈은 [코드 9-10]과 같이 사용할 수 있습니다. 모듈에서 선언된 함수를 사용하기 위해서는 모듈의 이름과 함수의 이름을 같이 사용해야 합니다.

코드 9-10 ex09-10.py

```
import polyArea                # 모듈 import

print("사각형의 넓이를 계산합니다.")
width=float(input("사각형의 가로 : "))
depth=float(input("사각형의 세로 : "))
print("사각형의 넓이는 :", polyArea.rectangleArea(width,depth))

print("삼각형의 넓이를 계산합니다.")
base=float(input("삼각형의 밑변 : "))
height=float(input("삼각형의 높이 : "))
print("삼각형의 넓이는 :", polyArea.triangleArea(base,height))

print("원의 넓이와 둘레를 계산합니다.")
```

```
r=float(input("반지름 : "))
print("원의 넓이는 :", polyArea.circleArea(r))      # 모듈의 함수 호출
print("원의 둘레는 :", polyArea.circumference(r))   # 모듈의 함수 호출

#print("파이 값 :", pi)   # 오류 발생
print("파이 값 :", polyArea.pi)                     # 모듈의 이름과 같이 사용
```

```
사각형의 넓이를 계산합니다
사각형의 가로 : 10
사각형의 세로 : 5
사각형의 넓이는 : 50.0
삼각형의 넓이를 계산합니다
삼각형의 밑변 : 3
삼각형의 높이 : 5
삼각형의 넓이는 : 7.5
원의 넓이와 둘레를 계산합니다
반지름 : 10
원의 넓이는 : 314.159
원의 둘레는 : 62.8318
파이 값 : 3.14159
```

모듈에서 특정 요소만을 사용하기 위해서는 import문을 from문과 같이 사용할 수 있습니다. 이와 같은 경우에는 모듈명 없이 함수 이름으로 직접 사용할 수 있습니다.

코드 9-11 ex09-11.py

```
from polyArea import pi, circleArea   # 모듈 polyArea에서 pi와 circleArea import

print("파이 값 :", pi)                 # 모듈명 없이 pi값 직접 사용
# print("파이 값 :", polyArea.pi) # 모듈명을 사용하는 경우 오류 발생

print("원의 넓이와 둘레를 계산합니다.")
r=float(input("반지름 : "))
# print("원의 넓이는 :", polyArea.circleArea(r)) # 오류 발생
print("원의 넓이는 :", circleArea(r)) # 함수명을 직접 사용
```

```
파이 값 : 3.14159
원의 넓이와 둘레를 계산합니다.
반지름 : 5
원의 넓이는 : 78.53975
```

2 표준 모듈

이번에는 파이썬에서 제공하는 모듈 중 자주 사용되는 기능 중심으로 설명합니다.

random 모듈

random 모듈은 주로 난수와 연관된 기능들을 모아 놓은 모듈입니다. 정수와 연관된 함수로서 randint(a,b)와 randrange(a,b,c)가 제공됩니다.

```
>>> import random                         # random 모듈 import
>>> print(random.randint(1,100))          # 1~100 사이의 정수 중에서 임의의 수 반환
73
>>> print(random.randrange(10))           # 0~9 사이의 정수 중에서 임의의 수 반환
4
>>> print(random.randrange(1, 100))       # 1~100 사이의 정수 중에서 임의의 수 반환
45
>>> print(random.randrange(1,100,2))      # 1~100 사이의 홀수 중에서 임의의 수 반환
55
```

실수와 연관된 함수에는 random()과 uniform(a,b)가 제공됩니다.

```
>>> import random                         # random 모듈 import
>>> print(random.random())                # 0.0이상 1.0미만의 실수 반환
0.18528282622227654
>>> print(random.uniform(100.1,100.2))  # 100.1 이상 100.2 미만의 실수 반환
100.10003280960755
```

문자열, 리스트, 튜플 등과 같이 자료구조에 적용할 수 있는 random 모듈의 함수로서 choice(x)와 shuffle(x)가 있습니다.

```
>>> import random                         # random 모듈 import
>>> s = 'Python'
>>> print(random.choice(s))               # 문자열에서 임의의 문자 반환
o
>>> color=['red','green','blue']
>>> print(random.choice(color))           # 리스트에서 임의의 항목을 반환
blue
```

```
>>> num = (1,2,3,4,5)
>>> print(random.choice(num))          # 튜플에서 임의의 항목을 반환
1
>>> list1 = [1,2,3,4,5]
>>> print(list1)                       # 리스트 출력
[1, 2, 3, 4, 5]
>>> random.shuffle(list1)              # shuffle() 함수 이용해 리스트의 요소 섞어 list1에 저장
>>> print(list1)
[1, 3, 5, 2, 4]                        # 리스트 출력
```

itertools 모듈

itertools 모듈은 반복적인 처리를 하는 데 유용한 함수들을 가지고 있는 모듈입니다. 반복되는 요소들을 연결하는 chain() 함수와 무한 반복을 제공하는 count() 함수에 대해 설명합니다.

```
>>> import itertools                          # itertools 모듈 import
>>> list1 = [1,2,3]
>>> list2 = [4,5,6]
>>> for i in itertools.chain(list1,list2) :   # list1, list2를 연결해서 처리
...     print(i, end=' ')
...
...
1 2 3 4 5 6
>>> for i in itertools.count(100) :           # count() 함수는 숫자를 반복해서 출력
...     print(i, end=' ')                     # 100부터 무한정 출력
...
...
100 101 102 103 104 105 106 107 108 109 110 111 112 113 114 115 116 117 118 119 120 121
122 123 124 125 126 127 128 129 130 131 132 133 134 135 136 137 138 139 140 141 142 143
144 145 146 147 148 149 150 151 152 153
(.... 무한 반복)
```

copy 모듈

copy 모듈은 파이썬에서 사용하는 다양한 객체들을 복사하는 데 많이 사용됩니다. 1차원 데이터만 복사하는 copy() 함수와 다차원 데이터 모두 복사하는 deepcopy() 함수가 있습니다.

```
>>> import copy                    # copy 모듈 import
>>> list1 = [1,2,3]
>>> list2 = list1                  # 단순히 리스트를 대입
>>> id(list1),id(list2)            # 두 개의 리스트는 같은 객체
(1552542244864, 1552542244864)
>>> list1[0] = 100
>>> list1,list2                    # list2도 변경됨
([100, 2, 3], [100, 2, 3])
>>> list3 = [1,2,3]
>>> list4 = copy.copy(list3)       # copy() 함수를 사용한 복사
>>> list3[0] = 100
>>> list3,list4                    # list4는 변경 안됨
([100, 2, 3], [1, 2, 3])
```

다음은 deepcopy() 함수의 사용 예입니다. 다차원 데이터에서 copy() 함수는 1차원 데이터만 복사하고 2차원 이상은 데이터를 복사하지 않고 주소를 복사하는 반면에, deepcopy() 함수는 다차원 데이터를 모두 따라가면서 복사합니다.

```
>>> import copy                    # copy 모듈 import
>>> list1 = [1,2,3,[10,20,30]]     # 다중 리스트
>>> list2 = copy.copy(list1)       # copy() 함수로 복사
>>> list1[3][0] = 100              # list1의 2차원 항목을 변경
>>> list1,list2                    # list2의 2차원 항목도 변경됨
([1, 2, 3, [100, 20, 30]], [1, 2, 3, [100, 20, 30]])
>>> list3 = [1,2,3,[10,20,30]]     # 다중 리스트
>>> list4 = copy.deepcopy(list3)   # deepcopy() 함수로 복사. 다차원 값이 모두 복사
>>> list3[3][0] = 100              # list3의 2차원 항목을 변경
>>> list3,list4                    # list4의 값은 변경 안 됨
([1, 2, 3, [100, 20, 30]], [1, 2, 3, [10, 20, 30]])
```

실습예제 9-5

사용자로부터 3개의 숫자를 입력받아 가장 큰 수를 구하는 `findMax(a,b,c)`, 가장 작은 수를 구하는 `findMin(a,b,c)`, 모든 수의 합을 구하는 `findSum(a,b,c)`를 `find` 모듈로 작성하시오. 메인 프로그램에서는 3개의 숫자를 입력받아 모듈의 함수를 호출하도록 실행결과를 참조하여 프로그램을 작성하시오.

실행 결과

```
첫 번째 숫자 입력 : 100
두 번째 숫자 입력 : 200
세 번째 숫자 입력 : 300
가장 큰 수는(findMax()) : 300
가장 작은 수는(findMin()) : 100
숫자의 합은(findSum()) : 600
```

코드 9-12 ex09-12.py(find.py)

```
def findMax(a,b,c) :     # 함수 findMax(a,b,c) 정의
        if a > b :       # 가장 큰 수를 구하는 기능을 정의
                biggest=a
        else :
                biggest=b
        if biggest < c :
            biggest=c
        return biggest  # 가장 큰 값을 반환

def findMin(a,b,c) :     # 함수 findMin(a,b,c) 정의
        if a > b :       # 가장 작은 수를 구하는 기능을 정의
                smallest=b
        else :
                smallest=a
        if smallest > c :
                smallest=c
        return smallest # 가장 작은 값을 반환

def findSum(a,b,c) :     # 함수 findSum(a,b,c) 정의
        return a+b+c     # 합계 반환
```

코드 9-13 **메인 프로그램** ex09-13.py

```
import find   # find 모듈 import

a = int(input("첫 번째 숫자 입력 : "))
b = int(input("두 번째 숫자 입력 : "))
c = int(input("세 번째 숫자 입력 : "))

print('가장 큰 수는(findMax()) :',find.findMax(a,b,c))    # 모듈 호출
print('가장 작은 수는(findMin()) :',find.findMin(a,b,c)) # 모듈 호출
print('숫자의 합은(findSum()) :',find.findSum(a,b,c))     # 모듈 호출
```

연습문제

01 사용자로부터 두 개의 정수를 입력받아 두 숫자 사이의 정수 합(두 숫자 포함)을 구하여 출력하는 프로그램을 작성하시오. 단 두 숫자 사이의 합을 구하는 부분을 함수로 작성하시오.

02 사용자로부터 하나의 정수를 입력받아 정수에 해당하는 구구단과 구구단 결과의 합을 구하는 프로그램을 작성하시오. 단 구구단은 함수에서 출력하고, 구구단 결과의 합은 함수에서 반환받아 메인 프로그램에서 출력되도록 작성하시오.

03 사용자로부터 하나의 정수를 입력받아 그 숫자가 소수인지 판별하여 출력하는 프로그램을 작성하시오. 단 소수를 판별하는 부분을 함수로 작성하시오.

04 정수의 약수를 구하는 기능, 정수가 소수인지 판별하는 기능, 정수의 팩토리얼 값을 구하는 기능, 정수의 완전수(자신의 값을 제외한 약수의 합이 자신과 같은 수)를 구하는 기능을 가진 모듈을 작성하고 사용 결과를 나타내시오.

[실행 결과]

```
정수를 입력 : 000
000의 약수 : ......
000 소수? : True
000 팩토리얼 값 : 0000000
000 완전수? : False
```

CHAPTER 10

객체 지향 : 클래스와 객체

학습목표

- 객체 지향의 개념에 대해 학습합니다.
- 클래스의 개념과 구성요소에 대해 학습합니다.
- 클래스의 속성과 메소드에 대해 학습합니다.
- 객체의 생성 방법과 사용에 대해 학습합니다.

Preview

Chapter 10에서는 객체 지향에 대해 알아봅니다. 먼저 객체 지향의 개념과 클래스 및 객체에 대해 살펴봅니다. 또한 클래스 구조, 메소드와 속성, 생성자 메소드에 대해 학습합니다.

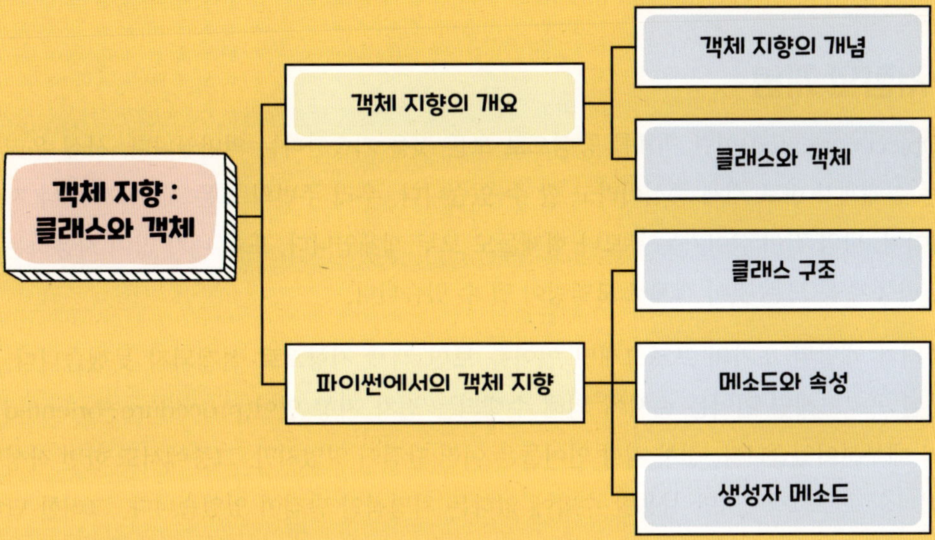

Section

01 객체 지향의 개요

1 객체 지향의 개념

객체 지향(Object-oriented)이란 객체를 중심으로 모든 것을 기술한다는 의미입니다. 사실 우리가 살고 있는 실세계가 바로 객체 중심이라고 할 수 있습니다. 우리 주변의 모든 것, 심지어 나 자신까지 객체이며, 나와 같이 살아가는 부모나 형제들도 모두 객체입니다. 또한 내가 많이 사용하는 TV, 냉장고, 자동차 등 모든 것이 객체로 모델링이 될 수 있습니다.

하지만 컴퓨터가 개발된 초기의 프로그래밍 언어를 보면 객체 지향으로 설계되지 못했습니다. 초기에 개발된 프로그래밍 언어는 순서에 의해 수행되는 절차 지향 언어(procedure-oriented language)가 대부분이었습니다. 절차 지향 언어들은 여러 단점이 있었지만, 그중에서도 한번 작성된 기능을 하나의 프로그램에서만 사용할 수밖에 없다는 치명적인 단점이 있었습니다. 그러한 단점은 소프트웨어의 생산성을 저하시키는 요인이 되었습니다.

객체 지향 프로그래밍에서는 모든 요소들을 객체로 모델링하며, 이러한 객체를 연결하여 프로그래밍이 이루어집니다. 객체 지향에서 모든 객체는 속성과 기능으로만 구성됩니다. 이러한 객체는 기능적으로 독립성이 유지되어 부품처럼 사용됩니다. 즉 한번 만들어진 부품 즉 객체는 다양한 프로그램에서 재사용될 수 있어 소프트웨어의 생산성을 높일 수 있습니다.

[그림 10-1]과 같이 객체 지향 프로그래밍에서는 모든 것이 객체로 설계되며, 이러한 객체들이 메시지를 주고받으면서 프로그래밍이 진행됩니다. 다음 모델링에서와 같이 자동차 객체는 엄마가 운전하는 프로그래밍에서도 사용되고, 내가 운전하는 프로그래밍에서도 사용되게 됩니다. 즉 객체 지향 프로그래밍은 우리의 일상생활과 같은 방식의 프로그래밍으로 이해하면 됩니다.

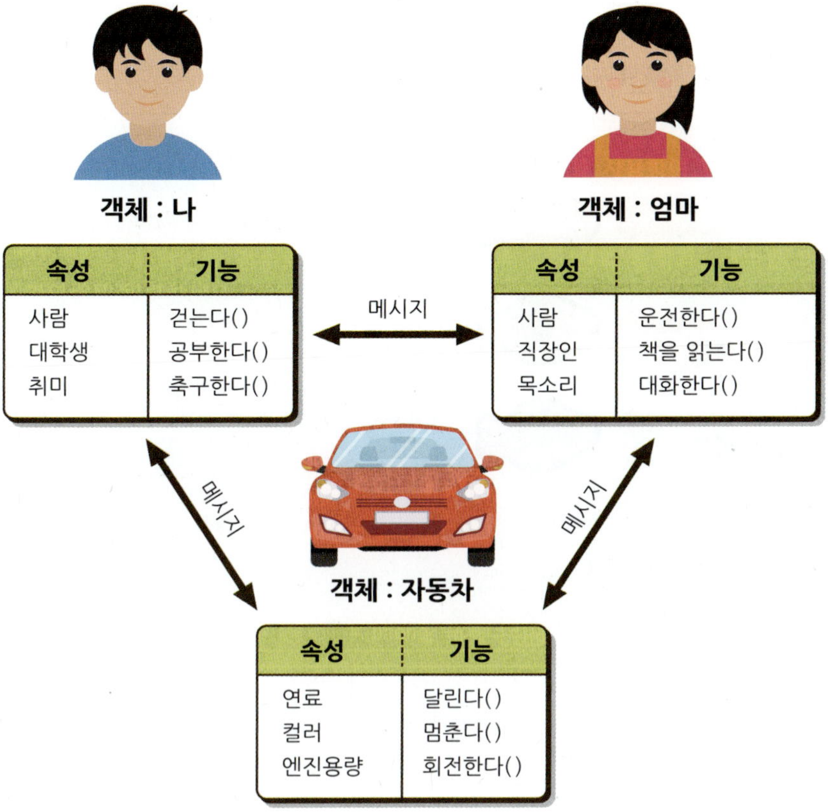

그림 10-1 **객체 지향적인 모델링**

2 클래스와 객체

객체 지향에서 클래스(class)는 객체를 생성할 수 있는 틀(template) 역할을 합니다. 즉 클래스는 객체를 생성하는 형판으로 볼 수 있습니다. 한번 만들어진 클래스로부터 객체는 원하는 만큼 생성될 수 있습니다.

클래스와 객체의 관계는 [그림 10-2]와 같이 겨울에 자주 볼 수 있는 붕어빵틀과 붕어빵으로 비유될 수 있습니다. 여기서 붕어빵틀이 클래스이고 붕어빵이 객체입니다. 중요한 사실은 우리가 먹을 수 있는 것은 붕어빵(객체)이지 붕어빵틀(클래스)이 아니라는 점입니다. 즉 객체 지향에서 데이터를 처리하는 데 사용되는 것은 클래스로부터 생성된 객체이지 클래스가 아니라는 점입니다. 클래스는 붕어빵틀처럼 객체를 생성하는 역할만 수행합니다.

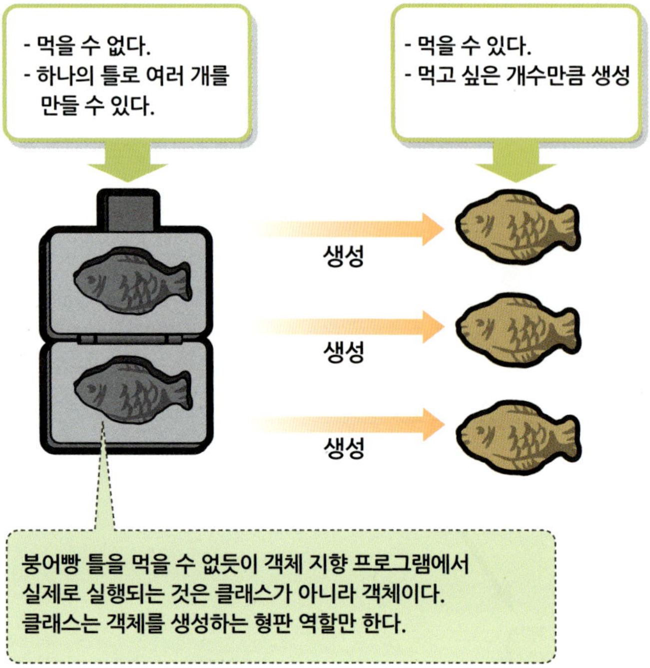

그림 10-2 **클래스와 객체의 개념**

Section 02 파이썬에서의 객체 지향

파이썬은 모든 것을 객체로 취급합니다. 이전 장까지 사용한 프로그램에서는 객체를 인식하지 않고 프로그램을 작성하였지만, 이번 절에부터 파이썬 프로그램에서 사용된 요소들은 객체입니다.

다음 코드는 이미 파이썬에서 제공되는 클래스로부터 객체를 생성해서 사용하는 예입니다. 당연히 파이썬에서 제공하는 클래스(객체)도 속성과 기능으로 구성됩니다.

```
>>> a = 10; b = 3.14; c = 'python'      # int, float, str 클래스로부터 객체 생성
>>> type(a), type(b), type(c)           # 각 객체의 클래스 확인
(<class 'int'>, <class 'float'>, <class 'str'>)
>>>
>>> a = [1,2,3]; b = (1,2,3); c = {1:2,3:4}; d = {1,2,3}
# list, tuple, dict, set 클래스로부터 객체 생성
>>> type(a), type(b), type(c), type(d)  # 각 객체의 클래스확인
(<class 'list'>, <class 'tuple'>, <class 'dict'>, <class 'set'>)
```

다음 코드는 정수를 나타내는 int 클래스의 속성과 기능을 알아보고 사용하는 예입니다.

```
>>> a = 5
>>> type(a)                             # int 클래스
<class 'int'>
>>> dir(int)                            # int 클래스의 속성과 기능
['__abs__', '__add__', '__and__', '__bool__', '__ceil__', '__class__', '__delattr__', '__dir__',
'__divmod__', '__doc__', '__eq__', '__float__', '__floor__', '__floordiv__', '__format__',
'__ge__', '__getattribute__', '__getnewargs__', '__getstate__', '__gt__', '__hash__',
'__index__', '__init__', '__init_subclass__', '__int__', '__invert__', '__le__', '__lshift__',
'__lt__', '__mod__', '__mul__', '__ne__', '__neg__', '__new__', '__or__', '__pos__', '__pow__',
'__radd__', '__rand__', '__rdivmod__', '__reduce__', '__reduce_ex__', '__repr__', '__rfloordiv__',
```

```
'__rlshift__', '__rmod__', '__rmul__', '__ror__', '__round__', '__rpow__', '__rrshift__',
'__rshift__', '__rsub__', '__rtruediv__', '__rxor__', '__setattr__', '__sizeof__', '__str__',
'__sub__', '__subclasshook__', '__truediv__', '__trunc__', '__xor__', 'as_integer_ratio',
'bit_count', 'bit_length', 'conjugate', 'denominator', 'from_bytes', 'imag', 'numerator',
'real', 'to_bytes']
>>> a.bit_length()    # 기능(메소드) : a를 비트로 표현(101) 했을 때 길이
3
>>> a.numerator       # 속성 : a를 분수(5/1)로 나타냈을 때 분자의 값
5
>>> a.denominator
1                     # 속성 : a를 분수(5/1)로 나타냈을 때 분모의 값
```

1 클래스 구조

파이썬에서 클래스를 작성하기 위해서는 [그림 10-3]과 같은 형식으로 사용됩니다.

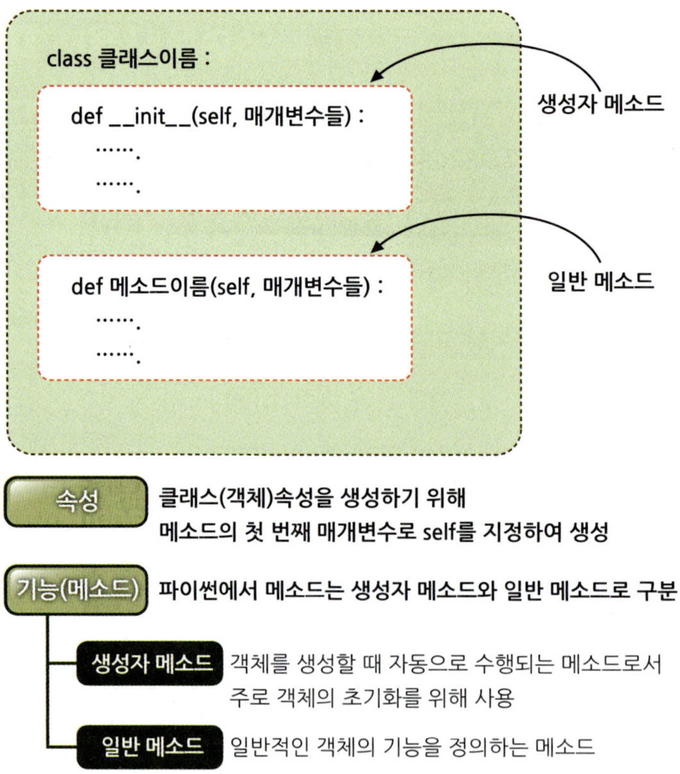

그림 10-3 **파이썬의 클래스 구조**

2 메소드와 속성

클래스 내에 def를 사용하여 메소드를 정의하고, 클래스(객체)의 속성을 생성하기 위해서는 메소드의 첫 번째 매개변수로 self를 지정하여 속성을 정의합니다. 파이썬에서는 모든 메소드의 첫 번째 매개변수를 self로 취급합니다.

코드 10-1 ex10-01.py

```
class PlusMinus :    # 클래스 선언

        def plusminus( self,x,y) :  # 메소드 선언
                self.sum = x + y     # 객체 속성 변수 sum에 합 저장
                self.minus = x - y  # 객체 속성 변수 minus에 차 저장

        def result(self) :
                return self.sum, self.minus   # 객체 속성 값 반환

x = int(input("첫 번째 숫자 입력 : "))
y = int(input("두 번째 숫자 입력 : "))

pm = PlusMinus()     # 클래스로부터 객체 생성
pm.plusminus(x,y)    # 객체의 메소드 호출
a,b = pm.result()    # 객체의 메소드를 호출하여 결과 값을 반환

print('입력한 두 수의 합 :',a)
print('입력한 두 수의 차 :',b)
```

```
첫 번째 숫자 입력 : 100
두 번째 숫자 입력 : 200
입력한 두 수의 합 : 300
입력한 두 수의 차 : -100
```

3 생성자 메소드

생성자 메소드는 클래스로부터 객체가 생성될 때 자동으로 수행되는 특수한 메소드로서 __init__라는 이름을 가지는 메소드입니다. 이 메소드는 주로 객체가 생성될 때 초기화 역할을 수행하는 데 사용됩니다.

[코드 10-1]의 프로그램을 수정하여 생성자 메소드의 사용 예를 살펴봅니다.

코드 10-2 ex10-02.py

```
class PlusMinus :                           # 클래스 선언

    def __init__(self,x,y) :                # 생성자 메소드 선언
        self.sum=x+y                        # 객체 속성 변수 sum에 합 저장
        self.minus=x-y                      # 객체 속성 변수 minus에 차 저장

    def result(self) :
        return self.sum, self.minus         # 객체 속성 값을 반환

x=int(input("첫 번째 숫자 입력 : "))
y=int(input("두 번째 숫자 입력 : "))

pm=PlusMinus(x,y)
# 클래스로부터 객체 생성. 생성자 메소드 실행됨. 매개 변수로 값을 전달

a,b=pm.result()  # 객체의 메소드를 호출하여 결과 값을 반환
print('입력한 두 수의 합 :',a)
print('입력한 두 수의 차 :',b)
```

```
첫 번째 숫자 입력 : 100
두 번째 숫자 입력 : 200
입력한 두 수의 합 : 300
입력한 두 수의 차 : -100
```

실습예제 10-1

9장의 3절에서 예로 들었던 사각형의 넓이, 삼각형의 넓이, 원의 넓이, 원의 둘레를 구하는 기능을 클래스 PolyArea로 구현하고, 사용 예를 보이시오.

실행 결과

```
가로 세로가 10과 20인 사각형의 넓이는 : 200
밑변이 10이고 높이가 19인 삼각형의 넓이는 : 95.0
반지름이 5인 원의 넓이는 : 50.26544
반지름이 5인 원의 둘레는 : 25.13272
```

생성자 메소드에서 pi 값을 객체의 속성으로 정의하고, 각 도형의 넓이와 둘레를 구하는 메소드를 정의합니다.

코드 10-3 ex10-03.py

```
class PolyArea :                    # 클래스 선언
    def __init__(self) :            # 생성자 메소드에서 pi 값 속성으로 선언
        self.pi=3.14159

    def rectangleArea(self,width, depth) : # 사각형의 넓이 계산하는 함수
        return width*depth

    def triangleArea(self,base, height) :  # 삼각형의 넓이 계산하는 함수
        return base*height/2

    def circleArea(self,r) :     # 원의 넓이를계산하는 함수(속성값 pi 사용)
        return self.pi*r*r

    def circumference(self,r) : # 원의 둘레 계산하는 함수
        return 2*self.pi*r

pa=PolyArea()                       # 객체 생성

print('가로 세로가 10과 20인 사각형의 넓이는 :',pa.rectangleArea(10,20))
# 객체의 메소드 호출
print('밑변이 10이고 높이가 19인 삼각형의 넓이는 :',pa.triangleArea(10,19))
print('반지름이 5인 원의 넓이는 :',pa.circleArea(4))
print('반지름이 5인 원의 둘레는 :',pa.circumference(4))
```

실습예제 10-2

가로, 세로, 높이를 입력받아 박스의 부피를 구하여 결과를 반환하는 Box() 클래스를 다음과 같이 사용할 수 있도록 작성하시오.

```
b1 = Box()
b1.volume()
.....
b1.volume(10)
.....
b1.volume(10,20)
.....
b1.volume(10,20,30)
.....
```

실행 결과

```
박스의 가로 : 1 , 세로 : 1 , 높이 : 1 , 부피 : 1
박스의 가로 : 10 , 세로 : 1 , 높이 : 1 , 부피 : 10
박스의 가로 : 10 , 세로 : 20 , 높이 : 1 , 부피 : 200
박스의 가로 : 10 , 세로 : 20 , 높이 : 30 , 부피 : 6000
```

부피를 구하는 메소드에 묵시적 매개변수를 사용합니다.

코드 10-4 ex10-04.py

```
class Box :             # 클래스 선언
        def volume(self,width=1, depth=1, height=1) :
        # 박스의 부피를 계산하여 반환
                vol=width*depth*height
                return width,depth,height,vol

b1 = Box()              # 객체 생성

w,d,h,v=b1.volume()  # volume() 메소드 호출
print('박스의 가로 :',w,', 세로 :',d,', 높이 :',h,', 부피 :',v)
```

```
w,d,h,v=b1.volume(10)
print('박스의 가로 :',w,', 세로 :',d,', 높이 :',h,', 부피 :',v)

w,d,h,v=b1.volume(10,20)
print('박스의 가로 :',w,', 세로 :',d,', 높이 :',h,', 부피 :',v)

w,d,h,v=b1.volume(10,20,30)
print('박스의 가로 :',w,', 세로 :',d,', 높이 :',h,', 부피 :',v)
```

연습문제

01 가로, 세로, 깊이를 입력받아 박스의 부피를 구하는 클래스를 다음과 같이 사용할 수 있도록 작성하시오.

[사용 예]

```
b1 = Box()
b1.volume()
b2 = Box(10)
b2.volume()
b3 = Box(10,20)
b3.volume()
b4 = Box(10,20,30)
b4.volume()
```

[실행 결과]

```
박스의 가로:1 세로:1 깊이:1 부피:1
박스의 가로:10 세로:1 깊이:1 부피:10
박스의 가로:10 세로:20 깊이:1 부피:200
박스의 가로:10 세로:20 깊이:30 부피:6000
```

02 사용자로부터 두 개의 정수를 입력받아 두 숫자 사이(두 숫자 포함)의 소수를 출력하는 프로그램을 클래스로 작성하고, 사용 예를 보이시오.

03 정수의 약수를 구하는 기능, 정수가 소수인지 판별하는 기능, 정수의 팩토리얼 값을 구하는 기능, 정수의 완전수(자신의 값을 제외한 약수의 합이 자신과 같은 수)를 구하는 메소드를 가진 클래스를 작성하고 사용 예를 보이시오.

CHAPTER 11

파이썬 컴퓨팅 사고력 프로젝트

학습목표

- 컴퓨팅 사고력(CT)을 활용한 문제 해결 방법에 대해 알아봅니다.
- 실생활 문제의 해결을 위한 컴퓨팅 사고력 적용 방법에 대해 이해합니다.
- 파일 입출력을 이용한 문제 해결 방법에 대해 학습합니다.

Preview

Chapter 11에서는 지금까지 배운 내용을 종합하여 파이썬으로 구현하는 컴퓨팅 사고력 프로젝트를 수행합니다. 편의점 POS 시스템 개발 사례를 통하여 최종적으로 학습을 완료해 보세요.

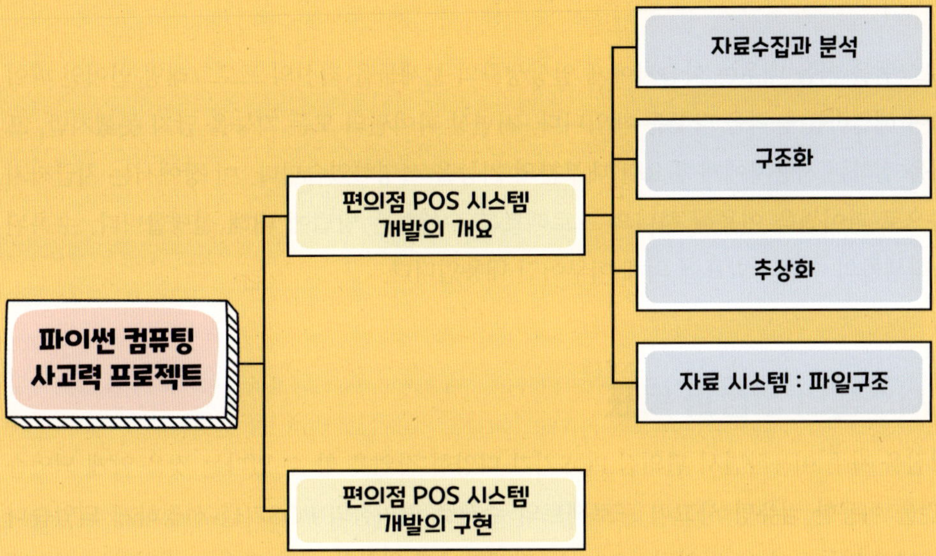

Section 01

편의점 POS 시스템 개발의 개요

이 책은 프로그램을 처음 배우는 학습자에게 일상생활의 문제들을 최신의 프로그래밍 언어인 파이썬을 이용하여 해결하는 능력을 다루는 책입니다. 지면상 파이썬의 모든 기능을 담지 못했지만, 프로그램을 처음 접하는 사용자에게 필요한 대부분의 기능을 설명하였습니다. 이 장에서는 지금까지 학습한 내용으로 파이썬을 이용해 하나의 프로젝트를 수행하는 방법에 대해 설명합니다. 수록된 프로젝트는 학생들의 수업과 발표에 의해 이루어진 내용입니다.

1 개발 시스템의 선정과 목표

평소에 편의점을 자주 이용하면서 편의점 POS기가 다양한 작업을 할 수 있다는 것을 알게 되었습니다. 파이썬을 이용한 컴퓨팅 사고력 프로젝트의 주제로 편의점의 POS기를 선정하게 되었습니다. 프로젝트에서 만들고 싶은 편의점 POS기는 판매자에게 원활한 매장 관리를 지원하는 시스템을 구현하는 것입니다. 그래서 매상 관리는 기본으로, 로또, 카드 충전, 일·월 매출, 성별과 연령별 매출 기능을 수행할 수 있는 POS기를 만드는 것이 목표입니다.

그림 11-1 **편의점 POS기**

2 자료 수집과 분석

해결하려는 문제에 대한 자료 수집과 자료 분석을 진행합니다.

편의점에서 POS 시스템을 사용하지 않을 경우

편의점 POS 시스템을 사용하지 않을 경우, 모든 계산을 수동으로 해야 하기 때문에 많은 시간이 소요되어 사람들이 계산을 위해 기다리는 상황이 발생할 수 있습니다. 또한 수동으로 할 경우, 계산 오류가 발생하여 상점의 신뢰도가 떨어질 위험이 있으며, 판매자의 매출 관리 측면에서도 다양한 오류가 발생할 수 있습니다.

편의점의 물품이 부족해진 경우에는 본사에 주문을 해야 합니다. 그런데 수동으로 주문을 할 경우 적절한 물품이 주문되지 않을 수 있어 물품 부족 또는 재고 과다 현상이 발생할 수 있습니다. 이러한 상황이 반복되면 되면 점포의 신용도와 매출은 하락할 수밖에 없습니다.

편의점 POS기가 없을 경우,

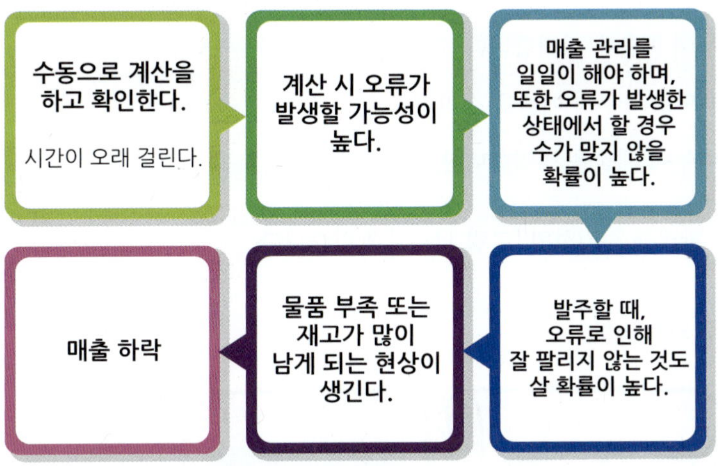

그림 11-2 편의점 POS기가 없을 경우 발생하는 문제

편의점 POS 시스템 필요한 정보

편의점 POS기에 필요한 정보를 크게 결제 정보, 물품 정보, 매장 관리로 구분하였습니다.

■ **결제 정보**

- **소비자 성별** : 물품을 구입하는 사람의 성별로, 성별 매출에 정보가 들어갑니다.
- **소비자 연령대** : 물품을 구입하는 사람의 연령대로, 연령별 매출에 정보가 들어갑니다.

• **물품/부가서비스 :** 물품 또는 부가서비스를 선택하는 것으로, 물품을 선택하면 제품의 종류로 이동하며 부가서비스를 선택하면 부가서비스 종류로 이동합니다.

• **제품/서비스 종류 :** 제품 또는 서비스를 선택합니다.

• **제품/서비스 결제 수량 :** 제품/서비스 종류에서 선택된 물품의 수량을 결정합니다.

• **카드/현금 :** 수량이 결정되었을 때, 결제수단으로 카드 또는 현금을 선택합니다.

■ 물품 정보

• **재고 :** 편의점에 남아 있는 물품의 종류와 수량을 저장하고 있는 파일입니다. 즉, 편의점에 있는 물품의 종류와 수량이 적혀 있습니다.

• **발주 :** 재고에 수량이 부족한 물품의 종류를 주문하는 것을 말합니다.

■ 매장 관리

• **일 매출 :** 하루 동안 벌어들인 매출을 카드와 현금으로 나누어 정리합니다.

• **월 매출 :** 한 달 동안 벌어들인 매출을 카드와 현금으로 나누어 정리합니다.

• **성별 매출 :** 남자와 여자로 나누어 매출을 정리합니다.

• **연령별 매출 :** 10대~60대 이상으로 나누어 매출을 정리합니다.

• **물품별 매출 :** 물품 종류별로 나누어 매출을 정리합니다.

위의 결제 정보, 물품 정보, 매장 관리를 정리하면 [그림 11-3]과 같습니다.

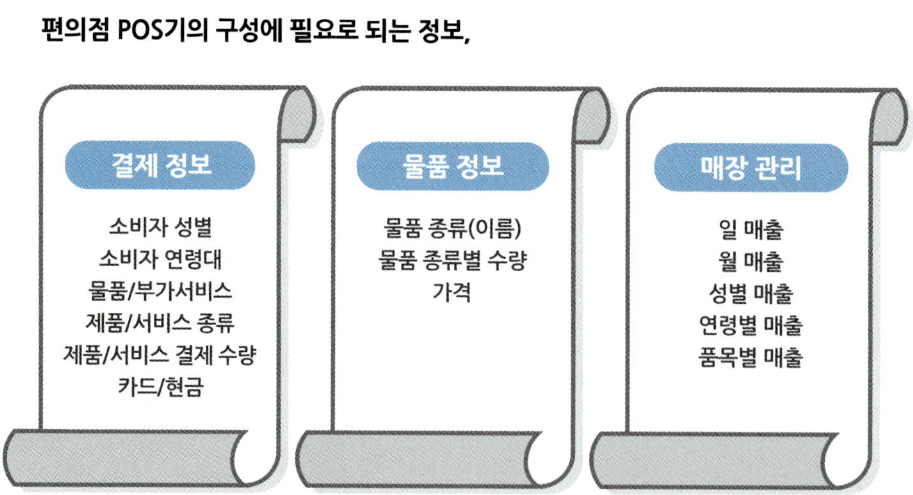

그림 11-3 **편의점 POS기 구성에 필요한 정보**

3 구조화

앞에서 정리한 정보를 바탕으로 구조화 작업을 진행합니다. 구조화는 분석 결과를 구조적 형태로 표현한 것을 말합니다. [그림 11-4]는 편의점 POS기를 판매자 측면과 기능 측면을 구조화하여 마인드맵으로 나타내었습니다.

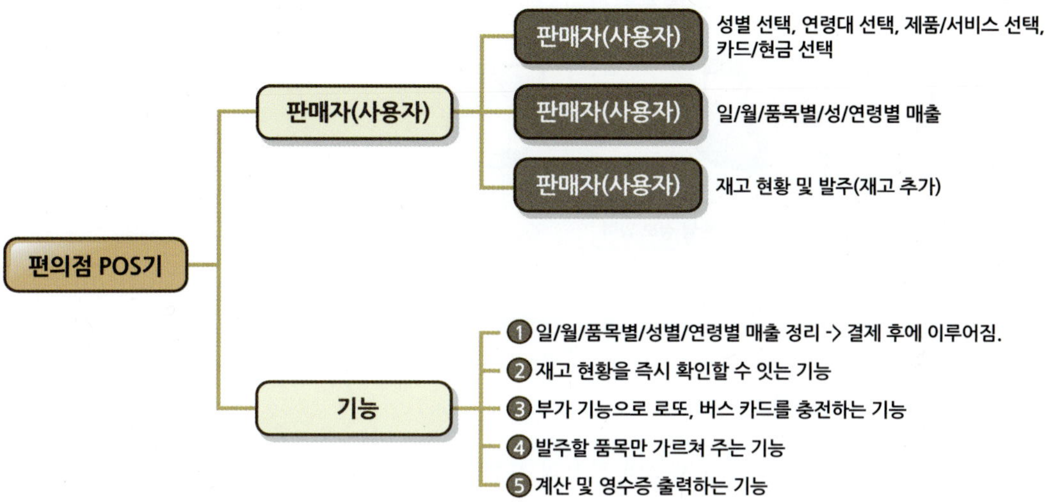

그림 11-4 **편의점 POS기 구성 정보 구조화**

4 추상화 : 분해

1장에서 추상화 개념에 대해 배웠습니다. 추상화 1단계 분해는 큰 문제들을 해결 가능한 작은 문제들로 분해하는 작업입니다. 편의점 POS기를 기능별로 분해하여 나타내었습니다.

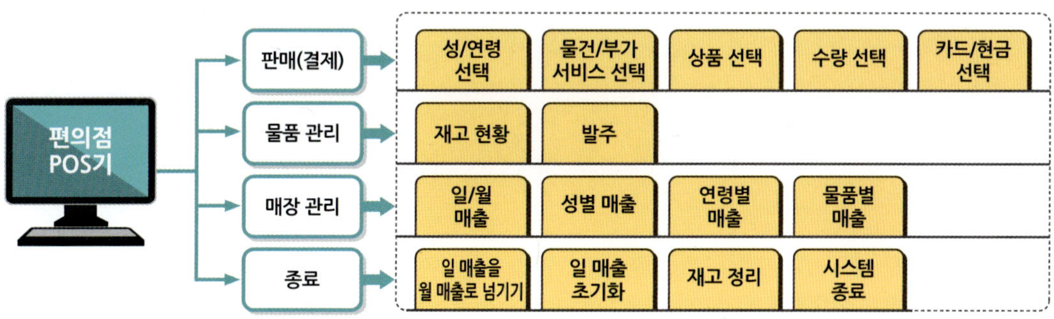

그림 11-5 **편의점 POS기의 기능별 분해**

5 추상화 : 모델링

추상화 2단계 모델링은 해결하고자 하는 문제의 핵심 기능을 함축하는 과정입니다. [그림 11-6]은 시스템의 기능을 추상화하여 기능 중심으로 모델링한 결과입니다.

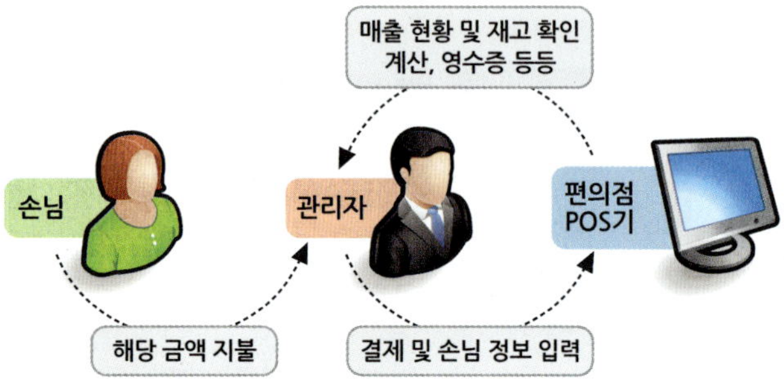

그림 11-6 편의점 POS 기능 모델링

6 추상화 : 알고리즘

추상화 3단계에선 분해된 작은 문제들의 절차의 표현으로 알고리즘을 사용합니다. 편의점 POS기는 각 기능들이 함수로 구성되어 있기에, 알고리즘으로 표현할 수 있습니다. [그림 11-7]은 결제 기능에 대한 알고리즘을 표현한 것입니다.

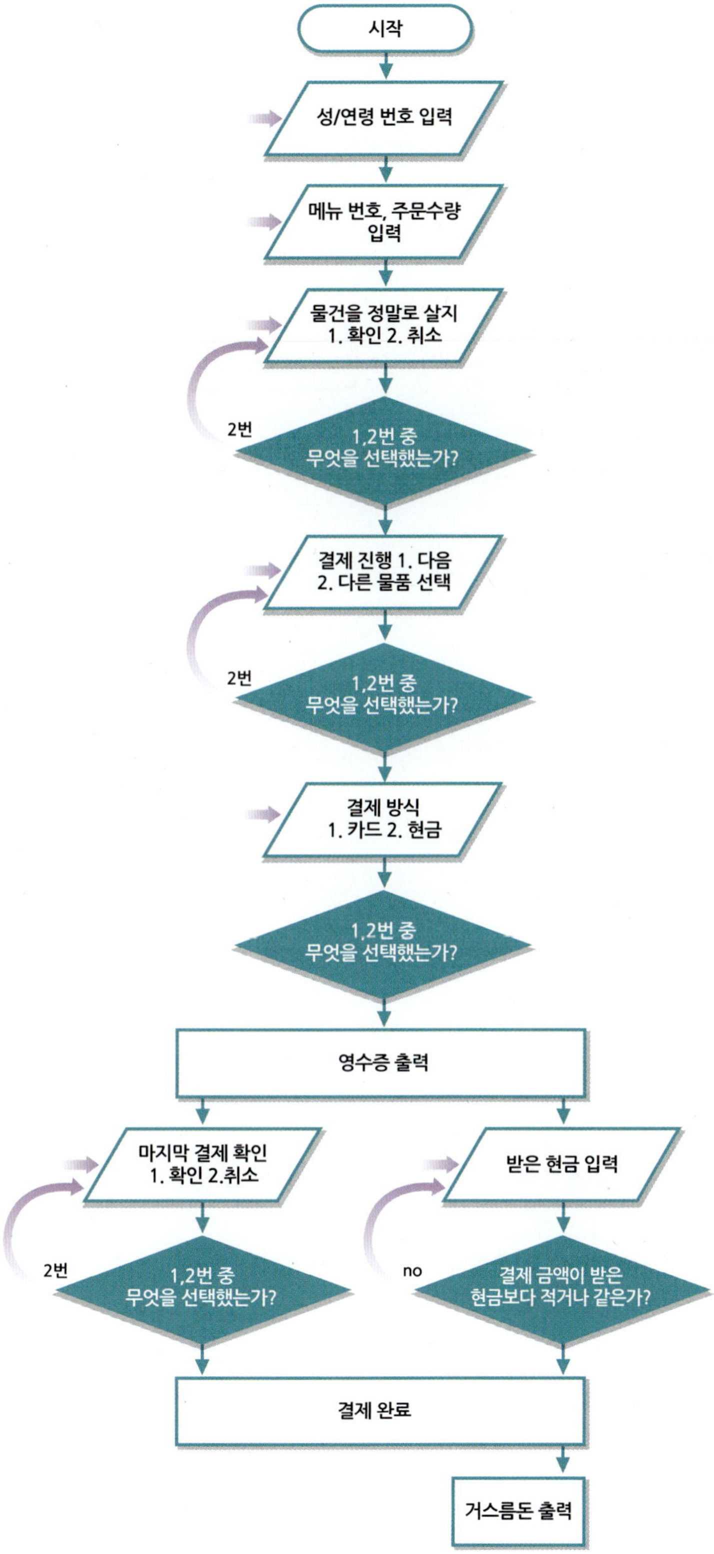

그림 11-7 편의점 POS 결제 기능의 알고리즘 순서도

7 프로그램 구조도

[그림 11-8]은 전체 시스템의 프로그램 구조도입니다. 분해 기법을 적용하여 주요 5개의 기능을 함수로 구성하였고, 각각의 기능들은 다시 서브 함수로 구성합니다.

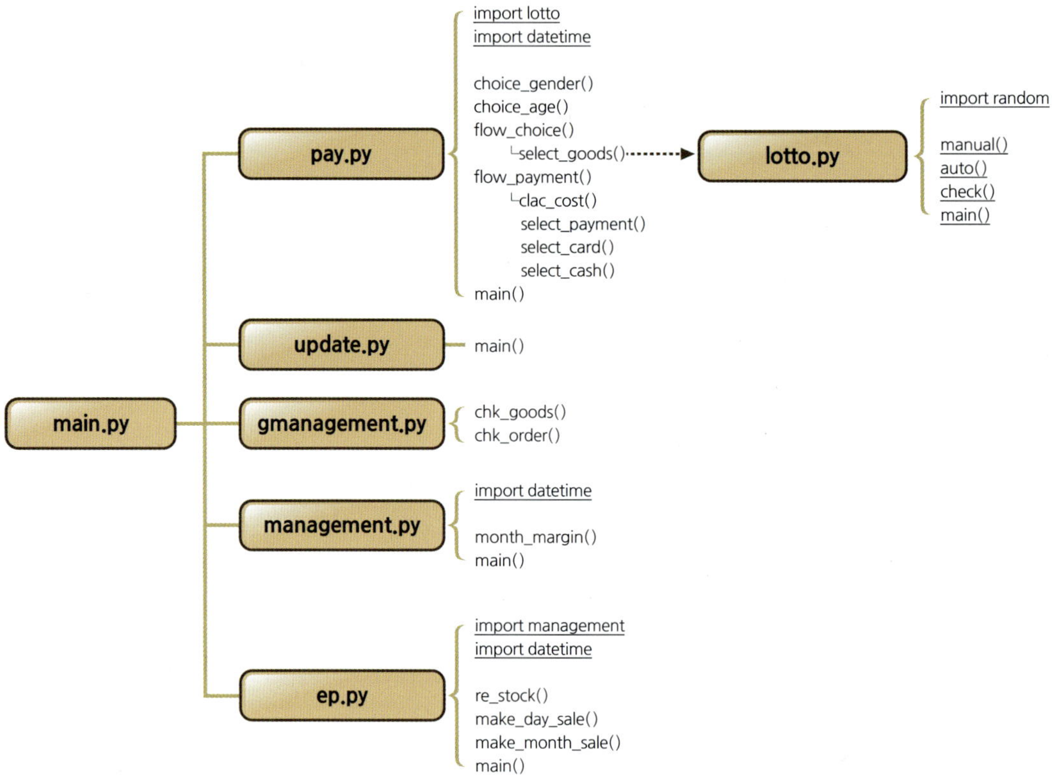

그림 11-8 **전체 시스템 프로그램 구조도 함수**

main.py의 구성

- 프로그램 시작 시 '재고/goods.txt' 파일을 열어 goods 딕셔너리 자료구조 생성

```
( goods =  '물품번호' :  '분류' : '분류명', '물품이름' : '물품이름명', '금액' : 가격(int),
'재고' : 수량(int) , ...  )
```

- 일 판매 정보를 저장하기 위한 day_sale 딕셔너리 자료구조 생성

```
( day_sale =  'card' : 0, 'cash' : 0, '물품번호' : 판매가격(int), ...  )
```

• 반복문을 이용하여 메뉴에 맞는 동작 호출

```
(1. 결제 2. 물품 정보 3. 매출 관리 9. 종료)
```

❶ **결제 선택**

- pay.main() 호출 → update.py 호출
- 결제한 물품에 대한 정보를 가지고 와서 goods 딕셔너리 자료구조 안에 있는 재고 현황과 day_sale 딕셔너리 자료구조 안에 있는 물건별 매출 현황을 갱신

❷ **물품 정보**

- gmanagement.main() 호출
- 현재 물품 재고 현황 확인 및 추가 주문이 필요한 물품을 파악하여 발주 넣는 기능

❸ **매출 관리**

- management.main() 호출
- 일 매출 및 월 매출을 화면에 출력

❹ **종료**

- ep.main() 호출
- 메모리에 저장된 내용을 파일로 옮기고 무한 반복문을 빠져나와 프로그램을 종료

pay.py의 구성

■ main()

goods 딕셔너리 자료구조를 받아와서 guest_log 딕셔너리 자료구조를 만들고, 매출에 관련된 내용을 저장하여 main.py로 반환

```
( guest_log =  {'판매' :  {'물품번호' : 수량(int), ...} , 'gender' : 'man' or 'woman',
'age' : 연령(int), '결제' : 'card' or 'cash', '판매금액' : 금액(int), '거스름돈' : 금액(int),
'일시' : '년-월-일/시:분'}
```

- **choice_gender()** : 고객의 성별 정보를 저장
- **choice_age()** : 고객의 나이 정보를 저장
- **flow_choice()** : 물건 및 수량 선택에 관련된 흐름을 제어

- **select_goods()** : 물건 및 수량 선택, 로또를 선택했을 경우 lotto.main()을 호출하여 로또 번호를 출력
- **flow_payment()** : 물건 및 수량 선택 정보를 받아와 결제하는 흐름을 제어
- **calc_cost()** : 물건별 가격 및 총 결제 금액을 계산
- **select_payment()** : 결제 방법을 선택
- **select_card()** : 결제 방법이 카드일 경우 영수증을 출력하고 guest_log에 거스름돈 키의 값(value)으로 None 입력
- **select_cash()** : 결제 방법이 현금일 경우 영수증 출력 후에 받은 금액에서 총 금액을 뺀 값을 거스름돈으로 입력

update.py의 구성

goods, guest_log, day_sale 딕셔너리 자료구조를 매개변수로 받아와서 판매된 물건에 의해 변경된 사항 갱신

- guest_log의 '판매' 값(value)을 이용하여 goods 안에 '물품 번호'마다 재고 부분 갱신
- guest_log의 '판매'와 '결제'의 값(value), goods의 '물품 번호'마다 가지고 있는 '금액' 정보를 이용하여 day_sale의 정보 갱신

gmanagement.py의 구성

■ main()

goods 딕셔너리 자료구조를 받아와서 재고 및 발주 관리

- **chk_goods()** : 현재 재고 현황을 화면에 출력
- **chk_order()** : 현재 재고 현황을 파악하여 20개 미만인 물품을 출력하고 필요하면 발주 실행

management.py의 구성

■ main()

goods 딕셔너리 자료구조와 day_sale 딕셔너리 자료구조를 받아와서 일 매출과 월 매출에 대한 내용을 화면에 출력

- **month_margin()** : '관리/월-total.txt'에서 월 매출을 읽어 딕셔너리 자료구조를 만들고, 그 딕셔너리 자료구조를 반환

ep.py

■ main()

프로그램 종료 전에 메모리상에 저장되어 있는 정보를 디스크 상의 텍스트 파일로 옮기는 작업 수행

- `re_stock()` : 물건 판매에 의해 변경된 재고 정보를 '재고/goods.txt' 파일로 갱신(goods.txt → 물품 번호/분류/물품 이름/금액/재고 형태로 저장됨)

- `make_day_sale()`
  - 하루 동안 물건 판매한 정보를 '관리/월일.txt' 파일을 생성하여 저장
  - 월일은 datetime에서 얻어낸 날짜 정보를 이용하여 생성되게 함
    (관리/0710.txt → 물품 번호/판매금액, ... , card/총매출, cash/총매출 정보가 한 줄씩 저장)

- `make_month_sale()`
  - 하루 동안 물건 판매한 정보와 기존에 저장된 월 매출 정보를 합쳐서 '관리/월-total. txt' 파일 안에 정보 갱신
  - 월 매출 정보는 `management.month_margin()`에서 반환 받은 값을 사용
    (관리/07-total.txt → 물품 번호/판매금액, ... , card/총매출, cash/총매출 정보가 한 줄 씩 저장)

lotto.py의 구성

■ main()

- pay.py에서 물품 중 로또를 선택 했을 경우 호출하여 사용
- 수동, 자동 모드가 있으며 넘어온 매개변수의 수만큼 반복하여 로또 번호를 생성
- 생성된 로또 번호는 리스트 형태로 바로 화면에 출력

- `manual()`
  - 수동으로 로또 번호를 입력 받음
  - 1~45 범위를 벗어날 경우 재입력 요청

- `auto()`
  - 자동으로 로또 번호 생성
  - random 모듈 사용
  - `check()`를 이용하여 중복 숫자 확인

- `check()` : 중복 숫자 확인

8 시스템에서 사용할 자료구조(파일 구조)

현재 대부분의 실생활에서 활용되는 POS 시스템은 데이터베이스(data base)를 사용합니다. 데이터베이스는 이 책의 범주를 벗어나는 분야이기 때문에 이 프로젝트에서는 파일 시스템을 활용하여 개발합니다. 이 시스템에서는 발생되는 자료를 저장하기 위해 3가지 종류의 텍스트 파일을 사용합니다. 각 텍스트 파일은 다음과 같은 형태로 구성됩니다.

■ '날짜.txt' 파일

당일 날짜별로 txt 파일의 이름이 바뀝니다. 예를 들어 '7월 11일'이면 '0711.txt'가 저장됩니다. 당일의 재고 번호별 판매량과 전체 카드, 현금 판매량이 저장되어 있습니다.

```
card/0
cash/104000
1/0
2/0
3/104000
4/0
5/0
6/0
7/0
8/0
9/0
10/0
11/0
```

그림 11-9 **'날짜.txt' 파일의 예**

■ '월-total.txt' 파일

해당 달로 txt 파일의 이름이 바뀝니다. 예를 들어 8월이면 '08-total.txt'로 저장됩니다. 그 달의 재고 번호별 판매량과 전체 카드, 현금 판매량이 저장되어 있습니다.

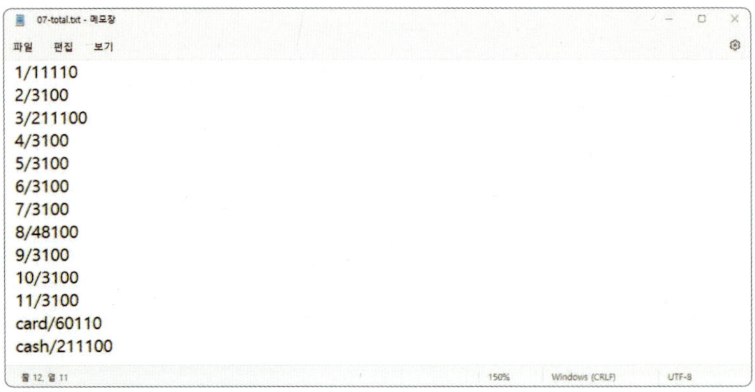

```
1/11110
2/3100
3/211100
4/3100
5/3100
6/3100
7/3100
8/48100
9/3100
10/3100
11/3100
card/60110
cash/211100
```

그림 11-10 **'월-total.txt' 파일의 예**

■ 'goods.txt' 파일

재고 번호, 종류, 이름, 가격, 재고가 순서대로 저장되어 있으며, '/'로 구분합니다.

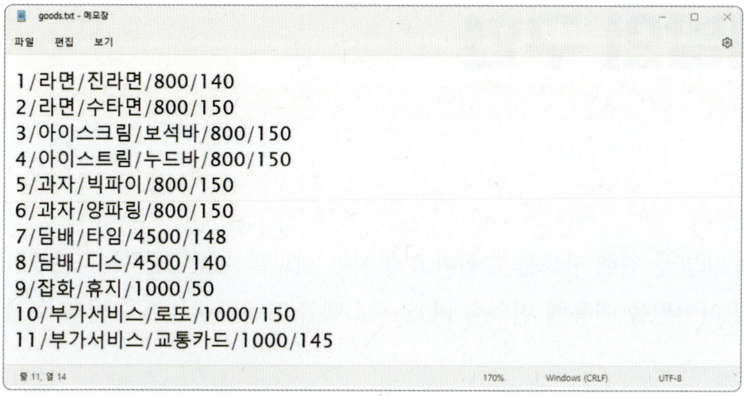

```
1/라면/진라면/800/140
2/라면/수타면/800/150
3/아이스크림/보석바/800/150
4/아이스트림/누드바/800/150
5/과자/빅파이/800/150
6/과자/양파링/800/150
7/담배/타임/4500/148
8/담배/디스/4500/140
9/잡화/휴지/1000/50
10/부가서비스/로또/1000/150
11/부가서비스/교통카드/1000/145
```

그림 11-11 'goods.txt' 파일의 예

Section 02

편의점 POS 시스템 개발의 구현

앞 절에서 편의점 POS 시스템 개발을 위해 자료를 수집하고 분석한 결과를 추상화를 통해 분해하는 작업을 진행했습니다. 이제 파이썬을 이용해 편의점 POS 시스템을 프로그램으로 구현해 보겠습니다.

1 자동화

자동화 단계는 추상화 단계에서 생성된 알고리즘을 컴퓨터가 인식할 수 있는 프로그램으로 전환하는 단계입니다. 파이썬 언어를 이용하여 알고리즘 단계에서 정의된 각 기능들을 프로그램으로 작성합니다.

main.py

코드 11-1 main.py

```
import pay
import update
import management
import gmanagement
import ep

# 재고 및 물품 정보를 텍스트 파일에서 읽기
# goods, day_sale 딕셔너리 생성

f = open("d:/source/Ch11/재고/goods.txt","r")
goods ={}                          # 물품 정보 및 재고 저장
day_sale = {"card":0,"cash":0}  # 일 매출 정보 저장

while(True) :
    tmp_dic = {}
    line = f.readline()
```

```
    line = line.rstrip("\n");
    if(line==""):
        break

    st_list = line.split("/")

    tmp_dic["분류"] = st_list[1]
    tmp_dic["품목"] = st_list[2]
    tmp_dic["가격"] = int(st_list[3])
    tmp_dic["재고"] = int(st_list[4])

    goods[st_list[0]] = tmp_dic
    day_sale[st_list[0]] = 0

# menu 불러오기

while True:
    print("="*30)
    print("1. 결제 \n2. 물품 정보 \n3. 매출 관리 \n9. 종료")
    print("="*30,end="\n")
    select_num = input('선택 : ')

    # 판매 및 재고, 일 매출 정리
    if select_num == '1':
        tmp = pay.main(goods)
        update.main(goods,tmp,day_sale)

    # 재고 및 발주 관리
    elif select_num == '2':
        gmanagement.main(goods)

    # 일 매출 및 월 매출 확인
    elif select_num == '3':
        management.main(goods,day_sale)

    # 프로그램 종료 전에 메모리에 있는 정보를 텍스트 파일로 저장
    elif select_num == '9':
        ep.main(goods,day_sale)
        break
    else:
        print("다시 선택 하세요\n")

print("\nSystem down")
```

pay.py

코드 11-2 pay.py

```
import datetime as t
import lotto

# 고객의 성별 정보 저장
def choice_gender(guest_log) :
    print("="*30)
    gender = input("\n성별 입력\n1. 남자 / 2. 여자 : ")
    print("="*30,end="\n")

    if gender == '1' :
        guest_log["gender"] = 'man'
    elif gender == '2' :
        guest_log["gender"] = 'woman'
    else :
        return True

    return False

# 고객의 대략적인 나이 정보를 저장
def choice_age(guest_log) :
    print("="*30)
    print("\n나이 입력\n0. 10대 이전\n1. 10대\n2. 20대\n3. 30대\n4. 40대\n5. 50대\n6. 60대\n6. 60대 이상")
    print("="*30,end="\n")
    age = input("선택 : ")
    print()

    if age == '0':
        guest_log['age'] = 0
    elif age == '1':
        guest_log['age'] = 10
    elif age == '2':
        guest_log['age'] = 20
    elif age == '3':
        guest_log['age'] = 30
    elif age == '4':
        guest_log['age'] = 40
    elif age == '5':
```

```
        guest_log['age'] = 50
    elif age == '6':
        guest_log['age'] = 60
    elif age == '7':
        guest_log['age'] = 70
    else :
        return True

    return False

# 물건 목록을 띄우고 그 중에서 어떤 물건을 구매할지 선택
# 물건의 수량 정보까지 취합하여 저장
# 구매 물건으로 로또를 선택했을 경우 lotto.main() 호출
def select_goods(tmp,goods) :
    tmp_list = list(goods.keys())

    print("="*30)

    for i in tmp_list :
        print("\n{}.\t{}\t/\t금액\t:\t{}".format(i,goods[i]['품목'],
goods[i]['가격']))

    print("="*30,end="\n")

    s_num = 0
    while True :
        s_num = input("\n구매 상품 번호 : ")
        if s_num in goods :
            break

    while True :
        try :
            count = int(input("\n구매 상품 수량 : "))
            break
        except :
            continue

    if s_num == '10':
        lotto.main(count)

    while True :
```

```
        print("="*30)
        print("제품 : {} / 수량 : {}".format(goods[s_num]['품목'],count))
        print("="*30,end="\n")
        num = input("1. 확인 / 2.취소 : ")
        print("="*30,end="\n")
        if num == '1' :
            tmp[s_num] = count
            return False
        elif num == '2' :
            return True

# 구매하고자 하는 물건의 종류와 수량을 선택하는 흐름 제어
def flow_choice(guest_log,goods) :

    boolean = True
    service = 0
    tmp_goods = guest_log['판매']

    while boolean :
        boolean = select_goods(tmp_goods,goods)

    guest_log['판매'] = tmp_goods

    while True :
        print("="*30)
        end_flag = input("1. 다음 / 2. 다른 물품 선택 : ")
        print("="*30,end="\n")

        if end_flag == '1' :
            return False
        elif end_flag == '2':
            return True

# 영수증 출력을 위하여 구매한 물건의 수량과 합계금액 정보를 저장
def calc_cost(tmp_dic,goods) :
    total = 0
    tmp_list = list(tmp_dic.keys())
    sale_dic = {}
    count = 0
    for i in tmp_list :
        tmp = {}
```

```
        count += 1
        t = goods[i]['가격'] * tmp_dic[i]
        total += t
        tmp['품목'] = goods[i]['품목']
        tmp['수량'] = tmp_dic[i]
        tmp['총금액'] = t
        sale_dic[count] = tmp

    return sale_dic,total

# 결제 방법 선택
def select_payment() :
    print("="*30)
    payment = input("1. 카드 / 2. 현금 : ")
    print("="*30,end="\n")
    tmp = 0

    if payment == '1' :
        tmp = 1

    elif payment == '2' :
        tmp = 2

    else :
        return True, tmp

    return False, tmp

# 결제 방법 중 카드 결제 관련 흐름 제어
def select_card(sale_dic,total,guest_log) :
    print()
    print()
    print("========== 영수증 ============")
    print("품목\t수량\t금액")
    print()

    for i in sale_dic.keys() :
        print("{}\t{}\t{}".format(sale_dic[i]['품목'],sale_dic[i]['수량'],
sale_dic[i]['총금액']))

    print()
```

```
    print("="*30,end="\n")

    print("\ntotal : {}".format(total))

    print("="*30,end="\n")

    tmp = input("1. 확인 / 2. 취소 : ")

    print("="*30,end="\n")

    if tmp == '1' :
        print("결제 완료")
        print("="*15)
        guest_log["결제"] = "card"
        guest_log["판매금액"] = total
        guest_log["거스름돈"] = None
        return False
    elif tmp == '2' :
        print("결제 취소")
        print("="*15)
        return True
    else :
        print("다시 입력하세요")
        return True

# 결제 방법 중 현금 결제 관련 흐름 제어
def select_cash(sale_dic, total,guest_log) :
    print()
    print()
    print("========== 영수증 ============")
    print("품목\t수량\t금액")
    print()

    for i in sale_dic.keys() :
        print("{}\t{}\t{}".format(sale_dic[i]['품목'],sale_dic[i]['수량'],
sale_dic[i]['총금액']))

    print()
    print("="*30,end="\n")
    print("\ntotal : {}".format(total))
    print("="*30,end="\n")
```

```
    while True :
        tmp = input("\n받은 현금 : ")

        try :
            tmp = int(tmp)
            break
        except :
            continue

    if tmp - total < 0 :
        print("="*30,end="\n")
        print("받은 현금이 부족합니다")
        print("="*30,end="\n")
        return True
    else :
        print("="*30,end="\n")
        print("\n결제 완료")
        print("="*30,end="\n")
        print("잔돈 : {}원".format(tmp - total))
        print("="*30,end="\n")
        guest_log["결제"] = "cash"
        guest_log["판매금액"] = total
        guest_log["거스름돈"] = tmp - total
        return False

# 물건 구매 후에 결재 관련된 모든 흐름 제어
def flow_payment(guest_log,goods) :

    boolean = True
    select_num = 0
    tmp_goods = guest_log["판매"]
    sale_dic, total = calc_cost(tmp_goods,goods)

    while boolean :
        boolean, select_num = select_payment()

    boolean = True
    if select_num == 1 :
        while boolean :
            boolean = select_card(sale_dic,total,guest_log)
```

```
    elif select_num == 2 :
        while boolean :
            boolean = select_cash(sale_dic,total,guest_log)

    return False


def main(goods) :

    now = t.datetime.now()
    guest_log = {'판매':{}}
    print("="*30)
    print(now)
    print("="*30,end="\n")
    while choice_gender(guest_log) :
        print("\n다시 입력하세요")

    while choice_age(guest_log) :
        print("\n다시 입력하세요")

    while flow_choice(guest_log,goods) :
        continue

    while flow_payment(guest_log,goods) :
        continue


    now_time = "{}-{}-{}/{}:{}".format(now.year,now.month,now.day,now.hour,
now.minute)

    guest_log["일시"] = now_time

    print("="*30,end="\n")
    print()

    return(guest_log)
```

update.py

코드 11-3 update.py

```
# pay.main()이 반환한 고객의 매출 정보를 이용하여
# 일 매출과 재고 정보를 갱신
def main(goods,guest_log,day_sale) :

    guest_dic = guest_log["판매"]
    guest_dic_key = list(guest_dic.keys())

    for i in list(day_sale.keys()) :            ## 일 매출
        if i not in guest_dic_key :
            continue

        day_sale[i] = guest_dic[i] * goods[i]['가격']
        goods[i]['재고'] = goods[i]['재고'] - guest_dic[i]


    if guest_log['결제'] == 'cash' :            ## 금액 입력부분
        day_sale["cash"] = day_sale["cash"] + guest_log["판매금액"]

    elif guest_log['결제'] == 'card' :
        day_sale["card"] = day_sale["card"] + guest_log["판매금액"]
```

gmanagement.py

코드 11-4 gmanagement.py

```
# 현재 재고 현황을 화면에 출력
def chk_goods(goods) :

    goods_key = list(goods.keys())
    print("="*30)
    print("현재 재고 현황 \n")
    print("="*30,end="\n")

    for i in goods_key :

        print(goods[i]['품목']," : ",goods[i]["재고"])
    print("="*30,end="\n")


```

```
# 현재 재고가 20개 미만인 품목을 검색하여 화면에 출력
# 발주를 하게 되면 재고를 150개로 갱신함
def chk_order(goods) :

    goods_key = list(goods.keys())
    count = 0
    order_list = {}
    print("="*30)
    for i in goods_key :

        if goods[i]['재고'] < 20 :
            print(goods[i]['품목'],'의 재고가',goods[i]['재고'],'개 입니다.
발주주문을 해주세요')
            order_list[i] = goods[i]
            count += 1
    if count == 0 :
        print("발주할 품목이 없습니다\n")
        print("="*30,end="\n")

    else :
        print("="*30)
        select = input("1. 발주 / 2. 취소")
        print("="*30,end="\n")

        if select == '1' :

            for i in list(order_list.keys()) :
                if i not in list(goods.keys()) :
                    continue
                goods[i]['재고'] = 150
            print("="*30)
        elif select == '2' :
            print("취소 되었습니다")

        else :
            print("잘못 입력하셨습니다. 다시 입력하세요")
        print("="*30,end="\n")


def main(goods) :

```

```
    while True :
        print("="*30)
        select = input("1.재고확인 / 2.발주필요품목확인 / 5.종료: ")
        print("="*30,end="\n")

        if select == '1' :
            chk_goods(goods)
        elif select == '2' :
            chk_order(goods)
        elif select == '5' :
            break
        else :
            print(" 잘못 입력하셨습니다. 다시 입력 하세요")
            print("="*30,end="\n")
```

management.py

코드 11-5 management.py

```
# management

import datetime as t

# 월 매출을 파일에서 읽어와서 딕셔너리 형태로 저장한 다음 반환
def month_margin(month) :

    f = open("관리/"+month+"-total.txt",'r')
    tmp_dic = {}
    tmp_month = {}

    while True :
        line = f.readline()
        if line == '' :
            break
        line = line.rstrip('\n')
        tmp_list = line.split('/')
        tmp_month[tmp_list[0]] = int(tmp_list[1])

    tmp_dic[month] = tmp_month

    return tmp_dic
```

```
# 받아온 day_sale 딕셔너리를 이용하여 일매출을 화면에 출력
# 월매출 딕셔너리를 반환 받아서 화면에 출력
def main(goods,day_sale) :

    now = t.datetime.now()

    month = now.month
    day = now.day

    if month < 10 :
        month = '0'+str(month)
    else :
        month = str(month)

    if day < 10 :
        day = '0'+str(day)
    else :
        day = str(day)


    while True :
        try :
            print("="*30)
            s_num = int(input("1. 일 매출 / 2. 월 매출 / 5. 종료 : "))
            print("="*30,end="\n")

        except :
            continue

        if s_num == 1 :
            print("  일  매  출")
            print("="*30)
            for i in day_sale.keys() :
                if i == 'card' or i == 'cash':
                    continue
                else :

                    print("{}. {} : {}".format(i,goods[i]['품목'],day_sale[i]))

            print("="*30,end="\n")
```

```
            print("{} : {}\n{} : {}\n".format('card',day_sale['card'],'cash',
day_sale['cash']))
            print("="*30,end="\n")
            print()

        elif s_num == 2 :

            dic = month_margin(month)
            tmp_dic = dic[month]
            print( "월  매  출")
            print("="*30)
            for i in tmp_dic.keys() :
                if i == 'card' or i == 'cash':
                    continue
                else :

                    print("{}. {} : {}".format(i,goods[i]['품목'],tmp_dic[i]))

            print("="*30,end="\n")
            print("{} : {}\n{} : {}\n".format('card',tmp_dic['card'],'cash',
tmp_dic['cash']))
            print("="*30,end="\n")
            print()

        elif s_num == 5 :
            break

        else :
            print("="*30)
            print("다시 입력하세요")
            print("="*30,end="\n")
            print()
# main()
```

ep.py

코드 11-6 ep.py

```
import management
import datetime as t

```

```
# 변경된 재고 정보를 텍스트 파일에 저장
def re_stock(goods) :
    f = open("재고/goods.txt","w")

    for i in goods.keys() :
        f.write("{}/{}/{}/{}/{}\n".format(i,goods[i]['분류'],goods[i]
['품목'],goods[i]['가격'],goods[i]['재고']))

    f.close()


# 일 매출 정보를 텍스트 파일에 저장
def make_day_sale(month,day,day_sale) :

    f = open("관리/"+month+day+".txt","w")

    for i in day_sale.keys() :
        f.write("{}/{}\n".format(i,day_sale[i]))

    f.close()


# 월 매출 정보를 불러와서 일 매출 정보를 더한 다음에 다시 텍스트 파일에 저장
def make_month_sale(month,day_sale) :
    tmp_dic = management.month_margin(month)
    month_sale = tmp_dic[month]
    f_dic = {}

    for i in month_sale.keys() :
        total = month_sale[i] + day_sale[i]
        f_dic[i] = total

    f = open("관리/"+month+"-total.txt","w")

    for i in f_dic.keys() :
        f.write("{}/{}\n".format(i,f_dic[i]))

    f.close()


def main(goods,day_sale) :
```

```python

    now = t.datetime.now()

    month = now.month
    day = now.day

    if month < 10 :
        month = '0'+str(month)
    else :
        month = str(month)

    if day < 10 :
        day = '0'+str(day)
    else :
        day = str(day)

    re_stock(goods)
    make_day_sale(month,day,day_sale)
    make_month_sale(month,day_sale)
```

lotto.py

코드 11-7 lotto.py

```python
# Lotto
import random

# main -> 수동 자동 선택
def main(count):
    print("="*30)
    while True:
        print("="*30)
        s_num = input("1. 수동\n2. 자동\n: ")


        if s_num == '1':
            print("="*30)
            for i in range(count) :
                lotto_num = manual()

                print("로또 번호 : ", lotto_num)
```

```
            break
        elif s_num == '2':
            print("="*30)
            for i in range(count) :
                lotto_num = auto()

                print("로또 번호 : ", lotto_num)
            break
        else:
            print("="*30)
            print("다시 입력하세요")
            print("="*30,end="\n")
        print("="*30,end="\n")


# 수동 로또
def manual():
    while True:
        num1 = int(input("첫번째 수 : "))
        num2 = int(input("두번째 수 : "))
        num3 = int(input("세번째 수 : "))
        num4 = int(input("네번째 수 : "))
        num5 = int(input("다섯번째 수 : "))
        num6 = int(input("여섯번째 수 : "))
        print("="*30,end="\n")

        manual = [num1, num2, num3, num4, num5, num6]

        dupli = check(manual)

        if dupli == False:
            print("\n중복값이 있습니다. 다시 입력하세요\n")
            print("="*30,end="\n")
            continue
        else:
            manual.sort()

        if manual[-1] > 45:
            print("\n45 이하 의 숫자로 다시 입력하세요\n")
            print("="*30,end="\n")
            continue
```

```
        else:
            break

    return manual


# 자동 로또 번호 생성
def auto():
    while True:
        num1 = random.randrange(1,45)
        num2 = random.randrange(1,45)
        num3 = random.randrange(1,45)
        num4 = random.randrange(1,45)
        num5 = random.randrange(1,45)
        num6 = random.randrange(1,45)

        auto = [num1, num2, num3, num4, num5, num6]

        dupli = check(auto)

        if dupli == False:
            continue
        else:
            auto.sort()
            break

    return auto

# 중복 확인
def check(lotto_num):
    i=0; dupli = True

    while i<45:
        if lotto_num.count(i) < 2:
            i+=1
            continue
        else:
            dupli = False
            break

    return dupli
```

2 실행 결과

다음은 파이썬을 이용해 프로그램으로 구현한 편의점 POS 시스템 실행 화면입니다.

주문하고 결제하기 화면

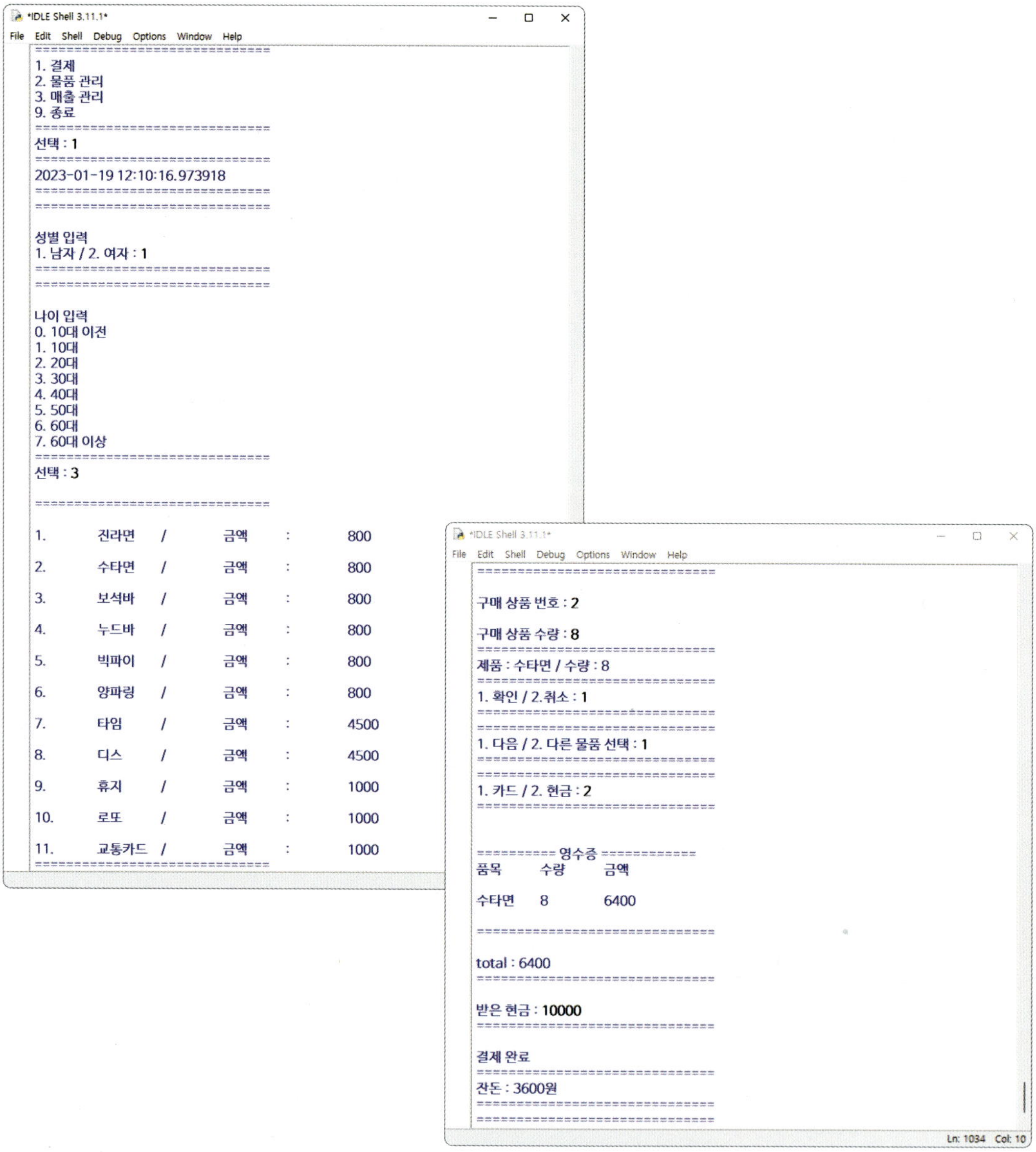

그림 11-12 **편의점 POS 시스템 주문, 결제 화면**

물품 정보 화면

```
==============================
1. 결제
2. 물품 관리
3. 매출 관리
9. 종료
==============================
선택 : 2
==============================
1.재고확인 / 2.발주필요품목확인 / 5.종료: 1
==============================
==============================
현재 재고 현황

==============================
진라면 : 140
수타면 : 142
보석바 : 150
누드바 : 150
빅파이 : 150
양파링 : 145
타임 : 148
디스 : 140
휴지 : 50
로또 : 150
교통카드 : 145
==============================
==============================
1.재고확인 / 2.발주필요품목확인 / 5.종료: 2
==============================
==============================
발주할 품목이 없습니다

==============================
==============================
1.재고확인 / 2.발주필요품목확인 / 5.종료: 5
```

그림 11-13 편의점 POS 시스템 물품 정보 화면

매출 관리 화면

```
==============================
1. 결제
2. 물품 관리
3. 매출 관리
9. 종료
==============================
선택 : 3
==============================
1. 일 매출 / 2. 월 매출 / 5. 종료 : 1
==============================
 일 매 출
==============================
1. 진라면 : 0
2. 수타면 : 0
3. 보석바 : 0
4. 누드바 : 2400
5. 빅파이 : 0
6. 양파링 : 0
7. 타임 : 0
8. 디스 : 0
9. 휴지 : 0
10. 로또 : 0
11. 교통카드 : 0
==============================
card : 0
cash : 2400

==============================

==============================
1. 일 매출 / 2. 월 매출 / 5. 종료 : 2
==============================
월 매 출
==============================
1. 진라면 : 11110
2. 수타면 : 3100
3. 보석바 : 211100
4. 누드바 : 3100
5. 빅파이 : 3100
6. 양파링 : 3100
7. 타임 : 3100
8. 디스 : 48100
9. 휴지 : 3100
10. 로또 : 3100
11. 교통카드 : 3100
==============================
card : 60110
cash : 211100

==============================
```

그림 11-14 편의점 POS 시스템 매출 관리 화면

찾아보기

찾아보기